BIBLIOTHÈQUE SCIENTIFIQUE CONTEMPORAINE

LES SCIENCES NATURELLES ET L'ÉDUCATION

PAR

TH. HUXLEY

Membre de la Société royale de Londres
Correspondant de l'Institut de France.

ÉDITION FRANÇAISE

Publiée avec le concours de l'auteur et accompagnée d'une préface nouvelle

PARIS
LIBRAIRIE J.-B. BAILLIÈRE ET FILS
19, RUE HAUTEFEUILLE, près du boulevard Saint-Germain

1891

BIBLIOTHÈQUE SCIENTIFIQUE CONTEMPORAINE

LES SCIENCES NATURELLES ET L'ÉDUCATION

BIBLIOTHÈQUE SCIENTIFIQUE CONTEMPORAINE

A 3 FR. 50 LE VOLUME

Nouvelle collection de volumes in-16, comprenant 300 à 400 pages, imprimés en caractères elzéviriens et illust. de fig. intercalées dans le texte.

100 VOLUMES SONT PUBLIÉS

L'homme et sa place dans la nature, par Th. HUXLEY. 1 vol. in-16 de 350 pages .... 3 fr. 50
Problèmes de géologie et de zoologie, par Th. HUXLEY. 1 vol. in-16, avec figures .... 3 fr. 50
L'origine des espèces et l'évolution, par Th HUXLEY. 1 vol. in-16, avec figures .... 3 fr. 50
Les ancêtres de nos animaux dans les temps géologiques, par Albert GAUDRY, membre de l'Institut. 1 vol. in-16, avec 49 fig. 3 fr. 50
Les plantes fossiles, par B. RENAULT. 1 vol. in-16 de 400 pages, avec 53 figures .... 3 fr. 50
Origine paléontologique des arbres cultivés, par le marquis G. de SAPORTA, de l'Institut 1 vol. in-16, avec 44 figures... 3 fr. 50
La géographie zoologique, par le docteur E.-L. TROUESSART. 1 vol. in-16 de 320 pages, avec 50 figures .... 3 fr. 50
La lutte pour l'existence, par L. FREDERICQ. 1 vol. in-16 de 303 pages, avec 37 figures .... 3 fr. 50
Les facultés mentales des animaux, par le docteur FOVEAU de COURMELLES. 1 vol in-16 de 330 pages, avec figures....... 3 fr. 50
Le transformisme, par Edmond PÉRIER, professeur au Muséum. 1 vol. in-16, avec 80 figures .... 3 fr. 50
Sous les mers, par le marquis de FOLIN. 1 vol. in-16, avec 46 figures .... 3 fr. 50
La biologie végétale, par P. VUILLEMIN. 1 vol. in-16, avec figures .... 3 fr. 50
L'huître et les mollusques comestibles, par A. LOCARD. 1 vol. in-16 de 320 pages, avec 50 figures .... 3 fr. 50
Les parasites de l'homme, par R.-L. MONIEZ. 1 vol. in-16 de 320 pages, avec figures .... 3 fr. 50
Les industries des animaux, par F. HOUSSAY. 1 vol in-16 de 312 pages, avec 38 figures .... 3 fr. 50
Les sens chez les animaux, par E. JOURDAN. 1 vol. in-16 de 314 pages, avec 48 figures .... 3 fr. 50
La vie des oiseaux, par le baron d'HAMONVILLE. 1 vol. in-16, avec 17 planches .... 3 fr. 50
Les animaux et les végétaux lumineux, par H. GADEAU de KERVILLE. 1 vol. in-16 de 327 pages, avec 49 figures .... 3 fr. 50
Les sociétés chez les animaux, par Paul GIROD 1 vol in-16, avec 50 figures .... 3 fr. 50
La science expérimentale, par Claude BERNARD, membre de l'Institut. 1 vol. in-16 de 450 pages, avec figures .... 3 fr. 50
L'évolution du système nerveux, par H. BEAUNIS. 1 vol. in-16 de 320 pages, avec 200 figures .... 3 fr 50
Les poisons de l'air, par N. GRÉHANT. 1 vol. in-16 de 320 pages, avec 21 figures. .... 3 fr. 50

PRÉFACE NOUVELLE

Il y a quarante ans, avec d'autres personnes qui pensaient que les sciences physiques et naturelles ont droit à une place notable parmi les sujets d'enseignement, depuis l'école élémentaire jusqu'à l'Université, je pouvais à peine obtenir qu'on nous écoutât. Je ne pense pas que le plus optimiste d'entre nous imaginât qu'il pût vivre assez longtemps pour voir reconnaître presque universellement la justesse de nos prétentions, et pour voir se produire des efforts pour leur donner une satisfaction pratique, aussi bien en Angleterre que sur le continent et aux États-Unis. Et pourtant, c'est ce qui est arrivé, et, ayant pris une part active dans la lutte pour les droits de la science, je ne puis que me réjouir en voyant que ma cause est victorieuse — mais, comme le sage, *nil actum reputans si quid superest agendum*, je prie la jeune génération de se rappeler que la bataille n'est qu'à demi-gagnée. Ce qui a été fait n'est pour ainsi dire rien à côté de ce qui reste à faire pour que la réalité soit conforme aux principes que je me suis de mon mieux efforcé de faire triompher.

Les essais réunis dans le volume que je présente au public français ont été écrits au cours des trente-quatre dernières années selon que l'occasion se présentait, et sans plan déterminé. Néanmoins, quand j'y regarde à nouveau, je m'imagine qu'ils ne manquent pas de connexion autant que je l'aurais cru tout d'abord, mais qu'en réalité ils expriment les différents aspects d'une même idée. Cette idée qui les relie, conviction profondément enracinée dans mon esprit, c'est que les résultats et surtout les méthodes de l'investigation scientifique ont une influence profonde sur la façon dont les hommes doivent comprendre leur propre nature comme leurs relations avec le reste de l'univers. Je crois surtout que cette influence doit s'accroître de jour en jour.

Comme je suis convaincu que l'interprétation vraie de la nature est pour l'homme l'affaire la plus importante, que seule elle peut le conduire au bien-être matériel, lui donner une base sérieuse et solide pour l'action sociale, lui fournir une exacte conception du passé, et une fidèle anticipation de l'avenir de l'univers dont il est une partie, je me suis efforcé de faire participer le grand public à mes pensées en les revêtant d'un langage simple et dépourvu de termes techniques.

M'aventurant dans ces régions où la science et la philosophie arrivent à se rencontrer, j'ai été amené à peser les droits de deux français éminents à être considérés comme les représentants de cette pensée scientifique moderne, que quelques-uns appellent la *Nouvelle Philosophie*.

Depuis que les deux essais sur le *Positivisme dans ses rapports avec la science* et le *Discours de la méthode* ont été écrits, la réflexion n'a pas modifié ma conviction, que si Auguste Comte a exercé une influence négative ou même fâcheuse sur les sciences physiques, René Descartes est le père véritable de la pensée moderne.

Je dois de sincères remercîments au traducteur de ces essais [1]. Grâce aux soins consciencieux qu'il a mis dans ce travail, il a rendu fidèlement ma pensée.

Mes éditeurs MM. J.-B. Baillière et fils, réuniront d'autres *Essais* que j'ai publiés, sous les titres suivants : *L'homme et sa place dans la nature, Problèmes de géologie et de zoologie, L'origine des espèces et l'évolution.*

TH. HUXLEY.

Mai 1891.

[1] Les essais qui portent les numéros VII, IX, X, XI. XII et XIII ont été traduits par M. Henry de Varigny.

TABLE DES MATIÈRES

LES

SCIENCES NATURELLES

ET L'ÉDUCATION

I

SUR LE DISCOURS DE LA MÉTHODE

On a eu raison de dire que depuis le commencement du monde jusqu'au jour présent, toutes les pensées des hommes se relient entre elles et forment une grande chaîne ; mais une autre métaphore indiquera mieux peut-être la filiation intellectuelle du genre humain. Les pensées des hommes me semblent comparables aux feuilles, aux fleurs, aux fruits des branches innombrables de quelques grands troncs, dont les racines cachées s'entremêlent. Ces troncs s'appellent des noms d'une demi-douzaine d'hommes héroïques par la force et la lucidité de leur intelligence, et quel que soit notre point de départ, c'est à eux que nous sommes amenés quand nous cherchons à remonter le cours de l'histoire du monde de la pensée. Nous les retrouvons aussi certainement qu'en suivant les rameaux de l'arbre, jusqu'aux branches de plus en plus grosses qui les portent, nous arrivons tôt ou tard à la souche dont procède toute cette ramification.

De tous les penseurs, celui qui, d'après moi, représente mieux que tout autre la souche et le tronc de la philosophie et de la science modernes, c'est René Descartes. Je m'explique : Celui qui s'attache à un de ces résultats caractéristiques de la pensée moderne, soit en fait de philosophie, soit en fait de science, reconnaîtra que le sens, sinon la forme de cette pensée, était présent à l'esprit du grand Français.

Certains hommes sont réputés grands parce qu'ils représentent l'actualité de leur époque et nous la reflètent telle qu'elle est. Voltaire était de ceux-là, et on a pu dire de lui en manière d'épigramme : « Il a, plus que personne, l'esprit qu'a tout le monde. » Personne, en effet, n'exprimait mieux que lui la pensée de tous.

Mais d'autres hommes sont grands parce qu'ils représentent tout ce que leur époque a de forces latentes, et leur magie consiste à nous refléter l'avenir. Ils expriment les pensées qui seront celles de tout le monde, deux ou trois siècles après eux. Tel fut René Descartes.

Il naquit en Touraine, il y aura bientôt trois cents ans (1596), d'une famille noble. C'était un enfant débile et maladif; la précocité de son intelligence lui valut parmi les siens le surnom de *philosophe*, et de la part de ses nobles parents un semblable sobriquet équivalait presque à un reproche. Les meilleurs pédagogues de l'époque, les Jésuites, firent son éducation, et cette éducation fut aussi bonne que pouvait l'être celle d'un jeune Français du XVIIe siècle. Nous devons croire que ses maîtres firent consciencieusement leur devoir, car, avant d'être parvenu au terme de ses études, Descartes avait reconnu que presque tout ce qu'il avait appris, les mathématiques exceptées, était de nulle valeur.

« C'est pourquoi, » dit-il dans ce *Discours* dont je veux vous entretenir, « sitôt que l'âge me permit de sortir de la sujétion de mes précepteurs, je quittai entièrement l'étude des lettres, et me résolvant de ne chercher plus d'autre science que celle qui se pourrait trouver en moi-même, ou bien dans le grand livre du monde, j'employai le reste de ma jeunesse à voyager, à voir des cours et des armées, à fréquenter des gens de diverses humeurs et conditions, à recueillir diverses expériences, à m'éprouver soi-même dans les rencontres que la fortune me proposait, et partout à faire telle réflexion sur les choses qui se présentaient que j'en pusse tirer quelque profit..... Et j'avais toujours un extrême désir d'apprendre à distinguer le vrai d'avec le faux, pour voir clair en mes actions, et marcher avec assurance en cette vie [1].

Mais apprendre la vérité avant de faire le bien, c'est le résumé de tout le devoir de l'homme, pour tous ceux qui ne savent satisfaire les besoins de l'esprit au moyen du vent desséchant de l'autorité ; ceux d'entre nous modernes qui en sommes là, devons donc reconnaître en Descartes un ancêtre spirituel, et c'est un de ses grands titres à notre vénération d'avoir clairement vu à l'âge de vingt-trois ans que tel était son devoir et de s'être conformé à sa conviction. A trente-deux ans,

[1] Descartes, *Discours de la méthode*, in *Œuvres*, édit. Cousin. Paris, 1824, t. I, p. 130.

il avait reconnu que toutes les autres occupations sont incompatibles avec la recherche des connaissances qui mènent à l'action, et comme il possédait d'ailleurs une honnête aisance, il se retira en Hollande ; il y passa neuf années à réfléchir et à étudier, si bien séquestré du monde que deux ou trois amis, sur lesquels il pouvait compter, savaient seuls où il se trouvait.

Le monde ne connut les premiers fruits de ses longues méditations qu'en 1637, par le célèbre *Discours de la méthode pour bien conduire sa raison et chercher la vérité dans les sciences*. C'est à la fois une autobiographie et une philosophie, qui revêt d'un langage exquis d'harmonie, de simplicité et de lucidité, les pensées les plus profondes.

Voici les propositions fondamentales de tout ce discours. Il y a une voie qui nous mène si sûrement à la vérité, que celui qui veut la suivre doit nécessairement atteindre au but, que ses capacités soient grandes ou petites. Et, pour nous guider, il y a une règle à l'aide de laquelle un homme peut toujours reconnaître cette voie et s'y tenir, sans jamais se perdre, quand il l'a reconnue. Cette règle consiste à ne jamais accorder son assentiment absolu à d'autres propositions qu'à celles dont la vérité est si claire et si distincte qu'il ne soit pas possible d'en douter.

En énonçant ce premier commandement majeur de la science, Descartes consacrait le doute. Jusqu'à ce moment, l'exécration du monde avait poursuivi le doute, c'était un péché mortel ; Descartes le releva de l'opprobre, il lui assigna une place d'honneur parmi les devoirs primordiaux, et la conscience scientifique des temps modernes lui a donné raison. Parmi tous les modernes, Descartes fut le premier qui se soumit en toute sincérité à ce commandement, et pour lui ce fut un devoir religieux de se dépouiller de toutes ses croyances, et de se mettre dans un état de nudité intellectuelle, jusqu'à ce qu'il eût pu reconnaître qu'elles étaient celles de ces croyances dont il pouvait se revêtir. Mieux valait à son avis cette nudité que d'accepter un vêtement commode et des mieux portés, dont l'étoffe n'était peut-être que camelotte.

Quand je vous dis que Descartes consacra le doute, il faut vous rappeler qu'il s'agit de ce genre de doute appelé par Gœthe « un scepticisme actif dont le seul but est de se conquérir lui-même [1], » et non de cette autre forme du doute, produit de la légèreté et de l'ignorance, dont le seul but est de se perpétuer, pour servir d'excuse à la paresse et à l'indifférence. Mais les paroles mêmes de Descartes nous donneront la meilleure définition possible du doute scientifique. Après avoir décrit le progrès graduel de sa critique négative, il nous dit :

« Malgré cela, je n'imitais pas les sceptiques qui doutent pour le seul plaisir de douter, et veulent rester toujours indécis ; au contraire, toute mon intention était d'arriver à la certitude, et je creusais dans le sable et les graviers pour atteindre la roche ou l'argile qu'ils recouvrent. »

Et de plus, comme un homme de bon sens, qui dé-

1 Un scepticisme actif est celui qui cherche constamment à se surmonter lui-même, et qui essaie d'arriver à la certitude relative par une expérience raisonnée. *Maximes et réflexions*, chap. VII.

molit sa maison dans l'intention de la rebâtir, ne manque pas de s'assurer un abri en attendant la fin de son entreprise, de même, avant de démolir cette maison de ses vieilles croyances, spacieuse, tout incommode qu'elle fût, Descartes crut qu'il serait sage de se munir d'une *morale par provision*, comme il l'appelle, à l'aide de laquelle il résolut de gouverner sa vie pratique, en attendant qu'il eût pu acquérir une meilleure instruction. Les lois de ce gouvernement personnel provisoire sont formulées en quatre maximes. Par la première, notre philosophe s'engage à se soumettre aux lois et à la religion qui furent celles de son enfance ; par la seconde, il se propose d'agir vite et selon ce que son jugement lui fera connaître de mieux, dans toutes les occasions où l'action est nécessaire, et d'accepter le résultat de ses actions sans récriminer; par la troisième, il se prescrit de rechercher le bonheur, en limitant ses désirs plutôt qu'en cherchant à les satisfaire ; par la quatrième, enfin, il se promet de faire de la recherche de la vérité l'occupation de toute sa vie.

Ayant ainsi préparé son existence pour tout le temps que dureraient ses doutes, Descartes se mit à les envisager virilement. Pour lui, une chose était claire : il ne se mentirait pas à lui-même : aucune pénalité ne lui ferait dire : « Je suis certain, » quand il ne l'était pas; il était décidé à creuser pour pénétrer jusqu'à la roche de grand prix, ou en mettant les choses au pire, jusqu'à ce qu'il ait pu reconnaître que cette roche n'existait pas. Comme nous le raconte l'histoire de ses progrès, il lui fallut confesser que la vie est pleine de déceptions; que l'autorité peut se tromper; que le témoignage peut être faux ou mal interprété; que la raison nous mène à des erreurs sans fin; qu'il ne faut pas bien souvent avoir plus confiance en sa mémoire qu'en son espérance; qu'il est possible de mal comprendre l'évidence des sens même; que les rêves sont réels tant qu'ils durent, et que ce que nous appelons la réalité est peut-être un rêve prolongé et plein d'inquiétude. On peut même concevoir qu'un être puissant et malicieux prenne plaisir à nous tromper, et nous fasse croire ce qui n'est pas, pendant tout le cours de notre vie. Qu'y a-t-il donc de certain? S'il existe un être de ce genre, en quoi ne peut-il plus nous tromper? La réponse est évidente : l'existence du fait de la pensée, la conscience que nous en avons lui échappe. Quand même nos pensées nous mèneraient à l'erreur, elles ne peuvent être fictives. Comme pensées, elles sont réelles, elles existent; le trompeur le plus habile ne peut faire qu'il en soit autrement.

Ainsi penser c'est être. Bien plus, pour ce qui nous concerne, être c'est penser, car toutes nos conceptions de l'existence sont une forme quelconque de la pensée. Ne croyez pas un instant qu'il s'agisse ici de purs paradoxes ou de subtilités. Pour peu que vous réfléchissiez aux faits les plus communs, vous reconnaîtrez que ce sont des vérités irréfragables.

Ainsi, par exemple, je prends une bille, et je reconnais que c'est un petit corps rouge, rond, dur, unique. Cette couleur rouge, cette forme ronde, cette résistance, cette unité, nous appelons tout cela des qualités de la bille, et dire que ces qualités sont des modes de notre propre conscience, dont nous ne pouvons même pas concevoir l'existence dans la bille, semble de prime abord le comble de l'absurdité.

Mais pour commencer, considérez la couleur rouge. Comment se produit cette sensation du rouge ? Les ondes d'une certaine matière des plus ténues, dont les particules vibrent avec une rapidité extrême, bien que cette rapidité soit loin d'être la même pour chacune d'elles, rencontrent la bille, et celles de ces ondes qui vibrent à un certain taux se réfléchissent sur sa surface, dans tous les sens. L'appareil optique de l'œil rassemble un certain nombre de ces ondes et les dirige de telle sorte qu'elles frappent la surface de la rétine, membrane des plus délicates, se rattachant à la terminaison des fibres du nerf optique. Les impulsions de cette matière si ténue, l'éther, affectent cet appareil et les fibres du nerf optique d'une certaine façon ; le changement qui s'effectue dans les fibres du nerf optique produit d'autres changements dans le cerveau, et ces changements déterminent, d'une façon qui nous est inconnue, la sensation ou la conscience de la couleur rouge. Si la rapidité de vibration de l'éther, ou si la nature de la rétine pouvaient être changées, la bille restant la même, elle ne nous paraîtrait plus rouge, elle aurait pour nous une autre couleur. Il y a bien des gens affectés d'un certain état de la vision appelé *daltonisme*, et qui consiste dans l'incapacité de reconnaître une couleur d'une autre. Un daltonique pourrait dire « cette bille est verte, » et il aurait raison, comme nous avons raison en disant qu'elle est rouge. Mais, comme la bille ne peut être par elle-même à la fois verte et rouge, ceci montre que la qualité du rouge réside en notre conscience et non dans la bille.

De même, il est facile de voir que la rondeur et la solidité sont des formes de notre conscience, appartenant à ces groupes que nous appelons les *sensations de la vue et du toucher*. Si la surface de la cornée était cylindrique, nous aurions d'un corps rond une notion bien différente de celle que nous en avons, et si la force de nos organes, celle de nos muscles devenait cent fois plus grande, notre bille nous semblerait molle comme une boulette de mie de pain.

Non seulement il est évident que toutes ces qualités sont en nous, mais de plus, si vous voulez en faire la tentative vous reconnaîtrez l'impossibilité de concevoir l'existence d'une couleur, d'une forme, d'une résistance, sans la rattacher à une connaissance comparable à la nôtre. Il peut sembler étrange de dire que même l'unité de la bille se rapporte à nous; mais des expériences fort simples prouvent qu'il en est réellement ainsi et que les deux sens sur lesquels nous pouvons compter le plus peuvent se contredire l'un et l'autre sur ce point même. Prenez la bille dans les doigts, regardez-la comme à l'ordinaire ; la vue et le toucher s'accordent, elle est unique. Louchez maintenant, la vue vous dira qu'il y a deux billes, tandis que le toucher affirme qu'il n'y en a qu'une. Puis, rendez aux yeux leur position normale et prenez la bille entre la pulpe des doigts index et médius après les avoir croisés l'un sur l'autre, le toucher vous dira alors qu'il y a deux billes, et la vue, qu'il n'y en a qu'une, et cependant le toucher réclame notre confiance, quand nous nous adressons à lui, tout aussi absolulument que la vue.

Mais on dira que la bille occupe un certain espace, qui ne pourrait être occupé en même temps par aucune autre chose. En d'autres termes, la bille est douée d'étendue, qualité primordiale de la matière, et assurément cette qualité doit être dans la chose, et non dans notre esprit. Mais ici encore il faut répondre : que ceci ou cela existe ou n'existe pas dans la chose, tout ce que nous pouvons savoir, relativement à ses qualités, n'est qu'un état de notre conscience. Ce que nous appelons l'étendue est la connaissance d'une relation entre deux ou un plus grand nombre d'affections du sens de la vue et du toucher. Il est entièrement inconcevable que ce que nous appelons l'étendue existe indépendamment d'une pensée consciente comparable à la nôtre. Que, malgré cette impossibilité de concevoir l'étendue, indépendamment de nous, elle existe par elle-même ou n'existe pas, c'est là un point relativement auquel je ne puis me prononcer.

Ainsi, quoi que puisse être notre bille par elle-même, je ne puis la connaître que sous la forme d'un faisceau de pensées conscientes qui me sont propres.

De même, notre connaissance d'une chose quelconque connue ou sentie par nous n'est, plus ou moins, que la connaissance d'états de la conscience. Toute notre vie se compose d'états de ce genre. Nous rapportons certains de ces états à une cause que nous appelons le *moi*, d'autres, à une ou plusieurs causes que l'on peut réunir sous le titre du *non-moi*. Mais nous n'avons pas, et même nous ne pouvons avoir en aucune sorte, une certitude indiscutable et immédiate du moi ou du non-moi, comme nous l'avons des états de la conscience que nous considérons comme effets de ces causes. Ce ne sont pas des faits immédiatement observés : ce sont seulement les résultats de l'application de la loi de causalité à ces faits. En langage précis, l'existence du moi, celle du non-moi sont des hypothèses, dont nous nous servons pour rendre compte des faits de conscience. Nous croyons à ces hypothèses, comme nous croyons aux données générales de la mémoire, à la constance générale des lois de la nature, et toutes ces croyances sont établies pour nous sur la même base. Mais ce sont des postulats hypothétiques dont la preuve est impossible, et dont la connaissance ne peut atteindre à ce haut degré de certitude que confère la conscience immédiate; d'une énorme valeur pratique cependant, car l'expérience vérifie toujours les conclusions qui en découlent logiquement.

Voilà, selon moi, à quoi aboutit l'argument de Descartes ; mais, je dois vous le faire remarquer, nous avons été au-delà de ce qu'a dit Descartes lui-même. Il s'était arrêté à la formule célèbre : *Je pense, donc je suis*. Réfléchissez-y un peu cependant, et vous reconnaîtrez que cette formule est pleine de pièges et de difficultés dans les termes. D'abord, le *donc* est ici mal placé. *Je pense*, qui n'est qu'une autre façon de dire : *je suis pensant*, postule nécessairement *je suis*. De plus, *je pense* n'est pas une proposition simple; *je pense* renferme trois affirmations distinctes résumées en une seule : en premier lieu, *une chose que j'appelle moi existe ;* puis, *une chose que j'appelle la pensée existe ;* et enfin, *la pensée est le résultat de l'action du moi.*

Or, il sera bien clair pour vous que la seconde de ces propositions peut seule satisfaire à l'épreuve cartésienne de la certitude. On ne saurait douter de celle-ci, car le doute même est une pensée existante. Mais vraies ou fausses, il est possible de révoquer en doute, comme cela a été fait, la première et la troisième. En effet, à celui qui les affirme, on peut demander : comment savez-vous que la pensée n'existe pas par elle-même ; ou bien, comment savez-vous qu'une pensée donnée n'est pas l'effet de la pensée antécédente, ou d'une puissance extérieure ? On pourrait faire bien d'autres questions plus faciles à poser qu'à résoudre. Descartes, bien résolu à se dépouiller de toutes ces draperies que tisse l'intelligence pour s'en revêtir, avait négligé celle-ci, le *moi*, la plus intime, la plus profonde de toutes, et quand il eut préparé de quoi recouvrir sa nudité, tout son appareil en fut ruiné.

Mais il n'entre pas dans mon intention de m'arrêter aux particularités mineures de la philosophie cartésienne. Je voudrais seulement vous faire bien comprendre qu'après avoir commencé par déclarer que le doute est un devoir, Descartes trouve la certitude dans la conscience seule, et que le résultat nécessaire de sa manière de voir est le système qui mérite le nom d'*idéalisme*, c'est-à-dire la doctrine qui professe que, quoi que puisse être l'univers, tout ce que nous en pouvons savoir se réduit au tableau que nous en retrace la conscience. Ce tableau peut être ressemblant à la chose, bien que nous ne puissions pas nous expliquer comment cette ressemblance est possible. Il pourrait ne pas plus ressembler à sa cause qu'une fugue de Bach ne ressemble à l'exécutant, qu'une poésie ne ressemble à la bouche et aux lèvres de celui qui la récite. Pour tous les besoins pratiques de l'existence humaine, il suffit que les résultats vérifient la confiance que nous inspire ce tableau de la pensée consciente, et que par ce moyen nous soyons mis à même de marcher avec assurance en cette vie.

Ainsi, la méthode, ou la voie qui mène à la vérité, indiquée par Descartes, nous mène tout droit à l'idéalisme critique de son grand successeur Kant. C'est cet idéalisme qui déclare que le fait ultime de toute connaissance est un état de la conscience, ou, en d'autres termes un phénomène mental; affirmant par conséquent que la plus haute certitude, et même la seule certitude absolue, est celle de l'existence de l'esprit pensant. Mais c'est aussi cet idéalisme qui se refuse à toute affirmation, soit positive, soit négative, relativement à ce qui reste en dehors de la conscience. Il accuse le subtil Berkeley d'avoir dépassé les limites de la connaissance, en déclarant que la substance de matière n'existe pas, et aussi d'avoir manqué de logique quand il n'a pas reconnu que les arguments qui, selon lui, ruinaient l'existence de la matière, ruinaient en même temps l'existence de l'âme. Cet idéalisme se refuse encore à prêter l'oreille au verbiage plus récent relatif à l'*Absolu* et à tous ces autres qualificatifs érigés en hypostases, dont on imprime généralement la première lettre en majuscule, comme on met un bonnet d'ourson sur la tête d'un grenadier pour le faire paraître plus formidable que ne l'a fait la nature.

Je vous le répète, la voie indiquée et suivie par Descartes, et que nous avons parcourue jusqu'ici, mène par le doute à cet idéalisme critique, qui est au cœur de la pensée métaphysique moderne. Mais le *Discours* nous indique une autre voie, bien différente en apparence, et qui nous mène d'une façon tout aussi précise à reconnaître la corrélation de tous les phénomènes de l'univers avec la matière et le mouvement ; cette doctrine-ci est le point essentiel de la pensée physique moderne, et la plupart des hommes l'appellent *matérialisme*.

Le commencement du XVIIe siècle est une des grandes époques de la vie intellectuelle de l'humanité, et c'est alors que Descartes atteignit l'âge adulte. A ce moment, la science physique s'avança soudainement dans l'arène de la pensée publique et de la pensée familière pour mettre à la fois au défi la philosophie et l'Église, et aussi cette commune ignorance qui a cours sous le nom de *sens commun*. L'affirmation du mouvement de la terre était une provocation de ce genre à l'adresse de chacune d'elles, et c'est par la main de Galilée que la science physique jeta le gant.

Il nous est pénible de nous rappeler les résultats immédiats du combat ; il nous est pénible de voir le champion de la science, vieux, fatigué, confirmant de sa signature ce qu'il savait être un mensonge et à genoux devant le cardinal inquisiteur. Sans nul doute, les cardinaux se frottèrent les mains, en pensant qu'ils avaient si bien imposé silence et fait perdre tout crédit à leur adversaire. Mais deux cents ans se sont écoulés depuis lors et, malgré la faiblesse et toutes les fautes de ses défenseurs, la science physique est couronnée sur son trône, comme un des souverains légitimes du monde de la pensée. Le moindre enfant des rues rougirait aujourd'hui de ne pas savoir que la terre tourne, la scolastique est oubliée, et quant aux cardinaux... Eh bien ! les cardinaux font des conciles œcuméniques, et cherchent toujours, comme par le passé, à arrêter le mouvement du monde.

Comme un navire, dont toutes les voiles déployées pendaient aux mâts pendant le calme, bondit tout à coup sous la brise favorable, de même l'esprit de Descartes, lesté du doute qui y avait fait l'équilibre, s'abandonna aux sciences physiques, et au mode la pensée physique, qui l'entraînèrent par leurs puissantes impulsions. Il ne tarda pas à dépasser ses grands contemporains, Galilée et Harvey, les initiateurs de ce mouvement scientifique, et, par la hardiesse de sa pensée spéculative, il eut la prévision des conclusions que les recherches de plusieurs générations de travailleurs pouvaient seules établir sur une base solide.

Descartes vit que les découvertes de Galilée signifiaient que des lois mécaniques gouvernent les points les plus éloignés de l'univers, et celles de Harvey lui firent comprendre que ces mêmes lois président aux opérations de cette partie du monde la plus rapprochée de nous, à savoir notre propre structure corporelle. De ce centre, il s'élança à la vaste circonférence du monde, par un de ces élans puissants qui sont le propre du génie, et chercha à ramener tous les phénomènes de l'univers à la matière et au mouvement, ou à la force agissant selon des lois [1]. Cette belle conception avait été indiquée dans le *Discours*; Il la développa plus amplement dans les *Principes* et dans le *Traité de l'homme*, employa à la faire valoir la puissance extraordinaire de ses lumières et arriva dans ce dernier essai à cette interprétation purement mécanique des phénomènes vitaux, que la physiologie moderne s'efforce de confirmer.

Cherchons à comprendre comment Descartes était entré dans cette voie, et pourquoi elle le mena au point où il est arrivé. Évidemment le mécanisme de la circulation du sang s'était fortement emparé de son esprit, car il le décrit plusieurs fois et tout au long. Après en avoir donné une description complète dans le *Discours*, et s'être trompé en assignant le mouvement du sang à la chaleur, qu'il supposait produite dans le cœur, au lieu d'attribuer ce mouvement aux contractions des parois cardiaques, il dit dans le *Traité de l'homme* :

« Ce mouvement que je viens d'expliquer est autant le résultat nécessaire des parties qu'on peut voir dans

[1] « Au milieu de toutes ses erreurs, il ne faut pas méconnaître « une grande idée, qui consiste à avoir tenté pour la première « fois de ramener tous les phénomènes naturels à n'être qu'un « simple développement de la mécanique. » Tel est le jugement fort remarquable de Biot cité par Bouillier, *Histoire de la philosophie cartésienne*, t. I, p. 196.

le cœur, de la chaleur que l'on peut sentir en y introduisant un doigt, et de la nature du sang que l'on peut vérifier expérimentalement, que le mouvement d'une horloge résulte de la force, de la situation et de la figure de son poids et de ses rouages. »

Mais si cette opération, vitale à toute apparence, est explicable comme simple question de mécanique, ne peut-on pas faire rentrer d'autres opérations vitales dans la même catégorie? Descartes répond affirmativement sans hésiter.

« Les esprits animaux, dit-il, ressemblent à un fluide très subtil ou à une flamme très pure et très vive; le cœur les engendre continuellement et ils montent au cerveau, qui leur sert en quelque sorte de réservoir. De là, ils passent dans les nerfs qui les distribuent dans les muscles, et produisent des contractions ou des relâchements, selon leur quantité. »

Ainsi, d'après Descartes, le corps animal est un automate capable d'accomplir toutes les fonctions animales, précisément comme fonctionne une horloge ou tout autre mécanisme. Voici comment il s'exprime à cet égard:

« Or, à mesure que ces esprits (les esprits animaux) entrent ainsi dans les concavités du cerveau, ils passent de là dans les pores de sa substance, et de ces pores dans les nerfs; où, selon qu'ils entrent, ou même seulement qu'ils tendent à entrer plus ou moins dans les uns que dans les autres, ils ont la force de changer la figure des muscles en qui ses nerfs sont insérés, et par ce moyen de faire mouvoir tous les membres. Ainsi que vous pouvez avoir vu dans les grottes et les fontaines qui sont aux jardins de nos rois, que la seule force dont l'eau se meut en sortant de sa source est suffisante pour y mouvoir diverses machines, et même pour les y faire jouer de quelques instruments, ou prononcer quelques paroles, selon la diverse disposition des tuyaux qui la conduisent.

« Et véritablement l'on peut fort bien comparer les nerfs de la machine que je vous décris aux tuyaux des machines de ces fontaines, ses muscles et ses tendons aux divers autres engins et ressorts qui servent à les mouvoir, ses esprits animaux à l'eau qui les remue, dont le cœur est la source, et dont les concavités du cerveau sont les regards. De plus, la respiration et autres telles actions qui lui sont naturelles et ordinaires, et qui dépendent du cours des esprits, sont comme les mouvements d'une horloge ou d'un moulin que le cours ordinaire de l'eau peut rendre continus. Les objets extérieurs, qui, par leur seule présence, agissent contre les organes de ses sens, et qui par ce moyen la déterminent à se mouvoir en plusieurs diverses façons, selon que les parties de son cerveau sont disposées, sont comme des étrangers qui, entrant dans quelques-unes de ces fontaines, causent eux-mêmes, sans y penser, les mouvements qui se font en leur présence ; car ils n'y peuvent entrer qu'en marchant sur certains carreaux tellement disposés que, par exemple, s'ils approchent d'une Diane, qui se baigne, ils la feront cacher dans des roseaux ; et s'ils passent plus outre pour la poursuivre, ils feront venir vers eux un Neptune, qui les menacera de son trident ; ou, s'ils vont de quelque autre côté, ils en feront sortir un monstre marin qui leur vomira de l'eau contre la face, ou telles choses semblables, selon le caprice des ingénieurs qui les ont faites. Et, enfin, quand l'âme raisonnable sera en cette machine, elle y aura son siège principal dans le cerveau, et sera là comme le fontainier, qui doit être dans les regards où se vont rendre tous les tuyaux de ces machines, quand il veut exciter, ou empêcher, ou changer en quelque façon leurs mouvements [1]. »

Un peu plus loin, Descartes est plus explicite encore :

« Je désire que vous considériez après cela que toutes les fonctions que j'ai attribuées à cette machine (le corps humain), comme la digestion des viandes, le battement du cœur et des artères, la nourriture et la croissance des membres, la respiration, la veille et le sommeil ; la réception de la lumière, des sons, des odeurs, des goûts, de la chaleur et de telles autres qualités dans les organes des sens extérieurs ; l'impression de leurs idées dans l'organe du sens commun et de l'imagination, la rétention ou l'empreinte de ces idées dans la mémoire ; les mouvements intérieurs des appétits et des passions ; et, enfin, les mouvements extérieurs de tous les membres qui suivent si à propos tant des actions des objets qui se présentent aux sens que des passions et des impressions qui se rencontrent dans la mémoire, qu'ils imitent le plus parfaitement qu'il est possible ceux d'un vrai homme [2] ; je désire, dis-je, que vous considériez que ces fonctions suivent toutes naturellement en cette machine de la seule disposition de ses organes, ne plus ne moins que font les mouvements d'une horloge, ou autre automate, de celles de ses contre poids et de ses roues, en sorte qu'il ne faut point à leur occa-

[1] Descartes, *Traité de l'Homme*, édit. Cousin, t. IV, p. 347.

[2] Descartes prétend qu'il n'applique pas son interprétation au corps humain, mais seulement à une machine imaginaire qui accomplirait, s'il était possible de la construire, tout ce qu'accomplit le corps humain. Il s'abaissait à jeter ainsi un gâteau à Cerbère, bien inutilement d'ailleurs, car Cerbère n'était pas assez stupide pour le ramasser.

sion concevoir en elle aucune autre âme végétative ni sensitive, ni aucun autre principe de mouvement et de vie, que son sang et ses esprits agités par la chaleur du feu qui brûle continuellement dans son cœur, et qui n'est point d'une autre nature que tous les feux qui sont dans les corps inanimés[1]. »

L'esprit de ces passages est exactement celui qui anime la physiologie la plus avancée du jour présent; pour les faire coïncider par la forme avec notre physiologie actuelle, il suffit de représenter les détails du travail de la machine animale en langage moderne et à l'aide de conceptions modernes.

Bien certainement la digestion des aliments dans le corps humain est une pure opération chimique, comme le passage des parties nutritives de ces aliments dans le sang est une opération physique. Il est hors de doute que la circulation du sang est simplement une question mécanique; elle résulte de la structure et de l'arrangement des parties du cœur et des vaisseaux, de la contractilité de ces organes, et de ce que cette contractilité est réglée par un appareil nerveux agissant automatiquement. De plus, les progrès de la physiologie ont fait voir que la contractilité des muscles et l'irritabilité des nerfs résultent simplement du mécanisme moléculaire de ces organes, et que les mouvements réguliers des organes de la respiration, de la digestion, comme ceux de tous les autres organes internes, sont dirigés et gouvernés de la même façon mécanique, par les

[1] Descartes, *Traité de l'Homme*, t. IV, p. 427.

centres nerveux qui leur sont appropriés. Le rythme régulier de la respiration de chacun de nous dépend de l'intégrité structurale d'une certaine région de la moelle allongée, tout aussi bien que le tic-tac d'une horloge dépend de l'intégrité de l'échappement. Vous pouvez enlever les aiguilles de l'horloge, en briser la sonnerie, mais son tic-tac continuera, et un homme peut être incapable de sentir, de parler, de se mouvoir, et cependant il continuera à respirer.

De même, et ceci s'accorde entièrement avec l'affirmation de Descartes, il est certain que les modes de mouvements qui constituent la base physique de la lumière, du son et de la chaleur, sont transformés en affections de la matière nerveuse par les organes des sens. Les affections sont, pour ainsi dire, une sorte d'idées physiques que retiennent les organes centraux; elles constituent ce qu'on pourrait appeler la mémoire physique; elles peuvent se combiner d'une certaine façon qui correspond à l'association des idées et à l'imagination; elles peuvent enfin produire des contractions musculaires dans ses actions réflexes qui sont les représentants mécaniques des volitions.

Considérez ce qui arrive quand un coup est porté sur l'œil[1]. Aussitôt, sans le savoir, sans le vouloir, et même malgré notre volonté, les paupières se ferment. Qu'est-il arrivé? Une image du poing qui s'avance rapidement se dessine sur la rétine, au fond de l'œil. La rétine transforme cette image en une affection d'un certain nombre de fibres du nerf op-

[1] Comparez le *Traité des Passions*, art. 13, 16.

tique ; les fibres du nerf optique affectent certaines parties du cerveau ; en conséquence, le cerveau affecte celle des fibres du nerf de la septième paire qui se rendent au muscle orbiculaire des paupières ; le changement produit dans ces fibres nerveuses détermine un changement dans les dimensions des fibres musculaires qui se raccourcissent en s'élargissant, et il en résulte l'occlusion de la fente palpébrable autour de laquelle sont disposées ces fibres. Voici un pur mécanisme produisant une action qui a un but, et ce mécanisme est strictement comparable à celui qui faisait mouvoir la Diane du jet d'eau supposé par Descartes. Mais nous pouvons aller plus loin, et nous demander si, en ce que nous appelons une action volontaire, la volonté joue jamais un autre rôle que celui du fontainier de Descartes, siégeant dans ses regards et faisant mouvoir tel ou tel robinet selon qu'il veut mettre en mouvement telle ou telle machine, sans exercer une influence directe sur les mouvements du tout.

Nos actes volontaires se composent de deux parties : d'abord nous désirons accomplir une certaine action ; puis d'une façon dont nous ne nous rendons pas compte, nous mettons en mouvement un mécanisme qui accomplit ce que nous désirons. Mais nous avons si peu une action directe sur ce mécanisme que neuf fois sur dix l'homme ne sait même pas qu'il existe.

Supposons qu'on veuille lever le bras et le faire tourner en rond. Rien n'est plus facile. Mais pour la plupart, nous ne savons pas que des nerfs et des muscles interviennent pour produire ce mouvement, et le meilleur anatomiste d'entre nous se trouverait singulièrement embarrassé, si on lui demandait de diriger la succession et la force relative des nombreux changements nerveux qui sont la cause immédiate de ce mouvement fort simple.

De même dans la parole. Combien d'hommes savent que la voix se produit dans le larynx et se modifie par la bouche? Parmi les personnes qui ont reçu une bonne éducation, combien d'entre elles comprennent comment se produit la voix, comment elle se modifie? Il n'existe pas d'homme assurément qui saurait faire prononcer une phrase à un autre, en admettant qu'il eût un pouvoir illimité sur tous les nerfs qui fournissent à la bouche et au larynx de celui-ci. Et cependant, quand on veut dire quelque chose, rien n'est plus simple; nous désirons émettre certaines paroles, nous touchons le ressort de la machine aux paroles, et les voilà émises. C'est comme quand le fontainier de Descartes voulait faire jouer telle ou telle machine hydraulique, il n'avait qu'à tourner un robinet, et ce qu'il désirait s'effectuait. C'est parce que le corps est une machine que l'éducation est possible. L'éducation consiste à former des habitudes, à surcharger d'une organisation artificielle l'organisation naturelle du corps, de façon que des actes demandant d'abord un effort conscient finissent par devenir inconscients et s'effectuent machinalement. Si l'acte qui demandait d'abord la connaissance distincte et la volition de tous ses détails nécessitait toujours le même effort, l'éducation deviendrait impossible.

Ainsi donc, selon Descartes, toutes les fonctions communes à l'homme et aux animaux sont accomplies par le corps agissant comme simple mécanisme, et pour lui la conscience est la marque distinctive de la *chose pensante*, de l'âme rationnelle, qui dans l'homme (et dans l'homme seul, d'après l'opinion de Descartes) est surajoutée au corps. D'après lui, cette âme rationnelle est logée dans la glande pinéale, comme dans une sorte d'officine centrale, et là, par l'intermédiaire des esprits animaux, elle est avertie de ce qui se passe dans le corps, comme de ce qui en influence les opérations. La physiologie moderne n'attribue pas une si haute fonction à la petite glande pinéale, mais elle adopte vaguement, pour ainsi dire, le principe de Descartes, et suppose l'âme logée dans la substance corticale du cerveau; du moins, considère-t-on habituellement cette partie comme le siège et l'instrument de la conscience.

Descartes a clairement expliqué la différence qu'il conçoit entre l'esprit et la matière. La matière est une substance douée d'étendue, mais qui ne pense pas; l'esprit est une substance qui pense, mais qui n'a pas d'étendue. Quand on rapproche de ces définitions l'idée de la localisation de l'âme dans la glande pinéale. il est difficile de bien saisir le sens de cette localisation, et je ne puis l'expliquer qu'en me représentant l'âme comme un point mathématique occupant un lieu sans étendue à l'intérieur de la glande. Non seulement elle doit aussi exercer une force; car, selon l'hypothèse elle peut, quand elle le veut, changer le cours des esprits animaux qui sont constitués par de la matière en mouvement. Ainsi l'âme devient un centre de forces. Mais en même temps la distinction de l'esprit de la matière s'évanouit, puisque la matière, selon une hypothèse soutenable, peut être considérée tout simplement comme une multitude de centres de forces. La difficulté est encore plus grande si nous adoptons la notion vague des modernes, d'après laquelle la conscience a pour siège général la substance grise du cerveau, car cette substance grise ayant de l'étendue, ce qui y est logé doit en avoir aussi. Nous sommes ainsi menés par une autre voie à faire disparaître l'esprit dans la matière.

En vérité, la physiologie de Descartes, comme la physiologie moderne, dont elle représente l'esprit par anticipation, mène tout droit au matérialisme, en tant qu'il est juste d'appliquer ce terme à la doctrine professant que nous ne pouvons connaître une substance pensante en dehors de la substance douée d'étendue, et que la pensée est, au même titre que le mouvement, une fonction de la matière. Nous voici donc arrivés à un singulier résultat. Le *Discours de la méthode* nous ouvrait deux voies: par Berkeley et par Hume, la première nous mène à Kant et à l'idéalisme l'autre, par Lamettrie et Priestley, aboutit à la physio logie moderne et au matérialisme [1]. Notre tronc se

[1] Bouillier, dont je n'avais pas lu l'excellente *Histoire de la Philosophie cartésienne* quand j'écrivais ce passage, dit avec raison que Descartes « a mérité le titre de *père de la philosophie*, aussi bien que « celui de *père de la métaphysique moderne* » (t. I, p 197. Voyez aussi *Geschichte der neuew Philosophie*, t. I, de Kuno Fischer, et le très remarquable ouvrage de Lange, *Geschichte des Materialismus*).

divise en deux grandes branches, poussant en sens opposés, et dont les fleurs se ressemblent aussi peu que possible. Cependant chacune des branches est saine et vigoureuse, et à cet égard l'une vaut l'autre.

Si le botaniste rencontrait un semblable état de choses sur une plante nouvelle, il serait porté à penser, je m'imagine, que cette plante est monoïque, que les fleurs sont de sexes différents, et, loin d'établir une barrière entre les deux branches de l'arbre, il n'aurait espoir de leur fécondité qu'en les rapprochant l'une de l'autre. Je suis peut-être trop porté à envisager le cas au point de vue du naturaliste, mais, je dois l'avouer, c'est, d'après moi, ce qu'il faudrait faire pour la métaphysique et la physique. Leurs différences sont complémentaires et non contraires, et la pensée humaine ne sera réellement féconde que quand elle les aura réunies. Permettez-moi de bien préciser le sens de mes paroles. Avec le matérialisme, je soutiens que le corps humain, comme tous les corps vivants, est une machine dont toutes les opérations s'expliqueront, tôt ou tard, par les principes des sciences physiques. Tôt ou tard, je crois, nous arriverons à connaître l'équivalent mécanique de la pensée, comme nous sommes arrivés à connaître l'équivalent mécanique de la chaleur. Quand l'unité de poids tombe d'une hauteur égale à l'unité de distance, il se produit une quantité définie de chaleur que l'on appelle à juste titre l'*équivalent de ce mouvement*. Ce même poids, tombant de la même hauteur sur la main, produit une somme définie de sensations qui pourrait tout aussi bien être appelée l'*équivalent en pensée* de ce même mouvement[1]. Et comme nous savons déjà qu'il y a une certaine parité entre l'intensité d'une douleur et la force du désir de s'en débarrasser ; de plus, qu'il y a une certaine correspondance entre l'intensité de la chaleur ou de la violence mécanique qui produit la douleur et cette douleur elle-même, la possibilité d'établir une corrélation entre la force mécanique et la volition devient apparente. On pouvait d'ailleurs prévoir cette conclusion en remarquant que, dans de certaines limites, l'intensité de la force mécanique produite par l'homme est proportionnelle à l'intensité du désir qu'il a eu de la produire.

Ainsi, je suis tout prêt à suivre le matérialisme aussi loin que le mènera réellement la voie indiquée par Descartes, et en toute circonstance je suis heureux de déclarer qu'à mon avis le développement hardi des aspects matérialistes de la nature a exercé une influence immense et des plus heureuses sur la physiologie comme sur la psychologie. Et même quand les matérialistes vont plus loin qu'ils n'auraient droit de le faire, d'après moi, quand ils introduisent le calvinisme dans la science, déclarant que l'homme n'est qu'une machine, je ne trouve pas leurs doctrines bien pernicieuses, tant qu'ils admettent ce fait d'expérience que, dans de certaines limites, c'est une machine capable de s'adapter par elle-même aux circonstances.

Je déclare que si une puissance supérieure voulait

[1] Pour toutes les restrictions qu'il y a lieu de faire ici, je renvoie le lecteur à la discussion si complète qu'à faite M. Herbert Spencer du mode de relation entre l'action nerveuse et la conscience, *Principles of Psychology*, p. 115 et sq.

consentir à me faire toujours penser selon la vérité et agir selon le bien, à condition de me transformer en une sorte d'horloge qu'on remonterait tous les matins, j'accepterais tout de suite la proposition qui m'en serait faite. La seule liberté à laquelle je tienne est la liberté de faire le bien ; la liberté de faire le mal, je voudrais m'en débarrasser à tout prix. Mais quand les matérialistes s'écartent de la voie qui leur est tracée et se mettent à nous raconter que dans tout l'univers il n'y a rien que *matière*, *force, lois nécessaires*, quand ils font parader devant nous des grenadiers de leur façon, je me refuse à les suivre. Je retourne à notre point de départ, pour suivre l'autre voie de Descartes. Nous avons déjà vu d'une façon bien claire et bien distincte, et de manière à n'en pouvoir douter, je vous le répète, que toute notre connaissance se compose de la connaissance d'états de la conscience. D'après ce que nous pouvons en savoir, la *matière*, la *force*, ne sont que des noms pour indiquer certaines formes de la pensée consciente ; si l'on me parle de *lois nécessaires,* cette nécessité signifie ce dont nous ne pouvons concevoir le contraire, et la loi, une règle dont la vérification s'est toujours confirmée, et que nous pensons devoir trouver valable. Voici donc une vérité indiscutable : ce que nous appelons le *monde matériel* nous est seulement connu sous les formes du monde idéal ; et, comme Descartes nous le dit, notre connaissance de l'âme est plus intime, plus certaine que notre connaissance du corps. Si je dis que l'impénétrabilité est une propriété de la matière, mon affirmation ne peut signifier qu'une chose : l'état de conscience que j'appelle l'*étendue* et l'état de conscience que j'appelle la *résistance* sont constamment associés. Le motif et le mode de cette relation sont pour moi un mystère. Et si je déclare que la pensée est une propriété de la matière, cela ne peut signifier autre chose que ceci : la conscience de l'étendue et celle de la résistance accompagnent actuellement tous les autres états de conscience, et nous ne pouvons concevoir qu'il en soit autrement ; mais, comme précédemment, le motif de cette association est un mystère insoluble.

De tout ceci il résulte que le *matérialisme légitime*, comme je puis bien l'appeler, c'est-à-dire l'extension des conceptions et des méthodes de la science physique aux phénomènes les plus élevés ou les plus inférieurs de la vitalité, n'est, en somme, ni plus ni moins qu'une sorte de représentation commode de l'idéalisme, et les deux voies indiquées par Descartes se réunissent au sommet de la montagne, bien qu'elles soient parties des flancs opposés.

Pour réconcilier la physique et la métaphysique, il faut que de part et d'autre on reconnaisse ses fautes. Les physiciens devront reconnaître qu'en dernière analyse tous les phénomènes de la nature ne nous sont connus que comme faits de la conscience. De leur côté, les métaphysiciens devront admettre qu'en pratique les faits de conscience ne peuvent s'interpréter qu'au moyen des méthodes et des formules des sciences physiques. Enfin, les uns et les autres devront observer la maxime de Descartes : Ne donnez jamais votre assentiment à une proposition dont la matière ne soit tellement claire, tellement distincte qu'il n'y ait pas moyen d'en douter.

Quand vous m'avez fait l'honneur de me demander de parler devant vous[1], j'ai été embarrassé, je vous l'avoue, pour faire choix d'un sujet. C'est que votre société se fait gloire du christianisme qu'elle professe hautement, et je ne pouvais chercher le sujet de mon discours que dans la science ou la philosophie, où les questions religieuses restent ignorées comme appartenant à un monde différent. Cependant les arguments que je viens de développer devant vous ne me semblent contraires à aucune forme de la théologie reçue en ce pays.

Après y avoir bien réfléchi, j'ai pensé qu'en m'efforçant de vous faire entrevoir ce monde de la pensée scientifique qui reste en dehors du christianisme, et en vous le montrant tel que le voit un homme qui y a établi sa demeure, je pourrais vous être de quelque utilité; et pour cela j'ai cherché à vous faire savoir par quelle méthode nous tâchons, en ce qui concerne quelques-uns des problèmes les plus profonds et les plus difficiles qui s'imposent à l'humanité, de distinguer la vérité du mensonge, afin de voir clair dans nos actions et marcher avec assurance en cette vie, comme dit Descartes.

Je pensais que si l'exécution de mon projet se rapprochait tant soit peu de ma manière de comprendre

[1] *The Cambridge young Men's Christian Society*. l'assemblée religieuse à laquelle s'adressait cette conférence, est une des nombreuses sociétés fondées en Angleterre pour la propagation du protestantisme évangélique.

la question, j'arriverais à vous faire reconnaître que les philosophes et les gens de science ne sont pas précisément tels qu'on vous les représente parfois; et que leurs méthodes et leurs voies ne mènent pas aussi directement aux abîmes qu'on vous le dit souvent. De plus, je dois l'avouer, j'avais un motif spécial et tout personnel pour choisir ce sujet; je voulais faire voir qu'un certain discours qui attira, il y a peu de temps, un bien violent orage sur ma tête, ne contenait rien d'autre que le développement ultime de la pensée du père de la philosophie moderne. Je me demande maintenant si j'ai eu raison de tenir compte de ce dernier motif. Rien n'est dangereux, dit-on, comme d'aller se mettre sous un grand arbre pour se protéger de l'orage; et d'ailleurs l'histoire de Descartes nous montre combien il s'en fallut de peu qu'il ne fût atteint par la foudre, plus à craindre à cette époque qu'elle ne l'est aujourd'hui.

Descartes vécut et mourut en bon catholique, s'étant toujours fait un titre de gloire d'avoir démontré l'existence de Dieu et celle de l'âme humaine. Pour le récompenser de ses efforts, les Jésuites, ses anciennes connaissances, le déclarèrent athée et firent mettre ses livres à l'index ; de leur côté, les théologiens protestants de Hollande le déclarèrent à la fois jésuite et athée. Ses livres faillirent être brûlés par la main du bourreau ; la fin malheureuse de Vanini lui était souvent rappelée, et les chagrins de Galilée l'effrayaient tellement qu'il eut grande envie de renoncer à des recherches si profitables par la suite à l'humanité, et qu'il fut réduit à des subterfuges évasifs indignes de lui.

Ce fut une lâcheté de sa part, me direz-vous. Soit.

Mais n'oubliez pas qu'au XVIIe siècle tout hérétique était menacé du bûcher ou tout au moins de la prison, et que celui qui était seulement soupçonné d'hérésie était traqué, tourmenté et ne pouvait plus espérer le repos si nécessaire à la recherche de la vérité. A ce qu'il me semble, Descartes était homme à moins craindre le bûcher que des ennuis et des vexations continuelles, et comme bien d'autres il sacrifia à sa tranquillité ce qu'il aurait soutenu sans broncher contre les dernières violences.

Mais n'importe ; que ceux qui sont bien certains qu'à sa place ils eussent fait mieux lui jettent la pierre ; pour moi, j'ai voué toute ma vénération et toute ma reconnaissance à l'homme qui a fait ce qu'il fit à l'époque où il le fit, et j'éprouve une sorte de honte pour ceux qui se refusent à prendre leur part des ennuis dont le monde a abreuvé ce grand homme.

Enfin, il me vient à l'idée qu'après vous avoir bien expliqué ma manière de voir à cet égard, il serait bon pour nous tous de vous demander la vôtre. Le christianisme du XVIIe siècle vous semble-t-il plus noble et plus attrayant pour avoir traité de la sorte un tel homme ? Non, sans doute. Mais alors, ne devez-vous pas, tous tant que vous êtes, faire tous vos efforts pour empêcher que le christianisme du XIXe siècle ne reproduise ce scandale ?

Dans deux ou trois siècles, on se rappellera les noms de deux ou trois de nos contemporains, dont les grandes pensées doivent durer et fructifier tant que durera l'humanité, comme nous nous rappelons aujourd'hui le nom de Descartes. Si le XXIe siècle étudie leur histoire, il reconnaîtra que le christianisme du milieu du XIXᵉ n'a su que les vilipender. A vous, jeunes chrétiens, et à ceux qui vous ressemblent, de nous dire si le christianisme de l'avenir en sera toujours là. Répondez non ; je vous en conjure dans votre intérêt, comme dans celui du christianisme que vous professez.

Dans l'intérêt de la science, je n'ai pas à faire appel à vos efforts, et nous pouvons lui appliquer les beaux vers du Dante [1] sur la Fortune :

> Voilà celle que mettent si souvent en croix
> Ceux-là mêmes qui devraient proclamer ses louanges
> Au lieu de noircir et de lui reprocher leurs maux.
> Mais elle est bien heureuse et n'écoute pas leurs plaintes ;
> Avec tous les autres anges elle jouit de la félicité
> Et parcourt son orbite, goûtant le bonheur divin.

Ainsi donc, malgré les cris de rage de ses ennemis, la science, calme parmi les Puissances éternelles, fera son œuvre et sera bénie.

[1] Dante, l'*Enfer*, VII, 90-95.

II

DU POSITIVISME DANS SES RAPPORTS AVEC LA SCIENCE

Il y a maintenant seize ou dix-sept ans que j'ai pris connaissance du *Cours de Philosophie positive*[1], du *Discours sur l'ensemble du positivisme* et de la *Politique positive* d'Auguste Comte.

J'avais été conduit à étudier ces ouvrages, d'abord parce que M. Mill y fait allusion dans sa *Logique;* puis un théologien distingué me les avait recommandés; enfin, un ami dont je faisais le plus grand cas, M. le professeur Henfrey, qui considérait les gros volumes de M. Comte comme une mine de sagesse, m'excitait à les lire, et il me les prêta pour me mettre à même d'y puiser et de m'enrichir.

Après les avoir parcourus avec tout le soin qu'ils méritent, je trouvais bien que la mine était profonde et obscure, mais elle ne me faisait pas l'effet d'être bien riche. Les filons du métal précieux me semblaient maigres et rares, et la roche qui les contenait avait si grande tendance à se transformer en boue que le travailleur était menacé de s'y embourber intellectuellement.

[1] Je cite la 3e édition du *Cours de Philosophie positive*, augmentée d'une préface de Littré.

Pourtant, comme j'étais heureux de le reconnaître, je rencontrais, par-ci par-là, quelques fragments d'or natif, non pas cependant, en tant que mon expérience me permettait d'en juger, dans les discussions relatives à la philosophie des sciences physiques, mais dans les chapitres qui se rapportent à la sociologie spéculative et pratique. J'y trouvais, en effet, bien des choses de nature à intéresser vivement tous ceux qui, comme moi, voient s'éclipser les anciennes croyances du monde et attendent impatiemment le jour nouveau. Rien ne pouvait être plus intéressant pour un biologiste que de voir établir l'étude de sa science comme partie essentielle des prolégomènes d'une interprétation nouvelle des phénomènes sociaux. Rien ne pouvait mieux satisfaire un adorateur de l'austère véracité scientifique que cette tentative de se passer de toutes croyances, sauf celles qui pouvaient braver la lumière, celles qui, loin de craindre la critique, la recherchaient; et d'autre part, un homme qui aime le courage et le parler net devait être profondément touché, en voyant, à la première page du *Discours sur l'ensemble du positivisme,* l'auteur annoncer avec calme qu'il se proposait de « réorganiser sans Dieu ni roi, par le culte systématique de l'humanité, » la charpente ébranlée de la société moderne.

A cette époque, je savais assez bien mon *Faust,* et en lisant cette puissante parole, je me sentais la velléité de répéter les vers connus du chœur des anges :

Malheur ! Malheur !
La belle terre !

Elle tombe, elle périclite !
Nous portons
Ses débris dans le néant !
Toi puissant
Parmi les fils de la terre !
Toi superbe,
Rebâtis-la !
Dans ton cœur, bâtis-la de nouveau !

Cependant, en suivant les progrès de ce puissant fils de la terre dans son œuvre de reconstruction, je me sentais bien perplexe pour ne pas dire désappointé. Dieu, sans doute, avait disparu ; mais à sa place régnait le nouveau Grand Être suprême, fétiche gigantesque sorti tout frais émoulu des mains de M. Comte. Il n'était pas plus question du roi, mais à sa place je trouvais une organisation sociale minutieusement définie qui exercerait, le jour où elle serait mise en pratique, une autorité despotique à faire pâlir celle du plus despote des sultans, et que ne saurait surpasser aucun presbytère puritain dans toute sa puissance. Supposant M. Comte établi dans la chaire de saint Pierre, et les noms de la plupart des saints changés, je ne pouvais reconnaître, dans mon aveuglement, en quoi le culte systématique de l'humanité diffère de l'absolutisme papal. Pour citer *Faust* encore une fois, je me prenais à répéter avec Marguerite :

Le curé nous dit à peu près cela,
Mais en des termes tant soit peu différents.

A tort ou à raison, telle était l'impression que l'étude des œuvres de M. Comte avait laissée dans mon esprit ; mais en même temps ce philosophe m'avait convaincu, ce dont je lui serai toujours reconnaissant, qu'il est non seulement possible d'organiser la société sur une base nouvelle et purement scientifique, mais même que c'est là le seul but valable auquel doivent tendre tous nos débats et toutes nos luttes politiques.

Comme je l'ai dit, cette partie des écrits de M. Comte qui traite de la philosophie des sciences physiques me semblait avoir une valeur singulièrement restreinte, et prouver qu'en ce qui concerne la science, comme on l'entend habituellement, la connaissance qu'il avait de la plupart des branches qui la constituent était des plus superficielles et purement de seconde main. Je n'entends pas seulement dire ainsi que M. Comte n'était pas au niveau des connaissances actuelles, ou qu'il ne savait pas les détails scientifiques connus de son temps. Il ne serait pas juste de reprocher de semblables défauts à un philosophe, à un écrivain de la génération passée. Voici ce qui me frappait : M. Comte n'a pas su saisir les grands traits de la science ; il se trompe étrangement à l'égard du mérite de ses contemporains scientifiques, et ses idées erronées au sujet du rôle que devaient jouer dans l'avenir quelques-unes des doctrines scientifiques, qui avaient cours de son temps, nous font sourire.

Personne ne sera étonné de m'entendre dire qu'avec de semblables impressions dans l'esprit, j'ai été périodiquement irrité, depuis seize ans, en voyant représenter si souvent M. Comte comme le porte-drapeau de la pensée scientifique, et de voir certains écrivains publics étiqueter *comtistes* ou *positivistes* d'autres écrivains dont la philosophie ne dérive que d'eux-mêmes ou de celle de Hume, et cela malgré des protestations énergiques.

Combien d'efforts n'a-t-il pas fallu à M. Mill pour se débarrasser de cette étiquette ? J'observe aussi M. Spencer, comme on regarde un homme de bien luttant contre l'adversité, chercher encore à se dépêtrer de cet écriteau qu'on lui a accolé, tout disposé à s'arracher la peau et le reste plutôt que de conserver semblable marque.

Puis viendrait peut-être mon tour; aussi, voyant, il y a peu de jours, un prélat éminent autoriser cette confusion populaire et lui donner cours, je profitai d'une occasion qui se présentait pour revendiquer ce qui appartient à Hume dans cette philosophie dite *nouvelle*, et en même temps pour répudier le positivisme en ce qui me concerne [1].

[1] M. Congreve m'a fait l'honneur de me critiquer dans le numéro d'avril 1869 de la revue bi-mensuelle (*Fortnightly Review*), et je suis heureux de remarquer qu'il ne se hasarde pas à mettre en doute la justice de mes réclamations en faveur de Hume. Il se borne à donner à entendre que je n'ai pas été parfaitement loyal en me taisant sur la haute estime de M. Comte pour Hume. Après y avoir bien réfléchi, je n'arrive pas à reconnaître mon tort. Si j'avais donné à entendre que M. Comte avait fait des emprunts à Hume sans les avouer, ou si, au lieu de chercher à exprimer ce que je pense du mérite de Hume, avec la modestie d'un écrivain sans autorité en matière philosophique, j'avais affirmé que personne n'avait jusque-là bien compris la valeur du grand philosophe écossais, les remarques de M. Congreve seraient justes; mais comme je ne suis conpable ni de l'une ni de l'autre de ces fautes, son observation ne porte pas, pour ne pas dire qu'elle est injustifiable. Et même s'il ne m'était venu à l'esprit de citer les expressions de M. Comte par rapport à Hume, je m'en serais peut-être bien abstenu. En effet, M. Comte, comme il nous en donne lui-même la preuve, est parfois fort tranchant dans sa manière de

Dans mon intention, les quelques lignes de mon article sur la *Base physique de la vie*[1], qui se rapportent aux doctrines de M. Comte, n'avaient absolument pas d'autre motif. Mais il semble que les partisans de M. Comte en Angleterre, pour quelques-uns desquels, soit dit en passant, j'ai le plus sincère respect, ont pris ombrage de mes paroles plus que je ne l'aurais voulu, et l'article de M. Congreve est l'expression du mécontentement que j'ai excité parmi les adeptes du positivisme.

Dans une péroraison qui me semble viser à l'effet, M. Congreve, indigné en raison de l'admiration qu'il professe pour la vie de M. Comte, me met au défi de nier le caractère de grandeur qui s'y dénote, et il a recours à un langage violent, parce que je ne montre pas de signe de vénération pour son idole. Je ne me soucie pas, je l'avoue, de passer mon temps à dénigrer un homme méritant bien en somme qu'on parle

parler d'écrivains dont il n'a pas lu une seule ligne. Ainsi (*) il écrit : « Le plus grand des métaphysiciens modernes, l'illustre Kant a noblement mérité une éternelle admiration, en tentant, le premier, d'échapper directement à l'absolu philosophique par sa célèbre conception de la double réalité, à la fois objective et subjective, qui indique un si juste sentiment de la saine philosophie. »

Mais ailleurs (**), M. Comte nous dit : « Je n'ai jamais lu, en aucune langue, ni Vico, ni Kant, ni Herder, ni Hegel, etc., je ne connais leurs divers ouvrages que d'après quelques relations indirectes et certains extraits fort insuffisants. »

Qui peut savoir si Hume n'est pas compris dans cet *etc.*? Et, s'il en est ainsi, que signifient les louanges que peut lui adresser M. Comte

[1] Voyez Huxley, *Base physique de la vie*.

(*) Comte, *Cours de Philosophie positive*, tome VI, p. 619.

(**) Comte, Préface personnelle, même volume, p. 35.

de lui avec respect. Je ne spécifierai donc pas les raisons qui me décident à accepter sans hésiter le défi de M. Congreve et à me refuser de reconnaître, en M. Comte, rien qui mérite le nom de grandeur de caractère, si ce n'est son arrogance qui est assurément sublime. Tout ce que je me bornerai à faire observer, c'est que M. Congreve a raison en disant que je parle de son père spirituel en termes tant soit peu dédaigneux ; mais si j'ai parlé de lui sur ce ton, c'est qu'au moment où j'écrivais les pages précédentes, je venais de parcourir un livre qu'il connaît bien sans doute, celui de M. Littré sur *Auguste Comte et la philosophie positive*.

Bien qu'il y ait une mesure généralement admise et assez précise pour reconnaître ce qui est bien ou mal, et même ce qui est généreux ou mesquin, on peut dire que la beauté ou la grandeur d'une vie est plus ou moins une affaire de goût, et comme les idées de M. Congreve par rapport à l'excellence littéraire sont si différentes des miennes, il est fort possible que notre manière de comprendre la beauté ou la laideur morale soit tout aussi divergente. Ainsi donc, tout en conservant ma manière de voir je ne me permettrai pas de chercher querelle à la sienne. Mais quand M. Congreve établit tout un échafaudage d'insinuations habilement accumulées pour chercher à faire croire au public que j'ai péché contre l'honnêteté littéraire en critiquant M. Comte sans l'avoir lu, il me sera permis de lui rappeler qu'il a négligé la maxime bien connue d'un des sages de la diplomatie : Si vous voulez faire du tort à un homme, il faut dire ce qui est probable aussi bien que ce qui est vrai.

Et quand M. Congreve dit que je me suis assuré un avantage sur lui, en faisant intervenir le christianisme dans le débat, au moyen de cette phrase[1] : « On peut résumer pratiquement la philosophie de M. Comte en disant que c'est du catholicisme sans christianisme, » donnant à entendre que par ces paroles je faisais appel aux passions religieuses (*odium theologicum*), il s'expose à une réponse fort désagréable.

Ne serais-je pas en droit d'insinuer que M. Congreve n'a pas lu les œuvres de M. Comte, qu'il prouve du moins ne pas connaitre la *Philosophie positive* par cette phrase de son article : « Le contexte nous montre que M. Huxley n'a de l'œuvre complète qu'une vue d'ensemble toute superficielle. Quand il fait mention du catholicisme, ceci devient évident. » Mais si je faisais cette insinuation, elle serait à la fois très injuste et inconvenante, je la repousse donc. Et pourtant il est de fait que ma petite épigramme, qui a si fort irrité M. Congreve, ne fait que résumer en quelques mots le passage suivant de la *Philosophie positive*[2] :

« La seule solution possible de ce grand problème historique, qui n'a jamais pu être philosophiquement posé jusqu'ici, consiste à concevoir, en sens radicalement inverse des notions habituelles, *que ce qui devait nécessairement périr ainsi, dans le catholicisme, c'était la doctrine et non l'organisation*, qui n'a été passagèrement ruinée que par suite de son inévitable adhérence élémentaire à la philosophie théologique, destinée à succomber graduellement sous l'irrésistible émancipation de la raison humaine; *tandis qu'une*

[1] Voyez Huxley, *Base physique de la vie.*

[2] Cinquième volume, p. 344.

telle constitution, convenablement reconstruite sur des bases intellectuelles, à la fois plus étendues et plus stables, devra finalement présider à l'indispensable réorganisation spirituelle des sociétés modernes, sauf les différences essentielles spontanément correspondantes à l'extrême diversité des doctrines fondamentales; à moins de supposer, ce qui serait certainement contradictoire à l'ensemble des lois de notre nature, que les immenses efforts de tant de grands hommes, secondés par la persévérante sollicitude des nations civilisées, dans la fondation séculaire de ce chef-d'œuvre politique de la sagesse humaine, doivent être enfin irrévocablement perdus pour l'élite de l'humanité, sauf les résultats capitaux, mais provisoires, qui s'y rapportaient immédiatement. Cette explication générale, déjà évidemment motivée par la suite des considérations propres à ce chapitre, sera de plus en plus confirmée par tout le reste de notre opération historique, *dont elle constituera spontanément la principale conclusion politique.* »

Rien ne saurait être plus clair. L'idéal de M. Comte, comme il l'exprime lui-même, c'est l'organisation catholique sans la doctrine du catholicisme, ou en d'autres termes le catholicisme sans christianisme. Assurément on n'a pas le droit de m'imputer des motifs mesquins, quand je me borne à établir les doctrines d'un homme en me servant de ses propres paroles autant que faire se peut.

Si je poursuivais davantage cette discussion avec M. Congreve, je craindrais de fatiguer mes lecteurs.

Je ne me trouve pas non plus obligé de me prononcer sur le mérite ou les défauts de M. Comte en ce qui concerne la sociologie. M. Mill, dont M. Congreve lui-même ne récusera pas sans doute la compétence, s'est prononcé, à cet égard, sur la philosophie de M. Comte avec une vigueur et une autorité à laquelle je ne puis nullement prétendre, et aussi avec une sévérité assez souvent voisine du mépris et que je ne voudrais pas surpasser, quand même cela me serait possible. Je n'en suis qu'à l'étude de toutes ces questions, je m'en tiens au jugement de M. Mill jusqu'à ce qu'on m'ait fait voir où il pèche, et je ne veux pas accepter une discussion que je n'ai pas provoquée.

La seule obligation qui m'incombe, c'est de justifier ce qui ne l'est pas encore dans ce que j'ai écrit au sujet du positivisme, à savoir : l'opinion exprimée dans le passage suivant : « En tant que mes études m'ont mis à même de reconnaître ce qui caractérise spécialement la philosophie positive, je lui trouve peu de valeur scientifique, pour ne pas dire qu'elle en est entièrement dépourvue, et j'y trouve bien des choses aussi contraires à l'essence même de la science que tout ce que renferme le catholicisme ultramontain. »

Il y a ici deux propositions. La première, c'est que le positivisme est sans valeur scientifique, ou peu s'en faut. La seconde, que son esprit est antiscientifique. Je vais chercher à rendre bien évidentes ces deux affirmations.

1° Celui qui a la moindre connaissance superficielle des sciences physiques ne peut manquer de reconnaître, en lisant les leçons de M. Comte, que l'auteur est singulièrement dépourvu de connaissances réelles en ces matières, et aussi qu'il joue vraiment de malheur.

Que penser d'un contemporain de Young et de Fresnel qui ne manque jamais une occasion de traiter avec dédain l'hypothèse d'un éther, base fondamentale de la théorie des ondes lumineuses et de tant d'autres choses en physique moderne, et qui respecte si peu la valeur intellectuelle de quelques-uns des hommes les plus éminents de son époque, qu'il pense réfuter la théorie des ondes en indiquant simplement l'existence de la nuit[1].

Il nous donne une étrange mesure de sa propre valeur comme critique scientifique, cet homme qui nous enseigne que la phrénologie est une grande science et la psychologie une chimère, que Gall est un des grands hommes de son siècle, que *Cuvier est brillant, mais superficiel*[2].

Ne joue-t-il pas de malheur aux yeux de tous, ce raisonneur spéculatif si hardi, qui, peu d'instants avant l'aube de l'histologie moderne, cette pure application du microscope à l'anatomie, réprouve ce qu'il appelle l'*abus des recherches microscopiques et la valeur exagérée qu'on leur a attribuée.* On allait démontrer l'uniformité morphologique des tissus de la grande majorité des plantes et des animaux, et M. Comte tournait en ridicule ceux qui cherchaient à rapporter tous les tissus à *un tissu générateur, formé par le chimérique et inintelligible assemblage d'une sorte de monades organiques qui seraient dès lors les vrais éléments primordiaux de tout corps vivant*[3].

[1] Comte, *Phil. pos.*, t. II, p. 440.
[2] Id., *ibid.*, t. VI, p. 383.
[3] Id., *ibid.*, t. III, p. 369.

C'est M. Comte enfin qui nous dit que toutes les objections faites contre l'arrangement des espèces vivantes en série linéaire sont essentiellement absurdes, que l'ordre de la série animale est nécessairement linéaire[1], tandis que le contraire est précisément une des vérités les mieux établies et les plus importantes de la zoologie.

Demandez aux mathématiciens, aux astronomes, aux physiciens, aux chimistes, aux biologistes, ce qu'ils pensent de la *Philosophie positive,* et ils seront tous d'accord pour certifier que, quel que soit le mérite de M. Comte à d'autres égards, il n'a répandu aucune lumière sur la philosophie de leurs études particulières.

Pour être juste cependant, il faut reconnaître que même les plus ardents disciples de M. Comte se taisent judicieusement au sujet de ses connaissances scientifiques, ou de sa manière d'apprécier les sciences, et préfèrent baser les droits que peut avoir leur maitre à l'autorité scientifique sur sa *loi des trois états,* sur *sa classification des sciences.*

Mais ici encore, je me trouve aussi complètement en opposition avec eux que d'autres l'ont été avant moi, et notamment M. Herbert Spencer. Un examen critique de ce que M. Comte veut nous enseigner sur la loi des trois états n'aboutit qu'à une série d'affirmations plus ou moins contradictoires, pour formuler une vérité imparfaitement comprise ; et sa classification des sciences, soit au point de vue de l'histoire, soit au point de vue de la logique, est à mon sens absolument sans valeur.

[1] Id., *ibid.*, p. 287.

Considérons la loi des trois états, telle qu'elle nous est présentée au commencement de la première leçon de la *Philosophie positive* :

« En étudiant ainsi le développement total de l'intelligence humaine dans ses diverses sphères d'activité, depuis son premier essor le plus simple jusqu'à nos jours, je crois avoir découvert une grande loi fondamentale, à laquelle il est assujetti par une nécessité invariable, et qui me semble pouvoir être solidement établie, soit sur les preuves rationnelles fournies par la connaissance de notre organisation, soit sur les vérifications historiques résultant d'un examen attentif du passé. Cette loi consiste en ce que chacune de nos conceptions principales, chaque branche de nos connaissances, passe successivement par trois états théoriques différents : l'état théologique ou fictif, l'état métaphysique ou abstrait, l'état scientifique ou positif. En d'autres termes, l'esprit humain, par sa nature, emploie successivement dans chacune de ses recherches trois méthodes de philosopher, *dont le caractère est essentiellement différent et même radicalement opposé* : d'abord la méthode théologique, ensuite la méthode métaphysique, et enfin la méthode positive. De là, trois sortes de philosophie, ou de systèmes généraux de conceptions sur l'ensemble des phénomènes *qui s'excluent mutuellement*; la première est le point de départ nécessaire de l'intelligence humaine ; la troisième, son état fixe et définitif ; la seconde est uniquement destinée à servir de transition. »

Rien ne saurait être plus précis que ces affirmations; on peut les formuler par les propositions suivantes :

a. L'intelligence humaine est soumise à la loi par une nécessité invariable, ce que démontrent *a priori* la nature et la constitution de l'intelligence ; et en même temps nous pouvons constater historiquement que l'intelligence humaine a toujours été soumise à cette loi ;

b. Toutes les branches des connaissances humaines traversent les trois états, en commençant nécessairement par le premier ;

c. Les trois états s'excluent mutuellement, en tant qu'essentiellement différents, et même radicalement opposés.

Deux questions se présentent. M. Comte ne se mettra-t-il pas plus tard en contradiction avec lui-même ? Les faits ne le contrediront-ils pas ? Je réponds affirmativement à ces deux questions ; et par rapport à la première, je prends comme témoignage un passage remarquable [1], écrit alors que M. Comte avait eu le temps de réfléchir plus complètement aux idées qu'il expose dans toute leur simplicité au début de son premier volume :

« A proprement parler, la philosophie théologique, même dans notre première enfance, individuelle ou sociale, n'a jamais pu être rigoureusement universelle, c'est-à-dire que, pour les ordres quelconques de phénomènes, *les faits les plus simples et les plus communs ont toujours été regardés comme essentiellement assujettis à des lois naturelles. au lieu d'être attribués à l'arbitraire volonté des agents surnaturels*. L'illustre Adam Smith a, par exemple, très heureusement remarqué dans ses essais philosophiques qu'on ne trouvait, en aucun temps ni en aucun pays, un Dieu pour la

[1] Comte, *Philosophie positive*, 4e vol., p. 491.

pesanteur. *Il en est ainsi, en général, même à l'égard des sujets les plus compliqués, envers tous les phénomènes assez élémentaires et assez familiers pour que la parfaite invariabilité de leurs relations effectives ait toujours dû frapper spontanément l'observateur le moins préparé.* Dans l'ordre moral et social, qu'une vaine opposition voudrait aujourd'hui systématiquement interdire à la philosophie positive, il y a eu nécessairement, en tout temps, la pensée des lois naturelles, relativement aux plus simples phénomènes de la vie journalière, comme l'exige évidemment la conduite générale de notre existence réelle, individuelle ou sociale, qui n'aurait pu jamais comporter aucune prévoyance quelconque, si tous les phénomènes humains avaient été rigoureusement attribués à des agents surnaturels, puisque dès lors la prière aurait logiquement constitué la seule ressource imaginable pour influer sur le cours habituel des actions humaines. *On doit même remarquer, à ce sujet, que c'est, au contraire, l'ébauche spontanée des premières lois naturelles propres aux actes individuels ou sociaux qui, fictivement transportée à tous les phénomènes du monde extérieur, a d'abord fourni, d'après nos explications précédentes, le vrai principe fondamental de la philosophie théologique. Ainsi, le germe élémentaire de la philosophie positive est certainement tout aussi primitif au fond que celui de la philosophie théologique elle-même, quoiqu'il n'ait pu se développer que beaucoup plus tard.* Une telle notion importe extrêmement à la parfaite rationalité de notre théorie sociologique, puisque, la vie humaine ne pouvant jamais offrir aucune véritable création quelconque, mais toujours une simple évolution graduelle, l'essor final de l'esprit positif deviendrait scientifiquement incompréhensible, si, dès l'origine, on n'en concevait, à tous égards, les premiers rudiments nécessaires. Depuis cette situation primitive, à mesure que nos observations se sont spontanement étendues et généralisées, cet essor, d'abord à peine appréciable, a constamment suivi, sans cesser longtemps d'être subalterne, une progression très lente, mais continue, la philosophie théologique restant toujours réservée pour les phénomènes, de moins en moins nombreux, dont les lois naturelles ne pouvaient encore être aucunement connues. »

Comparez les propositions implicitement énoncées avec celles que nous avons remarquées dans la premier volume :

a. Il est de fait que l'intelligence humaine n'a pas été invariablement soumise à la loi des trois états et par conséquent la nécessité de la loi ne peut être démontrée *a priori* ;

b. Bon nombre de nos connaissances de toutes sortes ne sont pas passées par les trois états, et plus particulièrement par le premier, comme M. Comte a soin de nous le faire remarquer ;

c. L'état positif a coexisté plus ou moins avec l'état théologique, dès les premières lueurs de l'intelligence humaine.

Et pour compléter cette série de contradictions, l'assertion que les trois états sont essentiellement différents et même radicalement opposés vient se heurter un peu plus bas, sur la même page, à l'affirmation que l'état métaphysique est tout simplement, en somme, une modification générale du premier. D'ailleurs, dans la quarantième leçon, comme dans un de ses premiers essais, fort intéressant, intitulé : *Considérations philosophiques sur les sciences et les savants* (1825), les trois états se réduisent pratiquement à deux :

« Le véritable esprit général de toute philosophie théologique ou métaphysique consiste à prendre pour principe, dans l'explication des phénomènes du monde extérieur, notre sentiment immédiat des phénomènes humains tandis que, au contraire, la philosophie positive est toujours caractérisée non moins profondément par la subordination nécessaire et rationnelle de la conception de l'homme à celle du monde? »

Je laisse aux disciples de M. Comte le soin de décider quelle est celle de ces affirmations contradictoires qui exprime ce que leur maître voulait nous dire réellement. Qu'il me soit permis, seulement, de faire remarquer que les hommes de science n'ont pas l'habitude d'attacher grande importance à des lois formulées de cette façon.

Les affirmations ultérieures sont assurément bien plus logiques et mieux d'accord avec les faits que les premières; mais elles ne donnent pas cependant une explication juste et suffisante du développement de l'intelligence, qu'il s'agisse de l'individu ou de l'espèce humaine.

Tous ceux qui voudront observer attentivement le développement de l'intelligence chez un enfant reconnaîtront que, dès ses premières manifestations, sa pensée reflète la nature de deux façons différentes. D'abord l'enfant accumule des sensations et il échafaude des associations, tout en se formant une conception des choses et de leurs relations qui est plus positive en réalité et mons embrouillée d'hypothèses de toutes sortes que ne le sera, à aucune époque de sa vie, sa façon de concevoir le monde et de se concevoir lui-même. Aucun enfant n'a recours à des personnifications imaginaires pour expliquer les propriétés ordinaires d'objets inanimés, ne représentant pas des êtres vivants. Il n'imagine pas un dieu de la douceur pour expliquer le goût du sucre, ou un esprit du saut pour expliquer le rebondissement de sa balle. De semblables phénomènes, qui forment la base d'une très grande part de ses idées, sont acceptés par lui tout simplement et comme faits ultimes, ne présentant pas de difficultés et ne demandant pas d'explication. En tout ce qui concerne ces phénomènes importants, tout ordinaires qu'ils soient, l'esprit de l'enfant est dans cet état que M. Comte appellerait l'*état positif*.

Mais, à côté de cette condition mentale, il s'en produit une autre. L'enfant arrive à se connaître comme cause d'action et comme sujet passif et pensant. Les actes qui resultent de ses désirs font partie des événements les plus intéressants, les plus marquants qui l'entourent, ou par d'autres changements effectués en sa personne. Parmi ces objets environnants, ceux qui l'intéressent et lui importent le plus sont : la mère et le père, les frères et sœurs, les bonnes qui le soignent. Bientôt l'esprit de l'enfant est forcé de supposer que ces êtres, si remarquables pour lui. sont d'une nature semblable à la sienne, et cette première conception anthropomorphique devient pour lui une hypothèse des plus heureuses, et dont chaque instant amènera la justification. Il n'est donc pas étonnant qu'il l'étende à d'autres objets l'intéressant de même, dès que ceux-ci ne sont pas par trop dissemblables aux premiers, qu'il l'étende, disons-nous, au chien, au chat, aux animaux domestiques, aussi bien qu'à la poupée, aux jouets, au livre d'images, qui pour lui seront tous doués de volonté, d'affections et de la capacité d'être *sages* ou d'être *méchants*. Mais ce serait évidemment une simple perversion de langage que d'appeler cet état intellectuel un état théologique, soit que l'on prenne ce mot en son sens réel, soit qu'on le prenne en l'opposant à l'idée du scientifique ou du positif. L'enfant n'adore ni son père, ni sa mère, ni un chien, ni une poupée. Au contraire, rien n'est plus curieux que le manque absolu de vénération, de respect même, qu'il me soit permis de le faire observer, d'un jeune enfant entouré de soins et d'amour ; rien n'est plus frappant que sa tendance à croire en lui comme centre de l'univers, et sa disposition à exercer une tyrannie despotique sur ceux qui l'écraseraient du bout du doigt.

Il serait encore moins juste de dire que cet anthropomorphisme de la première enfance n'est pas scientifique, ou qu'il est opposé à l'esprit de la science. L'enfant reconnaît que bien des phénomènes résultent de ses propres affections ; il ne tardera pas à acquérir d'excellentes raisons pour croire que bon nombre d'autres phénomènes résultent des affections d'êtres qui diffèrent de lui, tout en lui ressemblant plus ou moins. Ainsi muni de bonnes preuves pour croire que bien des événements des plus intéressants pour lui s'expliquent par l'hypothèse qu'ils sont l'œuvre d'intelligences semblables à la sienne, pourquoi l'enfant qui a découvert la cause vraie d'un grand nombre de phénomènes restreindrait-il l'application d'une hypothèse si fructueuse ? Le chien, a comme le chat, une manière d'intelligence ; pourquoi la poupée et le livre d'images n'en auraient-ils pas leur part, en rapport avec leur ressemblance aux êtres intelligents ?

Dans cette voie, la seule limite qui se présente est précisément celle qui doit se présenter en se plaçant au point de vue scientifique, c'est-à-dire que l'enfant appliquera son interprétation anthropomorphique aux seuls phénomènes qui ressembleront par leur nature générale, ou leurs caprices apparents, à ceux dont l'enfant reconnaît la cause en lui-même ou en d'autres êtres qui lui ressemblent. Pour lui, tout le reste de la nature se compose de choses qui s'expliquent d'elles-mêmes ou qui sont inexplicables.

Ce n'est qu'à un état ultérieur de son développement que l'intelligence de l'homme arrive à reconnaître le conflit apparent de son interprétation anthropomorphique de la nature et l'interprétation que j'appellerai *physique* [1]. A ce moment, il cherche à étendre sur toute la nature son interprétation an-

[1] Le mot *positif* est à rejeter ici, en quelque sens qu'on veuille le prendre, soit qu'il indique cette qualité mentale fort développée assurément chez M. Comte, mais, de toutes celles d'un philosophe, la qualité dont il peut le mieux se passer ; soit qu'appliqué à un système qui a pour point de départ d'énormes négations il faille pour le moins considérer comme malheureuse la qualification de positif ; soit enfin qu'en s'en tenant au sens philosophique spécial du mot impliquant un système de la pensée dans lequel on ne suppose rien au-delà du contenu des faits observés, il signifie ce qui n'a jamais existé et n'existera jamais.

thropomorphique, ce qui est la tendance de la théologie, ou bien il donne la même prédominance exclusive à son interprétation physique, ce qui est la tendance de la science, ou enfin il adopte un juste milieu, et prenant à l'interprétation anthropomorphique sa tendance à personnifier, à l'interprétation physique sa tendance à exclure la volonté et les affections, il aboutit à ce que M. Comte appelle l'*état métaphysique*, ce mot étant dans ses écrits un terme de mépris pour indiquer ce qui lui déplaît.

Ce qui est vrai du développement intellectuel de l'individu l'est aussi, *mutatis mutandis*, de celui de l'espèce. Il est absurde de dire que toutes les conceptions d'hommes à la période de barbarie primitive soient à l'état théologique. Ces conceptions sont alors, neuf fois sur dix, éminemment réalistes et aussi positives que peuvent les rendre l'ignorance et l'étroitesse d'esprit. Il ne vient pas plus à la pensée d'un sauvage qu'à celui d'un enfant de demander le pourquoi des événements journaliers et ordinaires qui forment la majeure partie de sa vie mentale Mais par rapport aux événements plus frappants, insolites, et qui l'obligent à faire des raisonnements spéculatifs, il est éminemment anthropomorphiste, et son anthropomorphisme, comparé à celui de l'enfant, se complique de l'impression profonde que fait sur lui, chose bien naturelle d'ailleurs, la mort de ceux de son espèce. Le guerrier plein d'énergie féroce, qui était peut-être le chef despotique de sa tribu, est frappé à mort. Le voilà gisant et un enfant peut dès lors insulter cet homme, si terrible l'instant d'auparavant;

une mouche même se pose sur ces lèvres, d'où partaient les ordres redoutés, sans que rien ne la dérange. Pourtant l'aspect extérieur du mort ne semble guère plus changé que pendant le sommeil, et ce sommeil est-ce donc autre chose, comme celui qui l'observe l'a reconnu par lui-même, qu'un abandon momentané du corps pour aller errer au pays des songes? La violence commise sur ce chef tombé à terre n'aurait-elle pas forcé ce quelque chose qui fait l'essence de l'homme à errer ainsi? Et si dès lors l'esprit n'est plus capable de reprendre son enveloppe, s'il a oublié les moyens d'y rentrer, ne conserverait-il pas cependant quelques-unes des puissances dont il était en possession pendant la vie? Ne pourra-t-il pas nous venir en aide si nous savons lui plaire, ou bien ne pourra-t-il pas nous nuire si nous le fâchons, et c'est cette dernière impression qui semble de beaucoup la plus générale. Ne sera-t-il pas bon de faire pour l'esprit tout ce qui aurait pu faire plaisir à l'homme pendant sa vie, tout ce qui aurait pu apaiser sa colère. Il n'est pas possible d'étudier les écrits dignes de foi qui nous font connaître la manière de penser des sauvages, sans constater qu'au fond de leurs croyances spéculatives il se trouve toujours un enchaînement d'idées de ce genre.

Il y a des sauvages sans dieux, en donnant à ce mot quelque sens légitime qu'il soit permis de lui attribuer, mais il n'y en a pas sans esprits, sans revenants. Le fétichisme, le culte des ancêtres ou des héros, la démonologie des sauvages primitifs sont, à mon avis, leurs façons différentes d'exprimer la croyance aux exprits et leur interprétation anthropomorphique des événements insolites qui l'accompagnent. La sorcellerie, la magie traduisent ces croyances dans la pratique, et sont à notre façon d'entendre le culte religieux, ce qu'est à la théologie l'anthropomorphisme naïf des enfants ou des sauvages.

Dans les progrès que fait l'espèce pour passer de l'état sauvage à une civilisation avancée, l'anthropomorphisme, en se développant, devient théologie, tandis que l'interprétation physique de la nature, le *physicisme* (si ce néologisme m'est permis) devient science ; mais les deux tendances subissent à la fois un développement simultané et non successif. Pendant longtemps, elles s'exercent l'une et l'autre dans un domaine spécial et où la tendance opposée n'a pas prise ; en même temps, il y a entre ces deux tendances un terrain ouvert de part et d'autre à leurs incursions. Ici règnent les entités métaphysiques, espèces bâtardes qui doivent au physicisme leur aspect extérieur, à l'anthropomorphisme leur substance, et qui font tout particulièrement l'objet de l'antipathie de M. Comte.

Mais avec le cours des siècles, les limites du physicisme s'étendent. Tout le domaine des entités bâtardes est annexé à la science ; et même la théologie, dans ses formes les plus pures, cesse d'être anthropomorphique, quoi qu'elle en dise. L'anthropomorphisme s'est réfugié dans sa dernière forteresse, l'homme même. Pourtant la science investit de près la place ; les philosophes se préparent à la lutte et s'attaquent au plus grand des problèmes spéculatifs, le problème ultime : La nature humaine possède-t-elle un élément de liberté, un libre arbitre de ses volontés, élément vraiment anthropomorphique ; ou faut-il ne voir en elle que le plus curieux et le plus compliqué des mécanismes de l'univers ? Certaines gens, à l'avis desquels je me range, pensent que c'est là une bataille qui durera toujours, et, au point de vue des besoins de la vie, la prolongation de la lutte équivaut pratiquement au triomphe de l'anthropomorphisme.

La classification des sciences, qui donnerait droit à M. Comte de réclamer, d'après ses adhérents, la dignité de philosophe scientifique, à laquelle lui donnait droit déjà la loi des trois états, me semble exposée précisément aux objections que nous avons fait valoir contre cette loi. Elle se contredit elle-même, les faits la contredisent également. Examinons successivement les points principaux de cette classification.

« Il faut distinguer, par rapport à tous les ordres des phénomènes, deux genres de sciences naturelles ; les unes abstraites, générales, ont pour objet la découverte des lois qui régissent les diverses classes de phénomènes, en considérant tous les cas qu'on peut concevoir ; les autres concrètes ; particulières, descriptives, et qu'on désigne quelquefois sous le nom de *sciences naturelles proprement dites*, consistent dans l'application de ces lois à l'histoire effective des différents êtres existants [1]. »

Plus loin, l'auteur énumère les sciences abstraites. Ce sont : les *mathématiques*, l'*astronomie*, la *physique*, la *chimie*, la *physiologie* et la *physique sociale*, les titres de ces deux dernières sciences étant changés

[1] Comte, *Phil. pos.*, t. I, p. 56.

postérieurement en ceux de *biologie* et de *sociologie*. M. Comte explique dans les termes suivants la distinction qu'il établit entre les sciences abstraites et les sciences concrètes :

« On pourra d'abord apercevoir très nettement cette distinction en comparant, d'une part, la physiologie générale, et, d'une autre part, la zoologie et la botanique proprement dites. Ce sont évidemment, en effet, deux travaux d'un caractère fort distinct, que d'étudier, en général, les lois de la vie, ou de déterminer le mode d'existence de chaque corps vivant, en particulier. *Cette seconde étude, en outre, est nécessairement fondée sur la première.* »

M. Comte nous fait voir dans le passage que j'ai souligné tout ce qu'il y a de faux et d'insuffisant dans ses connaissances relatives aux sciences physiques, purement dérivées de la lecture des livres et non de l'étude de la nature. L'étude spéciale des êtres vivants est nécessairement fondée sur l'étude générale des lois de la vie !... Le peu que j'en sais me conduit à penser que si M. Comte avait eu la moindre connaissance pratique des sciences biologiques, il aurait renversé sa phrase, après avoir constaté que nous ne pouvons connaître les lois générales de la vie qu'en les fondant sur l'étude des êtres vivants individuels.

L'exemple qu'il prend pour expliquer sa distinction est assurément mal choisi ; mais les expressions dont il se sert pour définir ce qu'il entend par sciences abstraites ne me semblent pas moins critiquables. Est-il permis de dire que l'astronomie, la physique, la chimie, la biologie considèrent *tous les cas qu'on peut concevoir* dans le domaine de chacune de ces sciences respectives ? L'astronome s'occupe-t-il d'un autre système de l'univers que celui qui se dévoile à ses yeux ? Raisonne-t-il sur les mouvements possibles des corps qui s'attireraient en raison inverse, disons, par exemple, du cube de leurs distances ? La biologie, abstraite ou concrète, traite-t-elle d'autres formes de la vie que de celles qui existent actuellement ou qui ont existé autrefois ? Et si les sciences abstraites embrassent tous cas concevables de l'opération des lois qui les concernent, n'embrassent-elles pas nécessairement le sujet des sciences concrètes qui doit être concevable puisqu'il existe ? De fait, une distinction du genre de celle qu'établit M. Comte ne peut se soutenir, et tout d'abord cette classification s'écroule par défaut de construction.

Mais accordons à M. Comte ses six sciences abstraites. Il les arrange ensuite selon ce qu'il appelle leur *ordre naturel* ou leur *hiérarchie*, la place des sciences étant déterminée dans cette hiérarchie par le degré de généralité et de simplicité des conceptions dont elles traitent. Les mathématiques occupent la première place ; puis viennent successivement l'astronomie, la physique, la chimie, la biologie et enfin la sociologie, dernière science de la série. Pour faire valoir cette classification M. Comte s'appuie d'abord sur « sa conformité essentielle avec la coordination en quelque sorte spontanée qui se trouve, en effet, implicitement admise par les savants livrés à l'étude des diverses branches de la philosophie naturelle ».

Mais je nie absolument cette conformité. Si une chose est claire, par rapport au progrès de la science moderne, c'est sa tendance à réduire tous les problèmes scientifiques, hormis les problèmes purement mathématiques, à des questions de physique moléculaire, c'est-à-dire aux attractions, aux répulsions, aux mouvements des particules ultimes de la matière et à la coordination de ces particules entre elles. Les phénomènes sociaux sont le résultat de l'action réciproque des hommes, parties composantes de la société, les uns sur les autres et sur l'univers environnant. Mais dans le langage des sciences physiques, nécessairement matérialiste par la nature même des choses, les actions des hommes, en tant que la science peut les étudier, sont le résultat de changements moléculaires dans la matière qui les compose, et en fin de compte elles finissent par rentrer dans l'étude des sciences physiques. *A fortiori*, les phénomènes biologiques et chimiques sont, en dernière analyse, des questions de physique moléculaire. Aussi tous les chimistes, tous les biologistes qui regardent au-delà de ce qui fait l'objet immédiat de leurs occupations, reconnaissent ce fait. Il faut encore remarquer que les phénomènes biologiques sont en rapport avec la physique moléculaire d'une façon aussi directe, aussi immédiate que ceux de la chimie. La physique ordinaire, la chimie, la biologie ne sont pas trois échelons successifs dans l'échelle des connaissances, comme M. Comte voudrait nous le faire croire, mais trois branches d'un tronc commun, la physique moléculaire.

Quant à l'astronomie, je ne m'explique pas qu'avec

un moment d'attention pour se rendre compte de la nature de cette science on n'arrive pas à voir qu'elle se compose de deux parties. En premier lieu, c'est une description des phénomènes méritant le nom d'histoire naturelle au même titre que la zoologie descriptive ou la botanique. Puis elle comprend une explication de ces phénomènes, qui nous est fournie par les lois d'une force, la gravitation, dont l'étude fait aussi bien partie de la physique que celle de la chaleur ou de l'électricité. Il serait aussi rationnel de faire de l'étude de la chaleur solaire une science préliminaire du calorique que de placer l'étude de l'attraction des corps qui composent l'univers en général avant celle des corps terrestres particuliers, que nous pouvons seule connaître expérimentalement. C'est parce qu'il est possible d'exprimer en formules mathématiques la très grande majorité des phénomènes astronomiques que l'astronomie est arrivée à une si grande perfection, et encore parce qu'on peut expliquer la plupart de ses phénomènes par l'application de lois physiques fort simples.

Il faut remarquer, en premier lieu, qu'en ce qui concerne les mathématiques M. Comte réunit sous cette dénomination les relations pures de l'espace et de la quantité, comprises régulièrement sous ce nom, avec la mécanique rationnelle et la statique, développements mathématiques des notions de force et de mouvement, les plus générales des conceptions physiques. Si nous reportons celles-ci à la place qu'elles doivent occuper en physique il nous reste les mathématiques pures, et il n'est pas plus possible de les mettre au commencement qu'à la fin d'une hiérarchie des sciences. En effet, les mathématiques comme la logique doivent intervenir également dans toutes les sciences, bien que la complexité des phénomènes naturels établisse une difficulté pratique si considérable à l'application actuelle des mathématiques dans ce cas qu'elle y reste à peu près nulle.

Sur ce sujet des mathématiques, M. Comte se livre d'ailleurs à des affirmations qu'explique seule sa complète ignorance pratique des sciences physiques. Il dit par exemple :

« C'est donc par l'étude des mathématiques, et *seulement par elle*, que l'on peut se faire une idée juste et approfondie de ce que c'est qu'une science. C'est là *uniquement* que l'on doit chercher à connaître avec précision *la méthode générale que l'esprit humain emploie constamment dans toutes ses recherches positives*, parce que nulle part ailleurs les questions ne sont résolues d'une manière aussi complète et les déductions prolongées aussi loin avec une sévérité rigoureuse. C'est là également que notre entendement a donné les plus grandes preuves de sa force, parce que les idées qu'il y considère sont du plus haut degré d'abstraction possible dans l'ordre positif. *Toute éducation scientifique qui ne commence point par une telle étude pèche donc nécessairement par sa base* [1]. »

Ainsi donc, l'étude qui peut seule nous procurer une idée juste et approfondie de ce que c'est qu'une science et nous fournir en même temps une conception exacte de la méthode générale des recherches

[1] Comte, *Phil. pos.*, t. I, p. 99.

scientifiques, est celle qui ne sait rien ni de l'observation, ni de l'expérimentation, ni de l'induction, ni du déterminisme. De plus, l'éducation, dont tout le secret consiste à procéder du facile au difficile, du concret à l'abstrait, doit être renversée et passer de l'abstrait au concret.

M. Comte allègue un second argument en faveur de sa hiérarchie des sciences. Je cite textuellement :

« Un second caractère très essentiel de notre classification, c'est d'être nécessairement conforme à l'ordre effectif de développement de la philosophie naturelle. C'est ce que vérifie tout ce qu'on sait de l'histoire des sciences [1]. »

Mais M. Spencer a si bien et si complètement démontré [2] que le développement historique des sciences ne correspond en rien à leur position dans la hiérarchie de M. Comte, que je ne perdrai pas mon temps à reproduire sa réfutation.

Voici une troisième proposition de M. Comte, pour faire valoir sa classification des sciences :

« En troisième lieu, cette classification présente la propriété très remarquable de marquer exactement la perfection relative des différentes sciences, laquelle consiste essentiellement dans le degré de précision des connaissances et dans leur coordination plus ou moins intime [3]. »

Il m'est tout à fait impossible de comprendre la distinction que M. Comte cherche à établir dans ce pas-

[1] Comte, *Phil. pos.*, t. I, p. 77.
[2] Spencer, *Essai sur la Genèse de la science.*
[3] Comte, *Phil. pos.*, t. I, p. 78.

sage, malgré les amplifications qu'il donne un peu plus loin. Chaque science doit se composer de connaissances précises, et ces connaissances se coordonner en propositions générales, faute de quoi elles ne constitueraient plus une science Quand M. Comte nous dit, pour expliquer les affirmations citées ci-dessus, que « les phénomènes organiques ne comportent qu'une étude à la fois moins exacte et moins systématique que les phénomènes des corps bruts », je n'arrive pas à me rendre compte de ce que cela signifie. Quand j'affirme que, par l'excitation d'un nerf moteur, le muscle auquel il se rend devient à la fois plus court et plus gros sans changer de volume, cette affirmation ne me semble pas seulement aussi vraie, mais en même temps aussi précise ou exacte que celle du physicien qui nous enseigne qu'en chauffant une barre de fer la barre devient à la fois plus longue et plus grosse en prenant un volume plus considérable ; et, en fait de précision, je ne vois pas de différence entre l'énonciation de cette loi morphologique : les animaux qui allaitent leurs petits ont deux condyles occipitaux, et celle de cette loi physique : l'eau soumise à l'électrolyse se décompose en oxygène et hydrogène, dont le poids total est égal au poids de l'eau décomposée. Quant à dire que les recherches anatomiques ou physiologiques sont moins systématiques que celles du physicien ou du chimiste, c'est là une assertion vraiment inconcevable. Les méthodes des sciences physiques sont toujours les mêmes en principe, et le physiologiste dont les recherches ne seraient pas systématiques échouerait dans son étude plus vite encore que celui qui s'occupe de sujets plus simples.

Ainsi donc la classification des sciences de M. Comte me semble complètement défectueuse à tous égards. Dans cet article déjà bien long, il est impossible de rechercher comment on pourrait y substituer une classification meilleure, et cela est d'autant moins nécessaire que M. Spencer vient de publier une seconde édition de son essai remarquable sur ce même sujet.

2° La seconde affirmation que je me suis cru en droit de faire dans l'article auquel je suis forcé de me reporter si souvent, c'est que la philosophie positive contient bien des choses aussi contraires à l'essence même de la science que tout ce que renferme le catholicisme ultramontain.

Ces paroles se rapportent d'une part au dogmatisme et à l'esprit étroit qui règne si souvent chez M. Comte, quand il discute des doctrines qui lui déplaisent et qui réduisent l'expression de ses opinions à de simples puérilités passionnées. C'est ce qui a lieu, par exemple, dans toute son argumentation contre la théorie d'un éther, et quand il s'élève contre la psychologie ou l'économie politique, son langage n'est pas digne d'un savant. D'autre part, je faisais allusion à cet esprit tracassier de systématisation, de réglementation, qui remplit la *Philosophie positive* et se montre dans les derniers volumes de cet ouvrage, de façon à bien nous faire prévoir les monstruosités antiscientifiques des derniers écrits de M. Comte.

Ceux qui veulent établir une ligne de démarcation entre l'esprit de la *Philosophie positive* et celui de la

Politique et des œuvres subséquentes me semblent (si je puis exprimer mon opinion formée d'après une étude incomplète de ces derniers ouvrages) n'avoir pas pris garde à ce que M. Comte cherche à prouver et prouve même fort effectivement, dans l'appendice général de la *Politique positive.*

« Dès mon début, dit-il, je tentai de fonder le nouveau pouvoir spirituel que j'institue aujourd'hui. Ma politique, loin d'être aucunement opposée à ma philosophie, en constitue tellement la suite naturelle que celle-ci fut directement instituée pour servir de base à celle-là, comme le prouve cet appendice [1]. »

Ceci est parfaitement exact. Dans son essai remarquable, ayant pour titre : *Considérations sur le pouvoir spirituel,* publié en mars 1826, M. Comte propose l'établissement d'un pouvoir spirituel moderne, qui pourrait dans ses prévisions exercer sur les affaires temporelles une influence plus grande que celle du clergé catholique au XIIe siècle, époque de toute son indépendance et de sa plus grande puissance. Ce pouvoir spirituel doit, en effet, d'après l'auteur, gouverner l'opinion et exercer sur l'éducation un contrôle suprême dans toutes les nations de l'Occident ; de plus, les pouvoirs spirituels des différents peuples européens doivent être associés et soumis à une direction commune ou *souveraincté spirituelle.*

Ainsi donc, quatre ans avant la publication du premier volume de la *Philosophie positive,* M. Comte avait déjà complètement organisé dans son esprit un

[1] Comte, *loc. cit.*, préface spéciale, pp. I. II.

système de *catholicisme sans christianisme* et naturellement l'esprit pontifical se montre dans le dernier ouvrage, non pas seulement comme je viens de l'indiquer, mais d'une façon plus notoire encore par une attaque contre la liberté de conscience qui éclate dans le quatrième volume :

« Il n'y a point de liberté de conscience en astronomie, en physique, en chimie, en philosophie même, en ce sens que chacun trouverait absurde de ne pas croire de confiance aux principes établis dans les sciences par les hommes compétents. »

L'ultramontanisme n'a rien, d'après moi, de plus complètement sacerdotal, de plus contraire à l'esprit scientifique, que ce que je viens de citer. Tous les grands progrès scientifiques sont dus justement à des hommes qui n'ont pas hésité à douter des principes établis dans les sciences par *les hommes compétents* ; et le grand enseignement de la science, sa grande utilité comme moyen de discipline mentale, c'est qu'elle nous inculque cette maxime que le seul droit d'une affirmation à la croyance dépend de l'impossibilité d'une réfutation.

Ainsi sans dépasser la limite de la *Philosophie positive*, nous voyons que son auteur a en vue l'établissement d'un système social dans lequel un pouvoir spirituel organisé doit dominer et diriger le pouvoir temporel aussi absolument que les Innocent et les Grégoire ont cherché à gouverner l'Europe du moyen âge, et de ce système est proscrite la liberté de conscience qui s'exercerait à l'encontre des hommes compétents dont doit être composé le nouveau clergé du positivisme. M. Congreve avait-il oublié tout cela, comme d'autres parties de la *Philosophie positive*, à ce qu'il semble, lorsqu'il a écrit qu'en se tenant soigneusement au sens précis des mots, « il n'est pas permis à un homme de bonne foi de dire que la *Philosophie positive* contient bien des choses aussi contraires à la science que saurait l'être le système catholique [1] ».

Ainsi donc, comme on peut le remarquer, M. Comte veut conserver toute l'organisation catholique, et le résultat logique de cette partie de sa doctrine dans la pratique serait l'établissement d'une institution qui correspondrait à cette institution éminemment catholique, mais assez contraire à l'esprit scientifique, de l'aveu de tous, le Saint-Office.

J'espère en avoir dit assez pour démontrer que dans le peu de lignes écrites par moi au sujet de M. Comte et de sa philosophie je ne parlais pas à la légère, sans renseignements suffisants, et moins encore par méchanceté.

Après avoir aujourd'hui développé ma pensée, je ne voudrais pas donner à croire que pour moi les œuvres de M. Comte sont sans valeur. Je respecte de tout mon cœur ceux qui, poussés par lui, ont réfléchi profondément aux problèmes sociaux et luttent en gens de cœur pour régénérer la sociéte. Ceux-là ont toute ma sympathie, et c'est cette impulsion donnée

[1] J'avais dit à l'*essence de la science*, pour indiquer que j'avais en vue l'esprit scientifique, et non les détails; mais M. Congreve a trouvé bon de laisser de côté ce mot important.

par lui qui sauvera de l'oubli le nom et la réputation de M. Auguste Comte. Quant à sa philosophie, je la quitte en citant ses propres paroles, qui m'ont été rapportées par un ex-positiviste, actuellement un des hommes les plus éminents de l'Institut de France, M. Charles Robin :

« La philosophie est une tentative incessante de l'esprit humain pour arriver au repos ; mais elle se trouve, incessamment aussi, dérangée par les progrès continus de la science. De là vient pour le philosophe l'obligation de refaire chaque soir la synthèse de ses conceptions ; et un jour viendra où l'homme raisonnable ne fera plus d'autre prière du soir. »

III

DE L'UTILITÉ DE TRAVAILLER AU DÉVELOPPEMENT DES CONNAISSANCES NATURELLES[1]

Dans les premiers jours du mois de janvier 1666, il y a donc aujourd'hui deux cents ans, ceux de nos ancêtres qui habitaient cette grande ville de Londres, déjà bien ancienne alors, jouissaient d'un moment de répit entre les souffrances que leur firent éprouver deux épouvantables calamités; la première était sur son déclin, la seconde allait survenir.

Selon la tradition, c'est à quelques pas du lieu actuel de notre réunion que la peste, maladie mortelle et si douloureuse, se déclara d'abord dans les derniers mois de l'année 1664. On la connaissait déjà, mais elle n'avait jamais frappé le peuple d'Angleterre, et tout particulièrement les habitants de Londres, avec autant de violence qu'on le vit pendant l'année suivante. De Foe nous a retracé de main de maître, dans une fiction des plus véridiques [2], ce qui arriva pendant ces mois lugubres. Il nous montre la Mort, escortée des Souffrances et de la Terreur, parcourant les rues étroites du vieux Londres, dont elle avait fait son

[1] Sermon laïque prononcé à St-Martin's Hall, le dimanche soir 7 janvier 1866.

[2] De Foe, *History of the Plague year.*

empire; elle avait remplacé le bourdonnement des affaires par un silence qu'interrompaient seules les lamentations de ceux qui pleuraient cinquante mille morts, les tristes accusations et les folles prières des fanatiques et les imprécations plus folles encore de débauchés sans espoir.

Mais, au commencement de l'année 1666, la mortalité redescendait à son taux habituel; çà et là se produisait bien encore quelques cas de peste; pourtant les citoyens riches qui avaient fui à l'approche du fléau rentraient dans leurs demeures. Les autres reprenaient la série de leurs travaux journaliers ou de leurs plaisirs, et tout annonçait que le courant qui fait la vie de la grande ville allait rentrer dans ses rives pour couler dès lors sans interruption avec une force nouvelle.

Espoir trompeur! La grande peste ne revint pas, il est vrai, mais le grand incendie vint détruire la ville, comme la peste avait détruit ses habitants. Au mois de septembre de cette année 1666, le feu avait réduit en cendre les cinq sixièmes des richesses qui avaient fait la gloire de Londres, mais n'avait pu abattre l'énergie indomptable de ses habitants, bien plus glorieuse que toutes ces richesses détruites.

Nos ancêtres expliquaient à leur manière chacune de ces calamités. Ils subissaient la peste dans un esprit d'humilité et de pénitence, parce qu'ils l'attribuaient au jugement de Dieu. Mais l'incendie leur inspirait une indignation pleine de fureur, parce qu'ils l'attribuaient à la malice humaine. Pour les uns, c'était l'œuvre des républicains; pour les autres, des gens du pape, selon que chacun était partisan du roi ou des puritains.

Si, en ce point où nous sommes, centre d'un quartier élégant et très peuplé du vieux Londres, quelqu'un était alors venu proposer à nos ancêtres la doctrine que je vais vous développer, il aurait été, je pense, fort mal accueilli quand on l'aurait entendu dire que toutes ces hypothèses étaient également fausses, et que la peste n'était pas plus le jugement de Dieu, comme ils l'entendaient, que l'incendie n'avait été l'œuvre d'une secte religieuse ou politique; qu'ils avaient déterminé eux-mêmes et la peste et l'incendie et que, pour éviter le retour de ces calamités, qui leur semblaient être absolument au-delà de la portée du contrôle des hommes et résulter manifestement de la colère divine ou des complots et des artifices de leurs ennemis, c'est à eux-mêmes qu'ils devaient avoir recours.

On s'imagine le concert de saints anathèmes des puritains de l'époque, faisant chorus avec les jurons profanes et l'ironie pétillante des Rochesters, des Sedleys et les insultes des politiques fanatiques, qui eût accueilli cet esprit positif déclarant ensuite que si l'on arrivait jamais à empêcher le retour de semblables malheurs, ce ne serait pas par le triomphe des croyances de Laud ou de Milton, ni par celui des républicains ou des monarchistes; si enfin ce partisan du bons sens avait professé que, pour atteindre ce but, il fallait seconder les efforts d'une corporation insignifiante qui s'était établie quelques années avant l'époque de la grande peste et du grand incendie et qui avait attiré l'attention aussi peu qu'elle était pourtant remarquable.

Une vingtaine d'années avant les premières manifestations de la peste, quelques hommes d'étude, calmes, à l'esprit réfléchi, s'étaient réunis dans l'intention de travailler, selon leur propre expression, au développement des connaissances naturelles. On ne peut exprimer le but qu'ils se proposaient plus clairement que ne l'a fait un des premiers organisateurs de leur compagnie :

« Nous nous étions proposé, dit-il, laissant de côté toute discussion religieuse et politique, de prendre en considération les recherches philosophiques et tout ce qui s'y rapporte et d'en faire le sujet de nos entretiens. Ainsi donc, nous nous occupions : de médecine, d'anatomie, de géométrie, d'astronomie, de navigation, de statique, d'aimantation, de chimie, de mécanique et d'expérimentations naturelles ; nous nous enquérions de l'état de ces études et de tout ce qui se faisait en ce genre, tant chez nous, en Angleterre, qu'à l'Étranger. Puis nous avions pris pour sujet de nos entretiens : la circulation du sang, les valvules des veines, les vaisseaux chylifères et les vaisseaux lymphatiques, l'hypothèse de Copernic, la nature des comètes et des étoiles nouvelles, les satellites de Jupiter, la forme ovale de Saturne (cette planète leur paraissait avoir cette forme), les taches du Soleil et la rotation de cet astre sur son axe, les inégalités et la description de la Lune, les différentes phases de Vénus et de Mercure, les améliorations à apporter aux télescopes et à la fabrication de leurs lentilles, la pesanteur de l'air, la possibilité ou l'impossibilité du vide, et l'horreur du vide qui se manifesterait dans la nature, l'expérience de Torricelli au moyen du vif argent, la chute des corps pesants et le degré d'accélération que présente ce mouvement, ainsi que plusieurs autres choses du même genre, dont quelques-unes étaient alors des découvertes toutes récentes, et d'autres n'étaient pas connues et généralement acceptées comme elles le sont maintenant; ainsi que d'autres choses encore se rapportant à ce que l'on appelle aujourd'hui la philosophie nouvelle, et à laquelle on a beaucoup travaillé depuis l'époque du Florentin Galilée et de l'Anglais François Bacon lord Verulam, en Italie, en France, en Allemagne, et ailleurs à l'Étranger, comme ici en Angleterre. »

C'est en ces termes que le savant docteur Wallis, écrivant en 1696, raconte ce qui était arrivé un demi-siècle avant, vers l'année 1645. Les premiers membres de l'association se réunissaient à Oxford dans l'appartement du docteur Wilkins, qui fut plus tard évêque. Puis ils se retrouvèrent à Londres et attirèrent l'attention du roi. Les Stuarts avaient toujours favorisé la science; Charles II, celui de ces rois sans grande valeur dont les vices furent le plus apparents, l'aimait comme son père et son grand-père ; nous en avons ici la preuve. Non content de dire à propos de ces philosophes des choses très spirituelles, le roi Charles agissait encore à leur égard en homme sage. Il leur accorda tous les soins qu'il put leur donner sans faire tort à ses maitresses et à ses chiens caniches, et de plus, se trouvant sans argent selon son habitude, il sollicita en leur faveur les libéralités du duc d'Ormond ; mais il echoua de ce côté, et alors il leur donna le collège de Chelsea, une charte et la masse que devait porter leur massier; enfin il mit le comble à ses faveurs en ne leur imposant pas autrement le patronage royal ou l'intervention de l'État.

C'est ainsi que ces quelques jeunes gens qui désiraient étudier la « *philosophie nouvelle* » et s'étaient réunis vers le milieu du XVIIe siècle, tantôt chez l'un, tantôt chez l'autre, à Oxford ou à Londres, devinrent de plus en plus nombreux et prirent plus de valeur de jour en jour, jusqu'à ce que plus tard la *Société Royale pour le développement des connaissances naturelles* eût acquis grande renommée et droit à la vénération du peuple anglais.

Depuis lors, comme foyer principal de l'activité scientifique en ce pays et comme premier champion de la cause dont la défense avait été son but, elle n'a pas périclité.

C'est grâce aux secours de la Société Royale que Newton a publié ses *Principia*. Si tous les livres du monde venaient à disparaître et qu'il ne restât plus que les *Bulletins* de cette Société [1], nous sommes fondés à dire que la base des sciences physiques subsisterait intacte, et qu'on retrouverait les vestiges de tout le progrès intellectuel des deux derniers siècles, dont tous les grands traits seraient complets, malgré la perte de bien des détails.

Cette Société ne présente pas aujourd'hui de signe de décadence. Comme à l'époque du docteur Wallis, nous nous proposons, en laissant de côté toute discussion religieuse et politique, de prendre en consi-

[1] *Philosophical transactions.*

dération les recherches philosophiques et d'en faire le sujet de nos entretiens. Mais nos mathématiques sont telles aujourd'hui que, pour les apprendre, Newton serait forcé de se remettre sur les bancs; notre statique, notre mécanique, notre aimantation, notre chimie et nos expérimentations naturelles constituent une telle somme de connaissances physiques et chimiques que, si Galilée pouvait y jeter un simple coup d'œil, cela seul le dédommagerait des persécutions que pourrait lui faire subir toute une bande de cardinaux inquisiteurs, et si Vésale, si Harvey, pouvaient contempler notre médecine, notre anatomie, l'arbre immense qui a surgi du grain de sénevé déposé par eux, les variétés infinies de l'être, les mondes nouveaux dévoilés dans le temps et dans l'espace, les grands problèmes auxquels se sont adressés avec de notables succès les efforts de l'homme, ils en seraient éblouis.

Ce merveilleux progrès intellectuel se manifeste dans la vie pratique d'une façon non moins remarquable ; c'est là un fait qui est mis aujourd'hui en lumière, plus peut-être qu'il ne serait nécessaire. Pour n'envisager la question qu'à ce point de vue, le mouvement que représente le chemin parcouru par la Société Royale est sans parallèle dans l'histoire de l'humanité.

Les spéculations subtiles de la scolastique rempliraient peut-être un aussi grand nombre de gros volumes que les *Bulletins de la Société Royale* et, pour se rendre maître des produits de la pensée du moyen âge, il faudrait peut-être y dévouer plus de temps et d'énergie que pour connaître la philosophie nouvelle ; mais, quand les plus grands esprits de l'Europe y passeraient plus de temps encore qu'il ne s'en est écoulé depuis le grand incendie, les résultats en seraient vains et illusoires, en ce qui concerne notre état social.

D'autre part, si ce noble personnage qui fut le premier président de la Société Royale pouvait soulever la pierre de son tombeau, pour visiter encore une fois la Société qui lui était si chère, il se trouverait transporté au cœur d'une civilisation qui diffère matériellement plus de celle qu'il a connue, que celle-ci ne diffère de la civilisation du Ier siècle. Et si cette ombre avait encore toute la sagacité naturelle qui distingua lord Brouncker, il ne lui faudrait pas de bien longues réflexions pour s'apercevoir que tous ces grands navires, ces chemins de fer, ces télégraphes, ces manufactures, ces presses d'imprimerie, sans lesquels tout l'édifice de la société moderne en Angleterre s'écroulerait, pour se réduire en un paupérisme torpide et famélique, que tout cela, dis-je, qui est le soutien de notre État, n'est que la manifestation du peu de valeur relative du grand courant intellectuel dont ils n'avaient pu contempler, lui et ses compagnons, que le point de départ ; mais, en voyant ces merveilles, il y reconnaîtrait ce qu'ils eurent pour heureuse mission de cultiver, à son état de pureté primitive.

On peut bien se figurer ce noble revenant, encore soucieux des calamités de son époque, nous demandant combien de fois depuis lors l'incendie avait détruit la ville de Londres, combien de fois la peste y avait fauché ses milliers de victimes. Il faudrait lui répondre que, si Londres contient dix fois autant de matières inflammables qu'en 1666, que si, non contents de remplir nos appartements de boiseries et de draperies légères, nous en sommes venus à faire circuler dans tous les coins de nos rues et de nos maisons, comme objets de première nécessité, des gaz inflammables et explosibles, nous ne laissons plus jamais le feu détruire une rue entière.

Il nous demanderait sans doute comment cela se fait, et il nous faudrait lui expliquer qu'au moyen du progrès des sciences naturelles nous sommes parvenus à fabriquer de nombreuses machines pour lancer l'eau sur le feu, et chacune de ces machines eût fourni à l'ingénieux M. Hooke, premier curateur et expérimentateur de la Société, des matériaux en abondance suffisante pour faire les frais de ses discours pendant une demi-douzaine de séances. De plus il faudrait lui faire remarquer que, sans les progrès des sciences naturelles, nous n'eussions même pas été capables de façonner les outils qui servent à construire ces machines. Enfin nous devrions lui expliquer que, si de grands incendies se produisent encore et nous occasionnent de grandes pertes, il existe des sociétés qui les compensent au moyen d'opérations financières rendues possibles par le seul progrès des sciences naturelles dans la voie des mathématiques et par l'accumulation des richesses, résultat direct d'une autre forme de connaissances naturelles.

Mais la peste? Les observations que pourrait faire lord Brouncker ne le conduiraient pas à penser, je le crains, que les Anglais du XIXe siècle sont plus purs dans leur vie, plus fervents dans leur foi religieuse que la génération qui a produit un Boyle, un Evelyn, un Milton. Il retrouverait la fange dans les bas-fonds de notre société, au lieu de la voir recouvrir ses sommets; mais, hélas! notre corruption mérite en somme un jugement aussi sévère que celle de la restauration, et alors il nous faudrait lui expliquer, en rougissant de honte cette fois, que nous avons lieu de croire que ce ne sont ni les progrès de notre foi ou de notre moralité qui nous sauvent de la peste, mais que nous devons encore cela aux progrès des connaissances naturelles.

Nous avons appris que la peste ne s'établit que chez ceux qui lui préparent des demeures malpropres et misérables. Il lui faut des villes aux rues étroites, sans eau courante, rendues infectes par l'accumulation des immondices. Il lui faut des maisons humides, mal éclairées et sans air, aux habitants sales, mal nourris et en guenilles. Telle était la ville de Londres en 1665. Telles sont les villes de l'Orient où règne toujours la peste.

Dans ces derniers temps, nous avons acquis quelques connaissances de la nature, et nous lui obéissons tant soit peu. Comme nos connaissances naturelles sont en progrès, comme nous obéissons partiellement à la nature, nous n'avons plus de peste; mais comme nos connaissances sont incomplètes, notre obéissance imparfaite, la fièvre typhoïde est endémique chez nous, et nous avons des épidémies de choléra. Pourtant on est en droit de dire que, quand nos connaissances seront plus complètes, si nous savons alors nous conformer aux connaissances acquises, la ville de Londres pourra compter des siècles écoulés depuis la dernière irruption de la fièvre typhoïde ou du choléra, comme elle compte aujourd'hui, avec reconnaissance, les deux cents ans écoulés sans qu'elle ait vu survenir cette peste, qui fondit trois fois sur elle pendant la première moitié du XVIIe siècle.

N'est-il pas certain qu'il n'y a rien dans ces explications qui ne soit pleinement confirmé par les faits? N'est-il pas certain que les principes qu'ils impliquent sont admis par tous les penseurs? Peut-on nier que nos concitoyens soient moins exposés à l'incendie, à la famine, à la peste, à tous les maux qui résultent de l'incapacité où nous sommes de nous rendre maîtres de la nature et de savoir prévoir son cours, que ne l'étaient les concitoyens de Milton? La santé, la richesse, le bien-être ne sont-ils pas aujourd'hui plus abondants qu'ils ne l'étaient alors? Il n'est pas moins certain que cela provient des progrès effectués dans les connaissances de la nature, répandues de toute part, devenues familières et dominant, sans qu'on s'en rende compte le plus souvent, toutes nos actions.

Accordons pour le moment aux contempteurs des sciences naturelles, leur argument de prédilection: Nos progrès en ce sens ne peuvent ajouter qu'aux ressources de la civilisation matérielle. Admettons que les fondateurs de la Société Royale n'avaient pas en vue une récompense plus élevée. Je ne puis admettre cependant que j'exagérais en vous donnant à entendre tout à l'heure que pour l'homme capable de distinguer les événements réellement importants, de les reconnaître parmi les événements plus marquants, mais de moindre importance réelle, le point de départ des efforts combinés des hommes pour faire progresser les sciences naturelles devait sembler plus considérable que la peste, plus lumineux que les lueurs de l'incendie, car cet événement était gros de bonheur pour l'humanité, et le dommage causé par ces épouvantables fléaux devenait relativement insignifiant.

Pour chacune des victimes de la peste, il est certain que la filature mécanique fait vivre aujourd'hui des centaines d'hommes et leur assure leur part de bonheur terrestre. Le grand incendie de Londres, au pis aller, n'a pas détruit ce que brûle journellement en charbon, dans les entrailles de la terre, la pompe à vapeur, dont le produit se chiffre par une somme de richesse près de laquelle les millions perdus dans le grand incendie ne sont plus qu'une babiole.

Mais après tout, les machines fileuses, les pompes à vapeur, ne sont que jouets d'enfants dont la valeur est accidentelle ; les sciences naturelles créent une infinité de machines bien autrement ingénieuses, et si nous n'entendons pas sans cesse chanter les louanges de ces inventions admirables, c'est qu'il n'est pas possible d'en faire directement des instruments de production de la richesse.

Quand je vois les sciences naturelles répandre ainsi leurs dons parmi les hommes, je pense à la paysanne des Alpes. Lourdement chargée, elle gravit la montagne, ne songeant qu'à sa famille ; elle tricote des bas sans effort, sans même penser à son tricot. Des bas tricotés, c'est là assurément une fort bonne chose, les enfants s'en trouveront bien. Que penseriez-vous de celui qui, méprisant cette bonne mère, ne verrait en elle qu'une machine à faire des bas et ne l'évaluerait qu'en raison du bien-être physique qu'elle procure?

On voit pourtant des aveugles, conducteurs d'aveugles, et en grand nombre, qui considèrent ainsi les connaissances naturelles, et pour eux cette mère bienfaisante de l'humanité n'est qu'une machine à fabriquer le bien-être. Pour eux, le progrès des connaissances naturelles n'est que l'augmentation des ressources matérielles et des jouissances de l'homme, et ne peut être autre chose.

Ils ne veulent pas reconnaître dans les sciences naturelles la vraie mère de l'humanité, qui élève ses enfants avec tendresse, parfois aussi avec sévérité, quand la sévérité est nécessaire, et leur indique la voie qu'ils doivent parcourir, les instruisant de toute chose utile à leur bien réel. Pour eux, c'est une marraine de la nature des fées, qui a pour ses favoris des bottes de sept lieues, des armes enchantées, de toutes-puissantes lampes d'Aladdin, à l'aide desquelles on arrivera un jour à prolonger les télégraphes jusqu'aux astres et à voir l'autre face de la lune, de sorte que nous pourrons alors remercier Dieu de tous les avantages que nous aurons sur nos ancêtres arriérés.

S'il en était ainsi, je ne me soucierais guère, quant à moi, de travailler péniblement au service des connaissances naturelles. J'aimerais tout autant, ce me semble, travailler tranquillement à me façonner une hache de pierre à la façon de mes ancêtres d'il y a quelques milliers d'années, que de subir toute la vie cette longue maladie de la pensée dont nous sommes tous tourmentés, si ce peu de bien-être matériel est notre seule récompense. Mais je puis l'affirmer, ni la raison ni les faits ne confirment une semblable manière de voir. Ceux qui parlent ainsi sont, à mon avis, des gens tellement désireux de voir ce qui dépasse la nature, ou ce qu'elle nous cache, qu'ils sont incapables, par cela même, de voir ce qu'elle montre à tous les yeux.

J'hésiterais à vous parler d'une façon si absolue, si je n'avais, pour me justifier, les faits les plus simples et les plus palpables. Il suffit de faire appel aux vérités les plus notoires pour reconnaître, comme justification complète de mes assertions, que le progrès des connaissances naturelles, quels que soient la direction qui lui était donnée et le but terre-à-terre que se proposaient ses premiers instigateurs, n'a pas seulement valu aux hommes un bénéfice pratique, mais en produisant ce résultat a déterminé une révolution dans leur conception de l'univers et d'eux-mêmes, et a profondément changé leurs modes de penser et leurs interprétations du bien et du mal. Je dis que les sciences naturelles, en cherchant à satisfaire les besoins naturels, ont trouvé les idées qui seules peuvent apaiser nos désirs spirituels. Je dis que les sciences naturelles, en cherchant à élucider les lois du bien-être, ont été amenées à découvrir les lois de la conduite et à établir les fondements d'une moralité nouvelle.

Examinons tous ces points séparément et voyons d'abord quelles sont les grandes idées introduites dans l'esprit humain par les sciences naturelles.

Je ne puis m'empêcher de croire que les fondements de toutes les connaissances de la nature furent posés quand la raison de l'homme contempla pour la première fois les faits de la nature, quand l'homme sauvage reconnut, par exemple, que dans ses deux mains il y a plus de doigts que dans une seule ; qu'il est plus court de traverser un ruisseau que d'en faire le tour en remontant à sa source ; qu'une pierre reste en place quand on n'y touche pas et qu'elle tombe de la main qui ne la retient plus ; que la lumière et la chaleur suivent le soleil pour disparaître avec lui ; qu'un bâton se consume dans le feu ; que les plantes et les animaux croissent et meurent ; qu'en frappant son voisin il excitait sa colère et s'exposait ainsi à en recevoir des coups, tandis qu'en lui offrant un fruit il lui faisait plaisir et pouvait en retour recevoir de lui un poisson.

Les ébauches grossières des mathématiques, de la physique, de la chimie, de la biologie, des sciences morales, économiques et politiques furent tracées quand les hommes eurent acquis ces connaissances primitives. Et, dès que se montra la science, le premier germe de la religion se montra aussi. Ecoutez ce vieux chant d'Homère, qui, malgré ses trois mille ans d'existence, n'a pas perdu de sa fraîcheur :

« Quand au ciel les étoiles qui escortent la lune nous semblent belles, quand les vents se calment, quand se montre chaque sommet des monts, leurs crêtes et leurs vallées, et que les cieux immenses se découvrent jusqu'au zénith, quand les astres resplendissent, la joie envahit le cœur du berger. »

Si le Grec à demi-sauvage pouvait à ce point prendre part aux sentiments que nous éprouvons aujourd'hui, soyons certains qu'il ne s'en tenait pas là et qu'après ce moment de bonheur, comme nous, il sentait survenir une certaine tristesse. Cette petite étincelle de l'intelligence humaine qui se réveille, brille si peu au milieu de l'abîme de notre ignorance fatale. Elle nous fait voir les imperfections irrémédiables, les aspirations irréalisables de la nature humaine, et ne semble pas pouvoir aller au delà. En reconnaissant les limites qui lui sont imposées, en voyant ouvert devant lui le livre dont il ne peut pénétrer le secret, l'homme éprouve une tristesse qui est l'essence de toute religion, et en cherchant à donner à ce sentiment une forme, au moyen de celles que lui fournit son intelligence, il donne naissance aux théologies supérieures.

Ainsi donc, dès que l'intelligence commença à poindre, les fondements de toutes les connaissances séculières ou sacrées furent bientôt posés, nous n'en saurions douter, quoique les premiers édifices de la pensée religieuse aient été longtemps sans solidité intrinsèque, et se soient accommodés pour ainsi dire à toutes les théories possibles du gouvernement de l'univers. Dès l'origine, il y eut assurément la conviction bien arrêtée dans les esprits les plus grossiers que la constance successive de certains phénomènes impliquait, au moins pour ces phénomènes, un ordre fixe et régulateur. Je ne puis croire que le plus grossier adorateur des fétiches se soit jamais imaginé qu'il y avait dans la pierre qui tombe un dieu qui en déterminait la chute, ou dans le fruit un dieu qui en déterminait la douceur. Il semble bien certain que, dès l'origine, l'humanité se rendit compte de tous les phénomènes de ce genre à un point de vue strictement positif et scientifique.

Mais, quant à tous les événements insolites qui se présentent journellement, l'homme inculte devait se prendre comme terme de comparaison, comme centre et comme mesure du monde, et il ne lui était guère possible de faire autrement. Reconnaissant que sa volonté libre et indépendante de toute cause en apparence, est très efficace pour déterminer bien des événements, il était tout naturel qu'il assignât des événements autres et plus grands à des volontés plus grandes et différentes de la sienne. Il en arrivait donc à considérer le monde et tout ce qu'il contient, comme le résultat des volontés de personnes semblables à lui, plus puissantes qu'il ne l'était lui-même, et capables d'être apaisées ou irritées comme lui.

Toute l'humanité a traversé ces phases ou les traverse actuellement, après avoir interprété ainsi le plan de l'univers et ce qui s'y passe.

Et maintenant nous pouvons rechercher quelle action ont eue les progrès effectués dans les connaissances naturelles sur la manière de voir de ceux qui ont atteint le point où nous sommes, et qui se sont mis à cultiver ces sciences, sans autre but que « l'honneur de Dieu et le bien de l'homme », comme l'a dit Bacon.

Ainsi, par exemple, chez un ancien peuple, rien ne peut paraître plus sage au point de vue matériel, plus innocent au point de vue théologique que de chercher à connaître la succession précise des saisons, qui devait guider les agriculteurs, ou la position des étoiles à l'aide desquelles les premiers navigateurs étaient à même de se diriger. Mais qu'est-il résulté de cette recherche qui semblait si absolument se borner aux besoins à satisfaire ? Vous répondrez tous : l'astronomie ; l'astronomie, en effet, qui, plus qu'aucune autre science, a fourni à l'esprit des hommes des idées générales, dont la nature s'écarte le plus de l'expérience journalière, et qui, plus que toute autre, les a mis dans l'impossibilité d'accepter les croyances de leurs pères ; l'astronomie qui leur dit que cette terre qui paraît si vaste et si solide, n'est qu'un atome au milieu des atomes, roulant vers un but inconnu dans l'espace sans limites ; l'astronomie qui nous démontre que ces cieux qui nous semblent si calmes sont l'espace immense que remplit une matière infiniment subtile, bouillonnant, tourbillonnant sans cesse comme une mer en furie. C'est l'astronomie qui nous découvre les régions infinies où rien n'est connu, où, semble-t-il, rien ne l'a jamais été, si ce n'est que la matière et la force y existent et y réagissent selon des lois immuables. C'est l'astronomie encore qui nous amène à contempler des phénomènes dont la nature nous prouve à la fois qu'ils ont eu forcément un commencement et qu'ils auront aussi une fin, mais que ce commencement est infiniment reculé par rapport à nos conceptions du temps, et que cette fin ne peut se prévoir que perdue dans les profondeurs incommensurables de l'avenir.

Mais ce ne sont pas seulement ceux qui étudient l'astronomie qui ont reçu des idées au lieu du pain qu'ils demandaient.

Peut-il y avoir rien de plus innocent que de chercher à faire monter l'eau et à la distribuer au moyen d'une pompe ? Peut-on mieux se renfermer dans les grossières limites de l'utile ? Mais les pompes ont amené des discussions sur l'horreur du vide manifestée par la nature ; puis on s'aperçut que la nature n'a nullement horreur du vide, mais que l'air est un corps pesant : ceci conduisit à reconnaître que toute matière est pesante, et que cette force qui détermine le poids des corps se répand dans tout l'univers ; bref, la théorie de la gravitation universelle et de la force sans limite fut établie.

Et, d'un autre côté, en apprenant à manier les gaz, on fit la découverte de l'oxygène, d'où naquirent la chimie moderne et la notion d'indestructibilité de la matière.

Quand une roue tourne très vite autour de son moyeu, elle s'échauffe ; peut-on se figurer quelque chose de plus simple, de plus pratique que de chercher à éviter cet échauffement ? Il serait bien utile aux charretiers et à tous les conducteurs de voitures d'être bien renseignés à ce sujet, et si un homme ingénieux pouvait leur faire connaître la cause de ce phénomène et déduire de sa connaissance le moyen de l'éviter, celui-là leur rendrait grand service. Le comte Rumford fut un homme ingénieux de ce genre ; lui et ses successeurs nous conduisirent à la théorie de la persistance ou de l'indestructibilité des forces. De plus, en étudiant les infiniment petits comme les infiniment grands, les hommes qui recherchaient les connaissances naturelles du genre de ce que nous appelons la physique ou la chimie, ont trouvé partout un ordre défini et successif qui semble n'avoir jamais été enfreint.

Et qu'est-il arrivé en médecine, en anatomie ? L'anatomiste, le physiologiste, le médecin, avaient un but bien direct et pratique : le soulagement des souffrances humaines, et ils s'y dévouent assidûment. Ont-ils pu se borner à ce qui est strictement utile, mieux que les autres chercheurs ? C'est à eux, je le crains bien, qu'on jettera surtout la pierre. Si l'astronome, en effet, nous a montré les profondeurs infinies de l'espace et la durée de l'univers, pour nous, pratiquement éternelle ; si le physicien et le chimiste ont démontré la petitesse infinie des parties qui constituent cet univers et la durée, pratiquement éternelle pour nous, de la matière et de la force, proclamant l'un et l'autre l'universalité d'un ordre stable et d'une succession qui peut se prévoir avec certitude dans les événements, ceux qui se sont mis à étudier la biologie ont accepté tout cela et y ont ajouté de leur côté bien des thèses qui semblent étranges. Les astronomes avaient découvert que la terre n'est qu'un point excentrique dans l'univers, bien loin d'en être le centre ; de même, les naturalistes reconnurent que l'homme n'est pas centre de la nature vivante, qu'il n'est qu'une des modifications infinies de la vie ; et comme l'astronome reconnaît dans les dispositions du système solaire des signes qui lui permettent de lui assigner une durée, qui pour la pratique est sans fin, de même le biologiste reconnaît les traces des anciennes formes de la vie peuplant le monde pendant de longues périodes d'une durée illimitée par rapport à l'expérience humaine.

Bien plus, le physiologiste reconnaît que la vie ne se manifeste que sous certaines conditions, résultant de dispositions moléculaires, tout comme un phénomène physique ou chimique quelconque, et l'ordre fixe, la causalité immuable se révèlent à lui dans toutes ses recherches. d'une façon aussi manifeste que dans tout l'ensemble de la nature.

Je ne saurais, malgré toute ma bonne volonté, reconnaître que la religion ait débuté autrement que toutes les connaissances dont je vous parle. Provenant comme celles-ci de l'action de l'esprit humain sur le monde extérieur, et de la réaction du monde extérieur sur la pensée de l'homme, la religion a pris le masque intellectuel du fétichisme ou du polythéisme, du théisme ou de l'athéisme, de la superstition ou du rationalisme. Je n'ai pas à m'occuper de la valeur ou des défauts de ces formes différentes de la pensée religieuse, mais il est indispensable à mon argument de bien vous faire comprendre que, si la religion de nos jours diffère de celle des temps passés, cela provient de ce que la théologie actuelle est plus scientifique ; c'est que la théologie a abandonné les idoles de bois et de pierre ; c'est qu'elle commence à sentir la nécessité de récuser des livres, des traditions dont on s'était fait de nouvelles idoles, en même temps que les vaines minuties des spéculations ecclésiastiques ; elle se sent appelée à l'autel de l'inconnu, de l'inconnaissable, pour s'y livrer en silence aux émotions grandes et nobles de son culte.

Telles sont quelques-unes des conceptions nouvelles qui se sont produites sous l'influence du progrès des connaissances naturelles. L'homme a reconnu que pour lui l'étendue de l'univers est infinie, et que pour lui l'univers est éternel. L'idée que la terre est une portion infinitésimale de l'univers visible est familière aujourd'hui et, par rapport à nos évaluations de la durée, sa durée est éternelle cependant. On a reconnu encore que l'homme n'est qu'une des formes innombrables de la vie qui se rencontrent actuellement sur le globe et que toutes ces formes ne sont que les manifestations ultimes d'une série incommensurable qui les a précédées. Bref, chaque pas que faisait l'homme dans la voie des connaissances naturelles lui découvrait, de plus en plus, l'ordre immuable de la nature. Cette idée s'emparait alors de son esprit ; il la formulait tant bien que mal en la désignant sous le nom de *lois de la nature*, métaphore malheureuse d'ailleurs ; il reconnaissait que tout changement provient de cet ordre défini, et perdait de plus en plus la croyance en la spontanéité dont l'action se rétrécit sans cesse pour lui.

Il ne s'agit pas de savoir si ces idées sont bien fondées ou non. Elles existent, il n'y a pas à le nier, et proviennent fatalement du progrès des connaissances naturelles. S'il en est ainsi, il est certain, par cela même, qu'elles modifient les convictions humaines les plus importantes, celles que l'homme a chéries de tout son cœur.

Il nous reste à examiner une seconde question. Jusqu'à quel point les progrès de nos connaissances naturelles ont-ils donné une forme nouvelle et différente aux conceptions que nous pouvons appeler l'éthique intellectuelle de l'humanité ? Et quelles sont les convictions morales qui tiennent le plus au cœur de l'homme barbare ou à demi-civilisé ?

A cet état de développement social, la base la plus ferme des croyances est pour l'homme la foi en l'autorité. L'homme croit alors qu'il y a mérite à croire sans recherches contradictoires ; le doute est une faute, le scepticisme, un péché; quand l'autorité légitime s'est prononcée sur l'objet de la croyance, quand la foi a accepté ses décisions, la raison est hors de cause. Il y a aujourd'hui bien des gens de grand mérite qui défendent ces principes, et je n'ai pas à discuter en ce moment leur manière de voir. Qu'il me suffise de bien vous faire comprendre qu'en dehors de toute discussion possible les progrès des connaissances naturelles proviennent de méthodes en contradiction formelle avec toutes ces croyances, et qui affirment précisément le contraire de ce qu'elles avancent.

Celui qui cherche à faire progresser les connaissances naturelles se refuse absolument à reconnaître l'autorité comme valable à l'encontre de la raison. Pour lui, le scepticisme est le premier des devoirs, la foi aveugle, le grand péché impardonnable. Il ne peut en être autrement. Tout progrès, en fait de science naturelle, a toujours impliqué la négation absolue de l'autorité, l'amour d'un scepticisme que rien n'arrête, l'annihilation de l'esprit de foi aveugle. Celui qui, de tout son cœur, se dévoue à la science n'accepte pas ses convictions en raison de la croyance des hommes qu'il vénère le plus, il ne les accepte pas parce que des prodiges et des merveilles en garantissent la vérité, il les accepte parce que l'expérience lui prouve que chaque fois qu'il les met en contact avec la nature, leur source première, chaque fois qu'il les met à l'épreuve en faisant appel à l'expérience et à l'observation, la nature les confirme. L'homme de science a appris à croire à la justification, non par la foi, mais par la vérification.

Ainsi donc, sans prétendre un seul instant mépriser les résultats pratiques du progrès des connaissances naturelles et son influence bienfaisante sur la civilisation matérielle, il faut admettre, je pense, que les grandes idées dont je vous ai tracé l'ébauche incomplète, que l'esprit moral que j'ai cherché à vous indiquer sommairement constituent la signification réelle et permanente de ces connaissances.

Si ces idées doivent, comme je le crois, prendre avec les années un empire de plus en plus grand sur le monde ; si cet esprit est destiné, comme je le crois, à s'étendre sur tout le domaine de la pensée de l'homme et doit se répandre sur tout l'ensemble de ses connaissances ; si, en s'approchant de sa maturité, la race humaine reconnait, comme elle le reconnaîtra, je le crois encore, qu'il n'y a qu'un genre de connaissances, qu'une seule méthode pour y atteindre, nous alors, qui sommes encore dans l'enfance, avons bien lieu de penser que notre premier devoir est de constater l'utilité de travailler au développement des connaissances naturelles pour nous faciliter, à nous-mêmes et à nos successeurs, la voie qui mène au noble but offert à l'humanité.

IV

DE L'ÉDUCATION LIBÉRALE. — OU PEUT-ON LA TROUVER

Une réunion d'ouvriers vient de se fonder à Londres (*South London Working Men's College*) en vue d'une grande œuvre à accomplir; je pourrais même dire qu'il ne se présente pas actuellement de question plus importante que ce problème de l'éducation, dont la solution va faire l'objet des efforts des fondateurs de cette institution.

Voici un fait qui commence enfin à être généralement reconnu. De toute part s'élève un concert de voix, souvent confuses et contradictoires, au sujet de l'éducation, et il n'est pas possible de nier que nous ayons fait un progrès marqué, par rapport aux discussions antérieures, sur un des points au moins de la question. En dehors des classes rurales, personne n'oserait dire aujourd'hui que l'éducation est une chose mauvaise ; et s'il existe encore quelque représentant encroûté des adversaires de l'éducation, parti autrefois puissant et nombreux, il a soin de se taire. De fait, c'est une harmonie de voix presque fatigante, proclamant à l'unisson que l'éducation est la grande panacée de tous les maux de l'humanité, et que, pour éviter la ruine déplorable de notre pays, il faut que tout le monde reçoive de l'éducation.

Les politiques nous disent : Donnez de l'éducation aux masses, car elles vont être souveraines. Le clergé pousse le même cri et affirme que le peuple s'éloigne du culte et se précipite aux abîmes de l'incrédulité. Les manufacturiers, les capitalistes viennent ajouter leurs grosses voix à ce chœur unanime. Ils déclarent que l'ignorance fait de mauvais ouvriers, que bientôt l'Angleterre ne pourra plus envoyer sur les marchés étrangers les produits manufacturés à plus bas prix que ceux des autres peuples, et alors, malheur ! malheur ! nous aurons perdu notre gloire. Puis on entend quelques voix proclamant qu'il faut répandre l'éducation, parce que la foule se compose d'hommes et de femmes dont les capacités en ce qui concerne la manière d'être, l'action, la souffrance, sont illimitées, et qu'il est toujours vrai, aujourd'hui comme jadis, que les peuples périssent faute de connaissances.

Si ceux qui défendent de cette façon-ci la doctrine de l'éducation générale sont en minorité, ils ont, je l'avoue, toutes mes sympathies. Ils se demandent, non sans raison, si les autres arguments que l'on fait valoir en faveur de l'éducation générale ne sont pas illusoires, si les fondements, sur lesquels quelques-uns de ces arguments reposent, sont sages et dignes de nous. Est-il sage de dire au peuple que, par crainte de sa puissance, vous vous disposez à faire ce que vous n'avez pas fait, tant que vous n'aviez pour cela d'autre motif que la pitié de sa faiblesse et de ses peines ? De plus le peuple pourra demander, à bon droit : S'il est si préjudiciable que nous, qui sommes les souverains de l'avenir, soyons ignorants de tout ce que le souverain doit savoir, comment se fait-il que l'on n'ait pas éprouvé le même sentiment d'horreur à l'égard de l'ignorance des classes dirigeantes du temps passé ?

Si l'on compare l'artisan et le propriétaire rural, on verra, nous le croyons bien, qu'en général ils se valent de tous points, en fait d'ignorance, d'esprit de caste, ou de préjugés. L'ignorance n'est pas la même dans les deux cas, il est vrai ; l'exclusivisme dans chaque cas se rapporte à une classe différente, c'est de part et d'autre le même entêtement en faveur de préjugés distincts, mais on peut se demander si tout cela ne se vaut pas absolument. Le vieux système des protectionnistes, c'est la doctrine des sociétés coopératives appliquée par les propriétaires ruraux, et dans leurs sociétés coopératives les artisans ont réalisé les doctrines des propriétaires. Les deux régimes se valent, pourquoi nous trouverions-nous plus mal de l'un que de l'autre ?

Puis, se tournant vers le clergé, la minorité sceptique lui demande si c'est bien le défaut d'éducation qui écarte la foule de son ministère. Les hommes les mieux élevés méritent autant de reproches, à cet égard, que les ouvriers. Il serait bien possible que l'éducation n'ait rien à faire ici, pour aller au fond des choses.

Ensuite ces sceptiques, à l'esprit toujours contrariant, s'avisent de mettre en doute si la gloire qui consiste à vendre à meilleur marché que tout le reste du monde est un genre de gloire sur lequel on puisse beaucoup compter, et se demandent si nous ne payerions pas cette gloire-là trop cher, surtout si nous permettions que l'éducation, dont le but doit être de faire des hommes, fût réduite à n'être plus qu'un procédé de fabrication d'outils humains, merveilleusement adroits dans l'exercice de leur industrie spéciale, mais ne pouvant plus servir à autre chose.

Enfin, cette même minorité demande si c'est pour le peuple seulement qu'il y aurait lieu de réformer et de perfectionner l'éducation. Ne pourrait-on pas obtenir, demandent ces sceptiques, que nos écoles publiques les plus riches, d'où l'on sort avec des habitudes distinguées, un esprit de caste très prononcé et une aptitude marquée aux exercices physiques, fournissent aussi des connaissances à leurs élèves? Pour eux, nos vieilles universités, ces belles fondations du temps passé, ne remplissent plus guère leur but; aujourd'hui elles tiennent à la fois du séminaire ecclésiastique et du champ de course; les jeunes gens y sont entraînés pour remporter les prix académiques, comme on entraîne les chevaux pour les grands prix, sans s'occuper dans le cas de l'homme, non plus que dans celui du cheval, des conditions auxquelles ils auront à satisfaire ultérieurement dans la vie. Tandis que son zèle en faveur de l'éducation ne le cède en rien au zèle des autres, notre minorité affirme que si l'éducation des classes riches avait été instituée de façon à les rendre capables de diriger et de bien gouverner les classes pauvres, si l'éducation de celles-ci les avait mises à même de bien apprécier une direction sage et un bon gouvernement, les politiques n'auraient plus à redouter que la populace nous imposât sa loi, le clergé ne pleurerait plus la dispersion de son troupeau, les capitalistes n'auraient pas à prévoir la ruine de notre prospérité.

Telle est la diversité des opinions au sujet des motifs qui nécessitent l'éducation, et doivent nous déterminer à cet égard.

Mes auditeurs sont tout préparés à reconnaître que les moyens proposés pour arriver au but qu'on veut atteindre ne sont pas moins discordants.

L'éducation obligatoire a de nombreux partisans, et ce ne sont pas les moins bruyants. Nous autres anglais avons conservé une foi touchante en l'efficacité des actes ou décrets de parlement, bien que l'expérience nous ait toujours prouvé leur peu de valeur, et je crois qu'à la prochaine session l'instruction obligatoire serait décrétée, s'il était aucunement probable qu'une demi-douzaine d'hommes d'État de marque, parmi les différents partis, pussent s'entendre sur ce que doit être cette éducation.

Les uns prétendent que le manque absolu d'éducation vaut mieux qu'une éducation sans instruction religieuse. D'autres prétendent, d'une façon tout aussi formelle, que l'éducation qui se base sur la théologie est plus nuisible encore. Mais, d'une part, ces derniers sont en minorité, et les premiers ne peuvent s'entendre sur ce que doit être l'instruction religieuse qu'ils préconisent.

En tout cas, bien des gens nous demandent de faire que chacun sache lire, écrire et compter, et en soi l'avis est bon. Mais ceux qui se contenteraient de ce petit résultat, faute de mieux, se trouvent en présence d'une objection qui m'a été faite autrefois. Votre système, leur dira-t-on, revient à enseigner aux enfants la manière de se servir d'une cuiller, d'une fourchette et d'un couteau sans leur donner ensuite les aliments nécessaires. Je ne vois pas qu'il y ait à répondre à cette objection.

Nous voici en présence d'un écheveau de fil bien embrouillé; mais il est parfaitement inutile de passer notre temps à le débrouiller, ou plutôt à montrer toutes les difficultés qui se présentent dans les différentes solutions proposées par d'autres. Pour aller droit au but, cherchons si nous avons quelque moyen de nous tirer nous-mêmes de toutes ces difficultés.

Et pour commencer, proposons-nous cette question: Qu'est-ce que l'éducation? Demandons-nous surtout quel est notre idéal d'une éducation vraiment libérale, de cette éducation que nous voudrions nous donner à nous-mêmes, si nous pouvions recommencer la vie, de cette éducation que nous donnerions à nos enfants, si nous pouvions faire plier le sort à notre volonté.

Je ne sais vraiment pas ce que vous en pensez, mais je vais vous dire comment je l'entends moi-même, et j'espère que notre manière de voir à cet égard ne sera pas très différente.

Supposons qu'il soit bien certain que notre vie, notre fortune à tous, dût dépendre un jour ou l'autre d'une partie d'échecs qu'il s'agirait de gagner. Ne pensez-vous pas que notre premier devoir serait dès lors d'apprendre pour le moins le nom et la marche des pièces, de nous renseigner sur les séries des coups et de connaître tous les moyens de faire échec, comme tous les moyens de s'en tirer. Ne pensez-vous pas que nous aurions pour le père, pour l'État qui laisserait grandir les siens, sans qu'ils sussent reconnaître un pion d'un cavalier, des sentiments de blâme bien voisins du mépris?

Et pourtant, la chose est claire et tout élémentaire, la vie, la fortune, le bonheur de chacun de nous, et en bonne partie de tous ceux qui se rattachent à nous, dépendent de la connaissance que nous pouvons avoir des règles d'un jeu infiniment plus difficile et plus compliqué que le jeu d'échecs. Il s'agit d'un jeu qui se joue depuis des siècles plus nombreux que nous ne savons les compter: nous tous, hommes et femmes, sommes individuellement le joueur contre lequel la partie est engagée. L'échiquier, c'est le monde dont les phénomènes naturels sont les pièces, et nous appelons lois de la nature, les règles de ce jeu-là. Nous jouons contre un adversaire qui nous est caché; nous savons qu'il ne triche pas, il ne fait pas de fautes, il est patient dans ses coups. Mais nous savons aussi, pour l'avoir appris à notre grand dommage, qu'il ne nous passe pas la moindre faute et n'a nul souci de notre ignorance; les plus gros enjeux se payent aux bons joueurs avec ce genre de générosité surabondante par laquelle les forts témoignent leur amour de la force. Quant à celui qui joue mal, il est fait mat, sans hâte comme sans pitié.

Vous rappelez-vous le tableau du peintre Retzsch qui représente Satan jouant aux échecs contre un homme qui a mis son âme pour enjeu? Au lieu du démon moqueur, mettez dans ce tableau un ange calme et fort qui ne veut pas le malheur de son adversaire, désirant même plutôt perdre que gagner, et ce serait pour moi l'image de la vie humaine.

Eh bien! comme je l'entends, l'éducation consiste à apprendre les règles de ce jeu formidable. En d'autres termes, l'éducation doit d'abord faire connaître à l'intelligence les lois de la nature, et par ce mot de nature je n'entends pas seulement la matière et ses forces, mais aussi l'homme et sa manière d'agir; puis elle façonnera nos affections et notre volonté de telle sorte que nous ayons toujours un désir ardent et sincère d'agir en harmonie avec ces lois. Pour moi, l'éducation comprend tout cela, ni plus ni moins. Pour qu'un système d'éducation mérite ce nom, il faut qu'il satisfasse à ce programme, et s'il ne peut pas y satisfaire, ce ne sera pas, selon moi, une éducation, quelle que soit la force d'autorité ou le nombre de ceux qui voudront le faire valoir.

Pour parler d'une façon précise, il est important de se rappeler qu'il ne peut exister un homme sans éducation aucune.

Prenons un cas extrême. Supposons qu un adulte, jouissant de toute la vigueur de ses facultés, puisse être tout à coup placé dans le monde, comme le fut Adam, à ce que l'on prétend, et qu'il y soit abandonné pour se tirer d'affaire de son mieux. Cinq minutes ne se seraient pas passées que son éducation serait déjà commencée. Par les yeux, les oreilles, le toucher, la nature aurait commencé à lui enseigner les propriétés des objets. Le plaisir et la peine seraient à ses côtés pour lui dire de faire ceci et d'éviter cela, et peu à peu cet homme recevrait une éducation complète, réelle, adéquate aux circonstances où il se trouverait, tout étroite qu'elle puisse être, toute rudimentaire et insuffisante qu'elle soit, à notre point de vue mondain.

Et si un second Adam se présentait à notre solitaire ou encore mieux, une Ève, un monde nouveau et plus grand, le monde des phénomènes sociaux et moraux lui serait révélé. Ses relations nouvelles lui feraient connaître des joies et des chagrins, près desquels les joies et les chagrins qu'il aurait éprouvés jusqu'alors ne seraient que des ombres pâles. Le bonheur et la tristesse remplaceraient pour lui ces grossiers conseillers, le plaisir et la peine; mais ce serait toujours l'observation des conséquences naturelles des actes, ou, en d'autres termes, celle des lois de la nature de l'homme, qui déterminerait sa conduite.

Pour chacun de nous, il fut un jour où le monde était aussi nouveau qu'il le fut pour Adam. A ce moment, longtemps avant que nous ne fussions capables de recevoir aucune autre espèce d'instruction, la nature nous prenait par la main, et tant que le sommeil ne venait pas nous dérober à l'influence de ses leçons, elle agissait sur nous et nous façonnait, pour nous faire mettre nos actions en harmonie avec ses lois et pour éviter que des fautes trop grossières ne fussent cause de notre ruine prématurée. Encore ne faudrait-il pas dire que l'homme, quelque vieux qu'il soit, puisse arriver à un moment où ce genre d'éducation n'agit plus pour lui. Le monde est aussi nouveau pour nous tous qu'au premier jour, il présente toujours, aux yeux capables de les voir, des vérités inconnues. L'univers est la grande université où la nature fait toujours patiemment notre éducation à tous tant que nous sommes, sans distinction de partis ou de sectes.

Ceux qui remportent les palmes dans cette université de la nature, ceux qui apprennent à connaître les lois qui gouvernent les hommes et les choses, et s'y conforment, sont ceux qui réussissent en ce monde et sont réellement grands. La plupart des hommes constituent la foule des écoliers qui en savent juste assez pour se tirer d'affaires aux grands examens de la nature. Puis il y a ceux qui n'ont rien voulu apprendre, ils sont refusés, mais alors on ne renouvelle pas; ils sont *fruits secs*, et les fruits secs de la nature sont exterminés.

Ainsi, la nature a réglé cette question de l'instruction obligatoire; pour tout ce qui la concerne elle l'a décrétée à sa façon, il y a longtemps déjà. Mais toute législation obligatoire est dure et entraîne bien des pertes; c'est ce qui arrive ici. L'ignorance est traitée avec la même rigueur que la désobéissance entêtée, et l'incapacité est punie à l'égal du crime. La discipline de la nature ne consiste pas en un avis suivi d'un coup, ce n'est même pas un coup précédant le mot d'avis, c'est le coup tout seul. A vous à reconnaître pourquoi vous avez reçu le soufflet.

Le but de ce que nous appelons communément l'éducation, celle où l'homme intervient, et que j'appellerai l'éducation artificielle, est de subvenir à tout ce qui manque dans les méthodes d'éducation naturelles. Elle prépare l'enfant à recevoir l'éducation de la nature, de telle sorte qu'il soit capable de la comprendre, et qu'il ne se complaise pas à lui désobéir; elle le met à même de saisir les premiers signes de son déplaisir sans attendre ses coups. Bref, toute éducation artificielle, doit être une anticipation de l'éducation naturelle. Une éducation libérale est une éducation artificielle qui ne se borne pas à mettre un homme à même d'échapper à tous les maux résultant de la désobéissance aux lois naturelles, mais qui, de plus, l'a dressé à apprécier les récompenses distribuées par la nature avec autant de profusion qu'elle répand les châtiments, et à savoir s'emparer de ses bienfaits,

Je dirai qu'un homme a reçu une éducation libérale, quand il aura été élevé de telle sorte que son corps sera pour lui un serviteur toujours prêt à accomplir sa volonté et à exécuter facilement et avec plaisir le travail dont ce corps est capable comme instrument, quand l'intelligence de cet homme sera un instrument de logique lucide et froid, dont toutes les parties seront en bon ordre et de force égale, semblable, en un mot, à une machine à vapeur qui pourra s'appliquer à toute espèce de travail, qu'il s'agisse de tisser les délicatesses de la pensée ou d'en forger les soutiens. Il faudra que son esprit ait amassé la connaissance des grandes vérités fondamentales de la nature et des lois de ses opérations. L'ascétisme n'aura pas paralysé ses forces, il sera plein de vie et de feu, mais ses passions auront été dressées à se prosterner aux pieds de sa volonté puissante, obéissant elle-même à une conscience pleine de délicatesses. Il aura appris à aimer toutes beautés, celles de la nature comme celles de l'art, à détester toute bassesse et à respecter les autres comme lui-même.

Selon moi, celui qui est tel que je le dis, et celui-là seul, a reçu une éducation libérale, car il est aussi pleinement en harmonie avec la nature que peut l'être l'homme. Il tirera de la nature tout le parti possible, la nature fera de lui tout ce que l'homme peut être. Ils procèderont toujours ensemble en merveilleux accord ; elle sera sa mère bienfaisante ; il sera son interprète, sa personnification consciente, son ministre et son héraut.

En quel lieu se donne une éducation semblable à celle que nous indiquons, ou qui du moins s'en rapproche ? Quelqu'un a-t-il jamais cherché à l'établir ? On ne la trouvera pas dans toute l'Angleterre ; personne n'a fait encore chez nous une tentative en ce sens, je suis, hélas ! contraint de l'avouer. Considérez nos écoles primaires et ce qu'on y enseigne. L'enfant y apprend :

1° La lecture, l'écriture et le calcul, plus ou moins bien, mais la plupart du temps pas assez bien pour que la lecture soit pour lui un plaisir, pas assez pour qu'il puisse écrire convenablement la lettre la plus simple ;

2° Beaucoup de théologie dogmatique, et la plupart du temps l'enfant n'en comprend pas un traître mot ;

3° On lui fera connaître les principes les plus généraux et les plus simples de la morale, en les combinant avec les dogmes religieux, de telle sorte qu'ils sembleront en dépendre, pour subsister ou s'effondrer ensemble. C'est faire, à mon avis, ce que ferait un savant qui nous raconterait l'histoire de la pomme que Newton vit tomber dans son jardin, et nous donnerait cette anecdote comme partie intégrante des lois de la gravitation, nous l'enseignant comme ayant une valeur égale à celle de la loi de la raison inverse du carré des distances ;

4° On enseigne à cet enfant beaucoup d'histoire des Juifs, et la géographie de la Syrie ; on lui enseignera un peu d'histoire et de géographie de son propre pays. Mais je doute fort qu'il y ait, sur les murs d'une de nos écoles, une carte du canton où se trouve le village, afin que l'enfant puisse apprendre pratiquement ce qu'une carte signifie ;

5° On lui enseignera enfin, jusqu'à un certain point, la régularité ; on lui enseignera à obéir en faisant attention aux ordres, à respecter les autres. Si le maître est un sot incapable, il arrivera à ce résultat par la crainte ; il y arrivera par l'affection, par la vénération, s'il est un sage.

En tant qu'un semblable cours scolaire consiste à faire connaître aux élèves la théorie des lois morales de la nature, et les dresse à obéir, il contient, je suis heureux de le reconnaître, un élément important de l'éducation ; bien plus, en ce qu'il embrasse, il se rapporte à la partie majeure et la plus importante de toute éducation. Comparez cependant ce qui se fait en ce sens, et ce que l'on pourrait faire. Quel contraste ! D'une part, beaucoup de temps employé à des objets insignifiants ; de l'autre, les choses capitales à peu près négligées. C'est la note d'auberge de Falstaff ; d'un côté un sou de pain, beaucoup trop de vin de l'autre.

Demandons-nous ce que peut savoir un enfant élevé de cette façon, et ce qu'il ne saura pas. Commençons par la chose la plus importante, la modalité qui doit diriger plus tard sa conduite. L'enfant sait très bien que certains actes entraînent l'approbation, et d'autres, la désapprobation. Mais personne ne lui a jamais dit que toute loi morale a sa raison d'être dans la nature même des choses, raison aussi puissante, aussi inattaquable et bien définie que celle qui motive toute loi physique ; que s'il vole, que s'il ment, il en résultera pour lui des conséquences fâcheuses, tout aussi certaines que s'il met la main dans le feu ou s'il se jette d'une fenêtre de grenier. De même, si on lui a dogmatiquement enseigné les grandes lois morales, on ne l'a pas dressé à appliquer ces lois aux problèmes difficiles qui résultent des conditions compliquées de la civilisation moderne. N'aurait-on pas tort de demander la solution d'un problème de section conique à celui qui ne connaitrait que les axiomes et les définitions des sciences mathématiques ?

Un ouvrier doit subir la souffrance d'un dur labeur et peut-être les privations, tandis qu'il verra des riches rouler sur l'or et nourrir leurs chiens de ce qui eût empêché ses enfants de mourir de faim. Ne serait-il pas bon d'aider cet homme à calmer les mauvaises pensées que lui suggère son mécontentement, en lui faisant voir dès sa jeunesse qu'il y a une relation nécessaire entre la loi morale qui défend de voler, et la stabilité de la société? N'aurait-il pas fallu lui prouver, une fois pour toutes, qu'il vaut mieux mourir de faim que de voler, tant pour lui que pour les siens et pour tous ceux qui procèderont de lui? Si, pour agir sur cet homme et le convaincre, vous ne trouvez pas chez lui un fondement de connaissances, une habitude de penser, comment lui persuader, le jour où il mourra de faim, que le capitaliste est autre chose qu'un voleur protégé par la maréchaussée? Et s'il croit cela en toute sincérité, à quoi bon lui citer le commandement du Décalogue, lorsqu'il se dispose à faire rendre gorge au capitaliste?

L'enfant n'apprend pas un mot de l'histoire politique ou de l'organisation de son propre pays. Il arrive à se figurer que tous les événements importants se sont passés il y a fort longtemps; le souverain et la noblesse gouverneraient à la façon du roi David et des anciens du peuple d'Israël, les seuls modèles qui lui soient connus. Voulez-vous faire un électeur d'un homme ainsi renseigné? Aux temps de calme, il va vendre sa voix pour un pot de bière. Pourquoi pas? Elle vaut pour lui ce que valait la perle pour ce coq qui l'avait trouvée, et il en est tout aussi embarrassé. Mais, au contraire, en temps de trouble, il applique sa théorie toute simple de gouvernement : il croit que ses chefs sont cause de ses souffrances, croyance dont les résultats sont parfois effroyablement pratiques.

Ce que l'enfant apprend moins que toute autre chose dans notre système d'éducation primaire, c'est à se rendre compte des lois du monde physique et des relations de cause à effet qui y règnent. Ceci est d'autant plus fâcheux que les pauvres sont tout spécialement exposés aux maux physiques, et qu'ils ont plus grand intérêt à s'en préserver que toute autre classe de la société. Si quelqu'un a besoin de connaître les lois ordinaires de la mécanique, c'est l'artisan, semble-t-il, l'artisan dont le travail journalier s'exécute au milieu de leviers, de poulies et d'autres instruments du travail manuel. Si quelqu'un a besoin de connaître les lois ordinaires de la santé, c'est le pauvre ouvrier, dont une nourriture mal préparée ne répare pas les forces, dont la santé est minée par une aération insuffisante, par l'humidité, par toutes les autres mauvaises conditions qui résultent du mauvais écoulement des eaux en général, et dont la moitié des enfants sont tués par des affections que l'on pourrait prévenir. L'éducation primaire, actuellement acceptée chez nous, ne s'en tient pas à éviter soigneusement d'indiquer à l'ouvrier que quelques-uns des plus grands maux dont il a à souffrir doivent être attribués à des agents purement physiques, et qu'il en viendrait à bout par l'énergie, par la patience et par la frugalité; non, elle exerce sur lui une bien plus fâcheuse influence en le rendant sourd, autant que faire se peut, à la voix de ceux qui pourraient lui venir en aide, et en cherchant à remplacer les tendances naturelles qui le porteraient à faire des efforts pour améliorer sa condition par une soumission orientale à ce qu'on déclare faussement être la volonté de Dieu.

Il ne faut donc pas s'étonner si on a fait appel à la statistique pour prouver, bien sottement, que l'éducation ne sert à rien, en tant qu'elle ne diminue ni la misère ni le crime, parmi les foules. Je répondrai : Comment ce que vous désignez sous ce nom d'éducation pourrait-il avoir ce bon résultat ? Si je suis un coquin ou un imbécile, je ne le serais pas moins quand j'aurais appris à lire et à écrire, à moins que l'on ne m'ait enseigné aussi à diriger mon talent de lecture et d'écriture en vue du Vrai et du Bien.

Supposons que quelqu'un se mette en tête de démontrer que les remèdes pharmaceutiques sont inutiles en prouvant, statistique en main, que le pour cent de la mortalité serait le même parmi des gens qui auraient appris à ouvrir une caisse contenant tous les médicaments possibles, et d'autres gens qui ne seraient même pas capables d'en reconnaître la clef. Voilà un argument bien absurde, mais il ne l'est pas plus que celui que je combats. La sagesse est le seul remède à opposer aux souffrances, au crime, à tous les autres maux de l'humanité. Enseigner à un homme la lecture et l'écriture, c'est lui mettre dans les mains la clef d'or du coffret qui la renferme. Mais ce coffret, l'ouvrira-t-il, c'est une tout autre affaire. Et, s'il n'est pas dirigé et qu'il l'ouvre, au lieu de se guérir, il s'empoisonnera peut-être, en prenant la première drogue qui lui tombera sous la main. A notre époque, il vaut presque autant être aveugle que de ne pas savoir lire, ou estropié que de ne pas savoir écrire. Mais, je le déclare, si l'on pouvait supposer qu'il fallût choisir, je voudrais que les enfants des pauvres ignorassent ces deux arts, malgré leur grande valeur, plutôt que de leur laisser ignorer cette connaissance de la sagesse et de la vertu, dont la lecture et l'écriture ne sont que le moyen.

On pourra dire que si toutes mes objections sont valables en ce qui concerne les écoles primaires, elles ne peuvent plus s'appliquer aux écoles d'un degré supérieur, et qu'en tous cas les élèves de ces dernières y reçoivent une éducation libérale. De fait, on y fait montre de tout sacrifier à ce but.

Cherchons à nous en rendre compte. Qu'enseigne-t-on dans les écoles secondaires, où l'on élève les enfants des classes moyennes en Angleterre, de plus que dans nos écoles primaires ? On y lit, on y écrit l'anglais, un peu plus, il est vrai. Pourtant, nous le savons tous, il est rare de rencontrer un garçon des classes moyennes ou supérieures de la société, capable de lire à haute voix d'une façon convenable ou d'écrire ses pensées, je ne dis pas en langage châtié et élégant, mais seulement d'une façon claire et correcte. Le calcul des petites écoles prend ici le nom plus pompeux de mathématiques élémentaires ; à l'arithmétique on ajoutera un peu de géométrie et d'algèbre ; mais, la plupart du temps, l'enfant n'a pas appris à raisonner ce qu'on lui enseigne et récite ces matières par cœur.

La théologie occupe une place absolument et relativement moindre, dans l'éducation des classes moyennes, que dans celle des classes inférieures, en raison du plus grand nombre de sujets sur lesquels on appelle l'attention des enfants. A cet égard, je puis bien le dire, les idées de ces enfants seront le plus souvent bien obscures et bien vagues ; l'instruction religieuse qu'on leur aura donnée leur rappellera plus tard, avant tout, les longues heures péniblement passées à apprendre par cœur des textes liturgiques ou le catéchisme.

La géographie moderne, l'histoire moderne, la littérature moderne, la connaissance de la langue anglaise et de ses ressources, l'ensemble des sciences physiques, morales et sociales, tout cela est encore plus étranger aux élèves de nos écoles secondaires qu'à ceux des écoles primaires. Jusqu'à ces dernières années, un jeune garçon pouvait avoir fait toutes ses classes dans une de nos grandes écoles publiques, en se faisant toujours remarquer parmi les premiers, sans avoir même entendu parler d'aucun des sujets que j'indique. Il aurait pu n'avoir jamais entendu dire que la terre tourne autour du soleil, qu'il y avait eu une grande révolution en Angleterre en 1688, et qu'il y en avait eu une en France en 1789 ; il aurait pu ignorer que certains hommes remarquables nommés Chaucer, Shakespeare, Milton, Voltaire, Goethe, Schiller, eussent jamais vécu ; on lui aurait dit que le premier était un Allemand, le dernier un Anglais, qu'il ne se serait pas récrié, et en fait de science il ne connaissait guère que celle du pugilat.

Si je dis que nous étions là, il y a peu de temps, c'est qu'en Angleterre quelques villes ont cherché à mettre l'éducation sur un meilleur pied. Il ne faudrait pas cependant s'attendre, en aucun cas, à un bien grand résultat, si l'on voulait se rendre compte aujourd'hui des connaissances de la plupart des élèves de nos grandes institutions sur les sujets que je viens d'indiquer.

Arrêtons-nous en ce point, pour considérer tout ce que cela a d'étonnant.

Un jour viendra certainement où les Anglais en parleront, comme preuve capitale de la stupidité apathique de leurs ancêtres au XIXe siècle. Le monde n'a jamais vu un peuple plus commerçant, plus colonisateur et plus disposé à errer de toute part que ce peuple représenté par les classes moyennes de la société anglaise. Depuis trois cents ans, ce peuple s'agite, pour faire de l'histoire sur une grande échelle, histoire bien intéressante assurément et que l'on étudierait avec avidité s'il s'agissait de la Grèce ou de Rome. Depuis lors, ce peuple a produit une littérature des plus remarquables. La prospérité d'aucune des nations du monde ne dépend aussi complètement, aussi absolument que chez nous, de la façon dont nous savons nous rendre maîtres des forces de la nature, de notre manière de comprendre les lois de la création et de la distribution des richesses, et de nous y conformer, comme de savoir ce qui fait l'équilibre stable des forces sociales. Et cependant, voici comment ce singulier peuple parle à ses fils :

« Nous allons sacrifier dans les écoles une douzaine des années les plus précieuses de votre vie, et cela nous coûtera de vingt-cinq à cinquante mille francs de cet argent que nous avons eu tant de peine à gagner. A l'école, vous travaillerez, du moins nous voulons le supposer, mais vous n'y apprendrez rien de ce que vous aurez besoin de savoir au jour où vous quitterez l'école, au jour où il vous faudra entreprendre la grande affaire pratique de la vie. Selon toute probabilité, vous serez négociant, mais vous ne saurez pas d'où proviennent les articles commerciaux, ni comment on les produit ; vous ne saurez pas ce que c'est que l'importation ou l'exportation, vous ne saurez même pas ce que signifie le mot *capital*. Vous irez probablement vous établir aux colonies, mais vous ne saurez pas si la terre de Van-Diémen est en Australie ou si, au contraire, l'Australie ne serait pas une des provinces de la terre de Van-Diémen.

Il pourrait bien se faire que vous fussiez plus tard manufacturier, mais on ne vous mettra pas à même de vous rendre compte du travail ou du mécanisme d'une de vos machines à vapeur, ni de la nature des matières premières dont vous vous servirez. Quand on vous proposera d'acheter un brevet d'invention, vous serez parfaitement incapable de juger si l'inventeur est un fourbe, en contravention flagrante avec les principes élémentaires de la science, ou si c'est, au contraire, un homme qui vous rendra riche comme Crésus.

Vous allez sans doute être nommé à la Chambre des communes, vous participerez à la promulgation de lois qui feront le bonheur ou la ruine de tous vos concitoyens. Mais on ne vous dira pas un mot au sujet de l'organisation politique de votre pays ; ce que signifie la grande discussion des libres-échangistes contre les protectionnistes restera pour vous une énigme, vous ne saurez même pas qu'il existe des lois économiques.

La puissance intellectuelle dont vous aurez le plus grand besoin journellement dans la vie, est la capacité de voir les choses telles qu'elles sont, sans égard à l'autorité, et celle qui vous permettra de tirer des faits particuliers de bonnes conclusions générales. Mais aux écoles, aux universités, l'autorité sera la seule source du vrai que l'on vous fera connaître, on n'y exercera votre raisonnement qu'à déduire les résultats d'une donnée autoritaire.

Un travail pénible vous fatiguera l'esprit, vous arroserez souvent votre pain de vos larmes, mais on ne vous fera pas connaître la place de refuge, le grand asile des ennuis de la terre et la source pure des plaisirs les plus nobles : le monde de l'art. »

N'avais-je pas raison de dire que nous sommes un singulier peuple ? Je suis tout disposé à reconnaître qu'une éducation qui n'aurait d'autre but que de renseigner ses élèves sur ces sujets aujourd'hui négligés, ne serait pas une éducation parfaitement libérale. Mais peut-on considérer comme telle une éducation qui les laisse tous de côté ? Bien plus, ne suis-je pas autorisé à dire que l'éducation qui embrasserait tous ces sujets serait une éducation réelle, bien qu'incomplète, tandis que l'éducation qui les néglige n'est réellement pas une éducation, mais tout simplement un système de gymnastique intellectuelle plus ou moins utile ?

Dans ces écoles fréquentées par les enfants des classes moyennes de notre société, par quoi remplace-t-on tous les sujets qu'on y néglige ? On y substitue ce que l'on désigne par un titre qui embrasse bien des choses : les classiques, c'est-à-dire les langues, la littérature et l'histoire des anciens peuples de la Grèce et de Rome, avec ce que connaissaient de géographie ces deux grandes nations de l'antiquité.

Ne croyez pas que je veuille jamais déprécier la recherche sérieuse et éclairée des études classiques. Ce genre d'occupation a tout mon respect, toute ma sympathie, et je n'aime pas ceux qui le combattent. Si les circonstances de la vie m'avaient poussé de ce côté, il n'y a pas d'étude, tout au contraire, qui m'eût été plus agréable que celle de l'antiquité.

Quelle est la science qui pourrait offrir plus d'attraits

que la philologie? Un admirateur de l'excellence littéraire pourrait-il ne pas goûter les chefs-d'œuvre anciens? M'occupant sans cesse à défricher le passé, à reconstruire, à l'aide de fragments d'animaux disparus depuis longtemps, des formes intelligibles, comment pourrais-je, malgré mon incompétence à cet égard, ne pas prendre un intérêt sympathique aux travaux d'un Niebuhr, d'un Gibbon, d'un Grote. L'histoire classique est une partie importante de la paléontologie de l'homme; et, comme toutes les autres espèces de paléontologie, elle m'inspire un double respect: le respect que j'éprouve en présence des faits qu'elle établit, car je respecte toujours un fait, puis un respect supérieur, car cette histoire nous prépare la découverte d'une loi du progrès.

Que n'enseigne-t-on les classiques comme on pourrait le faire? On pourrait faire connaître le grec et le latin aux garçons et aux filles, non plus seulement comme langues, mais comme exemples de la science philologique, pour la leur faire entrevoir. On pourrait par ce moyen graver dans leur esprit un tableau lumineux de ce qu'était la vie sur les rivages de la Méditerranée, il y a deux mille ans. L'histoire ancienne ne serait plus le récit monotone d'une série de luttes et de combats et remonterait aux causes, telles qu'elles se produisirent en certains hommes sous l'influence de certaines conditions données. On pourrait enfin étudier les livres classiques, de manière à faire sentir aux enfants leurs beautés et leur grande simplicité dans la façon d'énoncer les problèmes éternels qui s'imposent à l'homme, au lieu de se borner à leurs particularités verbales et grammaticales. Et cependant, si l'on enseignait ainsi les classiques, il ne faudrait pas plus, je pense, en faire la base d'une éducation libérale pour nos contemporains, qu'il ne faudrait faire pivoter cette éducation sur ce genre de paléontologie qui fait tout particulièrement l'objet de mes études.

On pourrait établir un bien singulier parallèle entre la paléontologie dont je parle et l'éducation classique telle qu'on la donne à nos enfants. Tout d'abord, je me fais fort d'établir un questionnaire d'ostéologie élémentaire si aride, si pédantesque dans sa terminologie, si rebutant pour l'esprit de la jeunesse qu'il l'emporterait, haut la main, en aridité, en pédanterie, en insipidité, sur les récentes publications bien connues de quelques-uns de nos chefs d'institutions scolaires. Puis j'exercerais mes élèves sur les fossiles les plus simples, et je développerais toutes les forces de leur mémoire et la finesse dont ils seraient capables, en leur faisant appliquer les règles de cette grammaire ostéologique à l'interprétation de ces fragments ; ceci correspondrait à la construction des phrases. Dans les classes supérieures, j'apporterais des os détachés sur lesquels on reconstruirait des animaux ; les palmes et les récompenses seraient pour ceux qui réussiraient à fabriquer les monstres les plus conformes aux règles ; ceci répondrait à la versification et à la dissertation en langue morte.

Assurément, si un maître, en fait d'anatomie comparée, venait à voir les produits de mes élèves, il branlerait la tête en souriant. Ce n'est pas ce petit accident, sans doute, qui viendrait donner tort à ma comparaison.

Que diraient Horace ou Cicéron, croyez-vous, si on leur présentait les productions des meilleurs élèves de nos classes ? Si Térence pouvait assister à la représentation d'une de ses comédies par les élèves de nos grandes écoles, il se sauverait en se bouchant les oreilles, je me figure. Une troupe de comédiens français qui voudraient jouer Hamlet en anglais, tout en prononçant notre langue à la façon de la leur, ne serait pas plus affreusement ridicule.

Mais on va dire que j'oublie les beautés et l'intérêt qui, pour tout homme, se rattachent aux études classiques. Je répondrai à cela que, pour goûter les charmes du paysage en gravissant, par un sentier difficile, une colline escarpée, il faut être singulièrement robuste. Dans de semblables circonstances les cailloux, les ornières nous rebutent, nous avons l'haleine courte et nous sentons si bien qu'il est bon de se contenter de peu, qu'il est sage de se reposer que notre sentiment du beau y succombe le plus souvent. C'est précisément le cas de l'écolier ordinaire. Le Parnasse est pour lui affreusement escarpé et, tant qu'il ne sera pas arrivé au sommet, il n'a ni le temps ni l'envie de se détourner pour promener les yeux autour de lui. Et, neuf fois sur dix, il n'arrive pas jusqu'à la cime de ce mont.

D'après les renseignements que j'ai pu recueillir près de ceux dont l'autorité est compétente en cette matière, tels seraient les résultats de la meilleure éducation classique donnée en ce pays. Mais qu'en sera-t-il alors de l'éducation classique du degré inférieur, celle qui se donne dans les écoles de second ordre ?

Je vais vous le dire : cette éducation-là consiste a apprendre par cœur des formules et des règles interminables. La version grecque et latine n'a ici d'autre but que de mettre l'enfant à même de traduire, sans que l'on tienne compte jamais de la valeur ou de l'infériorité de l'auteur dont on s'occupe. Les enfants y apprennent bon nombre d'antiques légendes qui ne sont pas toujours fort décentes ; elles sont pour eux sans valeur, car le sens qu'elles avaient autrefois ne leur est pas dévoilé, et voici la seule impression qu'elles puissent faire sur leur esprit : c'est que les peuples qui ont pu croire cela devaient être les plus grands idiots de la terre. En fin de compte, après une douzaine d'années passées à ce genre de travail, celui qui a subi cette lourde discipline ne sera pas capable de comprendre un passage d'un auteur qu'il n'aura pas expliqué déjà ; la vue d'un livre grec ou latin le fera bâiller d'ennui, jamais plus il n'en ouvrira un, jamais plus il n'y pensera jusqu'à ce que... chose étrange ! il veuille à toute force soumettre ses enfants aux mêmes procédés d'éducation.

O Israël, voilà tes dieux ! En Angleterre, pour satisfaire aux usages du monde, pour honorer ce fétiche que nous appelons « *respectability* » et pour arriver au beau résultat que je viens d'indiquer, le père de famille refuse à ses enfants les connaissances qui pourraient leur être utiles, non pas seulement pour les mettre à même de réussir, dans le sens le plus grossier du mot, mais pour s'en faire des jalons dans les grandes crises de la vie. Voilà la pierre qu'il présente aux siens, au lieu du pain que les liens les plus sacrés et les plus tendres lui faisaient un devoir de leur donner.

Si l'éducation primaire et l'éducation secondaire sont dans cet état peu satisfaisant, que pouvons-nous dire au sujet des universités! Ce sujet, je l'avoue, m'inspire une certaine terreur, et je redoute d'y porter une main profane; mais je puis vous dire ce qu'en pensent ceux qui ont autorité pour en parler.

Le recteur du collège Lincoln nous dit [1] :

« Les collèges annexés à nos universités furent fondés à l'aide de dotations qui n'avaient pas pour but de subvenir à l'enseignement des éléments d'une éducation libérale générale; les collèges avaient été institués pour des hommes d'un âge mûr, qui devaient y poursuivre des études spéciales et professionnelles dans les différentes facultés. Les universités répondaient à l'un et à l'autre but. Si les collèges prenaient incidemment une petite part à l'éducation élémentaire, ils n'étaient fondés cependant qu'en vue des plus hautes études.

Telle était la théorie de l'université au moyen âge, et le but de la fondation des collèges à leur origine. Le temps et les circonstances ont amené un revirement total. Les collèges ne font plus prospérer les recherches scientifiques, ils ne dirigent plus les études professionnelles. On trouvera, par-ci par-là, à l'ombre de leurs murs, quelques hommes d'étude, mais pas en plus grand nombre qu'on n'en rencontrerait dans la vie privée. Nos universités n'ont plus d'autre but, aujourd'hui, que de donner une instruction élémentaire à des jeunes gens âgés de moins de vingt ans, et les dotations des collèges ne servent pas

[1] *Suggestions for Academical Organisation with especial reference to Oxford*, p. 177.

à autre chose. Autrefois les collèges étaient un asile assuré pour ceux qui voulaient passer leur vie à cultiver les connaissances les plus hautes et les plus abstraites. Aujourd'hui ce sont des pensionnats où l'on enseigne aux jeunes gens les éléments des langues savantes. »

Si la haute position de M. Pattison, si l'amour et le respect bien connus, qu'il porte à l'université à laquelle il appartient, ne suffisent pas à convaincre le monde extérieur que des paroles si sévères ne sont que justes, personne ne pourra récuser l'autorité des commissaires chargés de faire un rapport sur l'université d'Oxford, en 1850. Je cite textuellement :

« Tout le monde reconnaît que l'université d'Oxford et notre pays en général souffrent beaucoup du défaut d'un corps de savants qui passeraient leur vie à cultiver les sciences et à diriger l'éducation académique.

« Le fait, que peu de livres de profonde recherche émanent de l'université d'Oxford, fait matériellement tort à sa réputation comme foyer scientifique, et tend par conséquent à lui faire perdre l'estime de notre nation. »

L'université de Cambridge n'est pas exempte des reproches que l'on adresse à Oxford.

Nous en sommes donc réduits à reconnaître que ces universités, dont nous étions si fiers, ne sont que des pensionnats à l'usage des grands garçons ; que les savants n'y sont pas plus nombreux qu'ailleurs, que les membres associés (*fellows*) ont autre chose en vue que le progrès des connaissances, et qu'enfin dans leurs jardins verdoyants le calme favorable à la philosophie, la tranquillité qui porte à la méditation ne font pas prospérer la philosophie et ne rendent pas la méditation fructueuse.

J'ai le bonheur de conipter pour amis des membres résidents de chacune des universités, cultivant la science avec zèle et conservant sans cesse devant les yeux le noble idéal d'une université qu'ils cherchent à réaliser de leur mieux. Pour moi, ces hommes-là seraient forcément les types d'après lesquels je jugerais les universités, si les citations que je viens de faire ne m'entraînaient à croire qu'ils sont exceptionnels, et ne représentent pas l'esprit de ces institutions. Bien plus, en considérant tout cela avec calme, certaines circonstances me portent à croire que le recteur du collège Lincoln et que les commissaires ne se trompent guère.

Personne ne peut nier, je pense, qu'un étranger qui voudrait se rendre compte de l'activité scientifique et littéraire de l'Angleterre moderne, perdrait sa peine et son temps s'il allait visiter nos universités dans ce seul but.

Quant aux œuvres de recherches profondes sur un sujet quelconque, et surtout quant à celles qui sont du domaine classique auquel les universités font profession de tout sacrifier, il est bien certain qu'une petite université allemande de troisième ordre produit plus en ce genre chaque année, malgré sa détresse financière, que ne produisent en dix ans nos institutions universitaires si vastes et si riches.

Demandez à un homme cherchant à élucider à fond une question, qu'il s'agisse d'histoire, de philosophie, de philologie, de physique, de littérature ou de théologie, un homme qui cherche à se rendre maître d'un sujet abstrait (pourvu qu'il ne s'agisse pas d'économie politique ou de géologie, car ce sont deux sciences que nous avons spécialement cultivées), s'il ne devra pas lire six fois autant de livres allemands que de livres anglais. Et parmi ces livres anglais, sur dix, il n'y en aura peut-être pas plus d'un sortant de la plume d'un membre associé des collèges ou d'un professeur d'une université anglaise.

Ceci proviendrait-il de ce que l'esprit anglais n'aurait pas la même puissance que l'esprit allemand? Les concitoyens de Grote, de Mill, de Faraday, de Robert Brown, de Lyell et de Darwin, pour nous en tenir à nos contemporains, ont droit de hausser les épaules devant une semblable allégation. L'Angleterre peut montrer aujourd'hui, comme elle l'a pu toujours, depuis que la civilisation s'est répandue en Occident, des hommes qui marchent de pair avec les plus grands du monde entier, et qui ne laisseront pas oublier la vieille renommée de sa valeur intellectuelle.

Mais le plus souvent nos hommes distingués sont ce qu'ils sont, en vertu de leur force intellectuelle native, en vertu d'une énergie de caractère que les obstacles ne rebutent pas. Ils n'ont pas été élevés sous les portiques du temple de la science; tout au contraire, ils assiègent cet édifice de cent façons irrégulières et perdent bien du temps, bien des efforts, pour y conquérir la place à laquelle ils ont droit.

Ainsi donc, nos universités n'encouragent pas de tels hommes; elles ne leur offrent pas des positions dans lesquelles ils auraient pour devoir capital de parfaire ce qu'ils sont le plus capables de faire; puis, autant que possible, l'éducation des universités chasse de l'esprit de ceux qui s'y rattachent, ou qui y appartiennent, la pensée qu'il peut y avoir au monde une chose pour laquelle ils seraient tout spécialement propres. Je viens de vous citer quelques grands hommes, nos concitoyens; croyez-vous que si on leur avait proposé de passer leur vie à étudier la mimique du rythme d'un chant grec ou l'harmonie de la belle prose de Cicéron, cela eût été pour eux un aliment intellectuel capable de les satisfaire? On ne réussirait pas, sans doute, à persuader à de tels hommes qu'une éducation, qui ne pourrait aboutir qu'à la perfection en ces petites élégances, mérite seule le nom de culture, et qu'il ne faut pas s'inquiéter des faits historiques, des procédés de la pensée, des conditions de la vie morale ou sociale et des lois de la nature physique, toutes choses qu'on peut abandonner aux profanes sans titres universitaires.

Ce n'est pas ainsi que les universités allemandes, ignorées comme elles méritaient de l'être, il y a un siècle, sont devenues ce qu'elles sont aujourd'hui : les associations intellectuelles les plus productives que l'on ait jamais vues, les plus grands foyers d'activité de la pensée humaine.

L'étudiant qui s'y rend trouve, dans le programme des cours et dans la liste des professeurs, un bon tableau du monde de la science. Quelle que soit la chose qu'il désire étudier, il y trouve quelqu'un prêt à la lui enseigner et à lui montrer de quelle façon il faut l'étudier; quelle que soit la tournure spéciale de son esprit, s'il est capable et diligent, des honneurs et une carrière lui sont assurés. Parmi ses professeurs, il trouve des hommes dont le nom est connu et révéré dans toute l'étendue du monde civilisé, et leur exemple lui inspire une noble ambition et l'amour de l'esprit du travail.

C'est en vertu du secret bien simple, à l'aide duquel Napoléon se rendit maître de la vieille Europe, que les Allemands dominent aujourd'hui le monde intellectuel. Ils ont déclaré *la carrière ouverte aux talents*, et tout étudiant porte dans son sac sa toge de professeur. Qu'il devienne savant en fait de littérature ou de science proprement dite, et les ministres brigueront ses services. En Allemagne, on n'abandonne pas les chances que peut avoir un homme de mérite d'occuper un poste qu'il illustrerait, aux hasards favorables des brigues universitaires, non plus qu'à une bande d'ecclésiastiques campagnards jugeant en dernier ressort.

Bref, en Allemagne les universités sont exactement ce que les nôtres ne sont pas, d'après le recteur du collège Lincoln et les commissaires, c'est-à-dire que ces universités sont des corporations de savants dévouant toute leur vie à la culture de la science et à la direction de l'éducation académique. Ce ne sont pas des pensionnats de jeunes gens, ce ne sont pas des séminaires, ce sont des institutions ayant en vue les progrès que l'humanité doit faire au moyen des plus hautes études ; la faculté de théologie n'y est pas plus importante ni plus en relief que toute autre ; ce sont vraiment des universités, parce qu'elles cherchent à représenter l'universalité des connaissances humaines, à leur donner corps et à assurer une place à toutes les formes de l'activité intellectuelle.

Puissent les nobles efforts de réformateurs intelligents et pleins de zèle, du genre de M. Pattison, réussir à façonner nos universités d'après un semblable idéal, tout en leur conservant ce qu'elles ont de distinctif et de bon dans leur ton social. Mais, tant qu'ils n'auront pas obtenu ce bon résultat, ce n'est pas à Oxford ou à Cambridge, ni dans nos grandes écoles publiques, que l'on pourra se procurer une éducation libérale.

Si l'idéal que je conçois d'une éducation libérale est juste, et si ce que j'ai dit au sujet des institutions scolaires actuelles de ce pays est également vrai, il est clair que ces deux choses ne s'accordent nullement.

Les meilleures de nos écoles et tous les cours de nos universités ne peuvent procurer qu'une éducation incomplète, boiteuse et essentiellement antilibérale, tandis que l'éducation de nos plus mauvaises écoles est à peu près nulle. La réunion d'ouvriers dont je vous parlais en commençant ne serait pas à même de copier aucune de ces institutions quand même elle désirerait le faire ; mais si, le pouvant, elle y cherchait ses modèles, elle aurait le plus grand tort, je le proclame hardiment.

En effet, il nous faut aujourd'hui une éducation libérale bien réelle, et non des mots et des simulacres ; c'est cette éducation que la réunion doit avoir l'ambition d'arriver à donner tôt où tard. Nous ne faisons que commencer, nous préparons nos instruments pour ainsi dire, et, à part quelques connaissances élémentaires en physique, nous ne pouvons donner que ce que l'on trouve déjà dans les écoles ordinaires.

Pour établir un cours de science morale et sociale, un des plus importants, des plus utiles que nous puissions ouvrir plus tard, il ne nous manque qu'une chose, c'est le professeur. Le desideratum est des plus importants, je l'avoue, mais il faut se rappeler que mieux vaut manquer du professeur que du désir d'apprendre.

Nous ne pouvons encore établir un cours de géographie physique ; j'entends cette géographie générale que les Allemands appellent « Erdkunde ». C'est une description de la terre, l'étude de la place qu'elle occupe dans le système universel et de ses relations avec les autres corps célestes ; cette géographie embrasse la structure générale du globe et ses traits les plus saillants : les vents, les marées, les montagnes, les plaines, et indique les principales formes des végétaux ou des animaux ainsi que les variétés de l'homme. C'est autour de cette science que viennent se grouper les connaissances les plus utiles et les plus intéressantes.

Le programme des cours ne comporte pas la littérature, mais j'espère l'y voir plus tard. La littérature est, en effet, la source principale des plaisirs délicats, et un des principaux résultats d'une éducation libérale est de nous mettre à même de goûter ces plaisirs. Les riches trésors de la littérature anglaise offrent un champ suffisant au développement d'une éducation libérale. Pour cela, il suffit d'une bonne direction, ayant pour but de cultiver un goût délicat, en fixant l'attention des élèves sur une saine critique; il n'y a pas de raison d'ailleurs qui puisse empêcher nos élèves d'arriver à connaître le français et l'allemand assez pour lire avec plaisir et profit ce qui mérite d'être lu dans ces langues.

Et finalement, il nous faudra plus tard des cours d'histoire qui ne seront pas les récits de batailles et de dynasties successives, ni des séries de biographies; l'histoire n'y sera plus traitée en vue de démontrer que la Providence a toujours favorisé tel ou tel parti politique, mais de façon à faire voir le développement de l'homme dans les temps passés et dans des conditions différentes des nôtres.

Mais pour tout cela, nous ne voulons pas compter sur d'autres ressources que celles que le public mettra à notre disposition. Si mes auditeurs prennent à cœur ce que je viens de dire au sujet de l'éducation libérale, ils désireront voir prospérer cette institution; de notre côté, nous sommes prêts à nous mettre à l'œuvre, mais ici encore c'est la demande qui doit précéder l'offre.

V

DE L'ÉDUCATION SCIENTIFIQUE ; RÉMINISCENCE D'UN DISCOURS APRÈS DINER

En parlant des discours que l'on est parfois invité à faire après un dîner d'apparat, M. Thackeray se lamente de ce que l'on oublie toujours, au moment opportun, toutes les belles choses auxquelles on pensait en se rendant à la réunion. Je ne sais s'il y a *de belles choses* dans les pages suivantes ; quoi qu'il en soit, c'est à peu près comme on rassemble en chemin ses pensées, pour dire quelque chose dans une assemblée d'amis, que ce discours fut composé et prononcé à la table hospitalière de la Société philomatique de Liverpool.

Si j'avais eu à vous parler, il y a quelques années, de faire entrer l'élément scientifique dans l'éducation générale de ce pays, j'aurais dû commencer mon discours en vous faisant valoir, en manière d'excuse, tous les avantages de la science. Mais, à cet égard, comme à tant d'autres, l'opinion publique s'est modifiée rapidement, dans ces derniers temps.

Des comités des deux Chambres se sont mis d'accord pour dire qu'il y avait quelque chose à faire en ce sens et ont même balbutié quelques avis timides sur ce qu'il fallait faire, tandis qu'à l'autre extrémité sociale des comités d'ouvriers exprimaient leur conviction que pour faire progresser les leurs, comme hommes et comme ouvriers, l'instruction scientifique était absolument nécessaire. Il y a peu de jours, j'avais à prendre part à la réception d'une députation d'ouvriers de Londres qui venaient demander à sir Roderik Murchison, directeur de l'École royale des mines, si l'organisation de cet établissement était telle qu'ils pussent en profiter pour s'y procurer l'instruction scientifique dont ils sentaient si bien la nécessité, ce qu'ils nous exposèrent en termes si clairs qu'il n'était pas possible de mieux l'exprimer.

Dans nos grandes universités, les chefs de collèges, qui n'ont pas la réputation d'aimer beaucoup les innovations, ont cru à plusieurs reprises devoir réserver quelques récompenses, quelques distinctions, parmi toutes celles qui sont à leur disposition, en faveur de ceux qui cultivent les sciences physiques.

Bien plus, j'ai appris que, dans certains collèges universitaires, on a désigné un professeur, deux même parfois, pour exposer aux étudiants les faits et les principes des sciences physiques. Et c'est plein de respect et de reconnaissance envers les éminents directeurs des écoles publiques d'Eton, de Harrow et de Winchester, que je me plais à reconnaître qu'ils ont cherché à introduire, malgré les difficultés du problème, l'étude des sciences physiques dans ces grands établissements d'éducation, preuve de leur bon vouloir et de leur intelligence des nécessités qui s'imposent ; j'ai donc l'espoir que sous peu il se fera en ce sens des changements importants dans ces anciennes forteresses de la chose établie. De fait, les changements sont déjà effectués, et aujourd'hui ces sciences sont sur le programme des cours à Harrow et à Rugby, et j'ai appris encore qu'on se prépare activement à introduire ces études à Eton et ailleurs.

En présence de ces faits il est peut-être inutile de vous développer les raisons qui motivent l'introduction des sciences physiques dans l'éducation élémentaire ; je crois pourtant qu'il y a lieu de vous soumettre quelques considérations qui n'ont guère attiré l'attention.

J'ai cherché ailleurs à établir les arguments supérieurs et abstraits qui démontrent que l'étude des sciences physiques est indispensable à l'éducation complète de l'esprit humain ; mais si je me suis dévoué à des études plus ou moins abstraites et dont l'utilité pratique ne saute pas à tous les yeux, je ne voudrais pas vous donner à entendre que je suis indifférent à toute l'importance de la réussite matérielle dans la vie .C'est, dit-on, l'idéal suprême de nos concitoyens. Pour moi, c'est, en tout cas, une affaire fort importante. Ce n'est pas seulement en raison des résultats grossiers et tangibles du succès que j'en fais cas ; son importance provient, à mon avis, de ce que l'humanité est constituée de telle façon que, pour la plupart, nous ne serions pas entraînés à faire les grands efforts qui nous rendent plus sages et plus capables, si nous ne nous trouvions pas dans la nécessité absolue de bander nos facultés jusqu'à l'extrême limite de nos forces, à seule fin de réussir dans le sens le plus pratique du mot.

Or, personne ne peut nier aujourd'hui combien la connaissance des sciences physiques nous est utile pour réussir et progresser. Il n'y a guère chez nous de profession mercantile, à part le petit commerce de détail, dont les représentants ne retirent un bénéfice direct des connaissances scientifiques qu'ils possèdent. A mesure que l'industrie se développe et se perfectionne, à mesure que ses procédés se compliquent et s'améliorent, et que la concurrence devient de plus en plus active, les sciences sont mises à réquisition l'une après l'autre par les combattants, et celui qui sait en tirer le meilleur parti a le dessus dans cette grande lutte pour l'existence, qui se produit sous la surface si calme de la civilisation moderne, avec la même fureur que parmi les hôtes sauvages des forêts.

Sans me borner à l'action de la science sur la vie pratique ordinaire, permettez-moi d'appeler votre attention sur l'immense influence qu'elle exerce sur plusieurs professions.

Je fais appel à tout ingénieur pour qu'il dise combien de temps il a perdu, après sa sortie de l'école, pour acquérir des connaissances auxquelles il était resté jusque-là tout à fait étranger, et dont ses maîtres ne lui avaient pas donné la moindre idée. Il avait dès lors à se rendre compte du cours et des forces de la nature, à se familiariser avec ces conceptions nouvelles vers lesquelles son attention n'avait pas été dirigée pendant tout le cours de ses études, et il lui fallait apprendre, pour la première fois, qu'au-delà du monde des mots il y a un monde des faits. Je m'adresse à tous ceux qui connaissent cette profession pour qu'ils disent si je me trompe.

Mais il en est une autre, non moins importante, dont je puis vous parler, parce que je la connais directement. Il peut nous arriver à tous que la maladie nous jette un jour ou l'autre, pieds et poings liés, aux mains d'un médecin. Au premier instant, notre vie ou notre mort peuvent dépendre de son habileté à reconnaître la lésion corporelle dont nous sommes atteints et à y appliquer les remèdes convenables.

Telles sont les nécessités de la vie moderne et les conditions sociales de la classe qui fournit le plus grand nombre de médecins, que ceux qui veulent se livrer à la pratique de la médecine ne peuvent passer qu'un nombre d'années très restreint à acquérir les sciences les plus nécessaires à l'exercice de leur profession. Comment se passe ce temps d'étude si écourté ? C'est comme ancien examinateur et après onze ou douze ans d'exercice en cette qualité, à l'université de Londres, que je vous parle ; je suis donc bien renseigné sur ce sujet: mais je pourrais en appeler à l'autorité de M. Quain, président du Collège des chirurgiens, pour corroborer mon opinion, car je l'entendais, il y a peu de jours, traiter ce sujet à fond d'une façon admirable [1].

[1] *Hunterian Oration* (*Medical Times and Gazette du* 20 février 1869) Deux mots au sujet de nos cours de médecine, et de l'influence des changements effectués dans les écoles élémentaires, dont je viens de vous parler. sur cette instruction médicale. Aujourd'hui l'étudiant, à ses débuts, se trouve tout à coup en présence de plusieurs sciences : la physique, la chimie, l'anatomie, la physiologie, la botanique, la pharmacie, la thérapeutique ; il n'a que dix-huit mois pour en connaître tous les faits, le langage et les lois. Jusqu'aux débuts de leurs études médicales, la plupart des étudiants ont acquis bien peu de connaissances ; et si l'examinateur de l'Université de Londres et le professeur de Cambridge nous montrent dans leurs rapports l'infériorité de leurs élèves, nous ne sommes pas fondés à en attendre davantage. Si dans les

L'étudiant en médecine qui débute doit tout d'un coup chercher à se renseigner sur une foule de sciences : la physique, la chimie, la botanique, la physiologie par exemple, qui lui sont absolument étrangères, quelque bonne qu'ait été l'instruction première, si illusoire le plus souvent, qu'il ait pu recevoir.

Non seulement il n'a pas acquis de conceptions scientifiques, non seulement le sens scientifique des mots *matière, force, loi,* est pour lui lettre close, mais, ce qui est bien plus fâcheux, il ne sait pas qu'il est possible de se mettre en contact avec la nature, d'aborder un fait physique par l'esprit, et d'en venir à bout comme Nelson, notre grand héros naval, recommandait à ses capitaines d'aborder les ennemis en les serrant d'aussi près que possible pour les vaincre. Il ne connaît que les livres, et je n'exagère pas en disant qu'ils sont plus réels, pour lui, que la nature. Il se figure qu'il pourra acquérir, au moyen des livres,

écoles, les jeunes gens avaient acquis des connaissances précises en physique, en chimie et en une des branches de l'histoire naturelle, en botanique, par exemple, avec la physiologie qui s'y rapporte, ils posséderaient alors des connaissances qui vont leur être nécessaires et une pratique rudimentaire du raisonnement par induction,

Toutes nos études sont des procédés d'observation et d'induction, et l'observation, l'induction constituent la meilleure discipline mentale pour les besoins de la vie, plus importante chez nous que partout ailleurs. C'est, dit le docteur Whewel, par de semblables études dans un ou dans plusieurs des départements des sciences d'induction, que l'esprit peut échapper à la tyrannie des mots. S'il en était ainsi, les premiers cours de médecine seraient bien allégés, et les élèves pourraient consacrer bien plus de temps aux études pratiques, y compris ce que sir Thomas Waston appelle la connaissance finale et suprême, celle de la médecine proprement dite toutes les connaissances possibles, et se confie à l'autorité d'un maître; il ne doute pas que la méthode d'apprendre, à l'aide de laquelle il a quelque connaissance des règles grammaticales, suffira bien pour lui faire connaître les lois de la nature. C'est ainsi que le jeune homme, fort mal préparé aux études sérieuses, commence, sans guide et sans frein, ses études médicales, et, neuf fois sur dix, comme on pouvait s'y attendre, il passe sa première année à apprendre la manière d'apprendre. Il est même bien heureux si, au bout de cette première année, il a acquis seulement cet art suprême, à l'aide des efforts de ses professeurs et de sa propre diligence. Puis il ne lui reste que peu d'années à consacrer à l'étude profitable de sciences aussi vastes que l'anatomie, la physiologie, la thérapeutique, la médecine, la chirurgie, l'obstétrique, et d'autres encore, et les tables de mortalité vont s'élever ou baisser en raison des connaissances que le nouveau praticien aura acquises en toutes ces matières.

Si l'éducation scolaire ordinaire n'était pas organisée d'une façon si détestable, pourquoi le jeune homme de dix-sept ans, qui se destine à la médecine, ne serait-il pas pleinement préparé à l'étude de la nature ? Pourquoi n'arriverait-il pas aux écoles médicales bien pourvu de la connaissance préliminaire des principes de la physique, de la chimie, de la biologie, qui vont malheureusement occuper une de ces années précieuses dont tous les instants devraient être consacrés à l'étude directe de toutes les branches de sa profession ?

Il est une autre profession dont les membres, à mon

avis, retireraient tout autant d'avantages que les médecins de quelques notions préliminaires en fait de sciences physiques. Le médecin se propose un noble but ; il s'occupe du bien-être corporel de l'homme, mais les membres de cette autre profession s'occupent de son bien-être spirituel ; autant que faire se peut, ils cherchent à diminuer le péché, à adoucir les chagrins de la vie. Comme les médecins, le clergé, dont nous parlons maintenant, fait dépendre sa puissance de guérir, de sa connaissance de l'ordre universel, il la base sur certaines théories des rapports de l'homme avec ce qui l'entoure. Je n'ai pas à vous dire mes opinions à l'endroit de ces théories ; je me borne à vous faire remarquer que, comme toutes les autres théories, celles-ci ont la prétention de se baser sur des faits. Ainsi donc le clergé s'occupe des faits de la nature, à un certain point de vue ; c'est ainsi qu'il se trouve en contact avec la science qui traite des mêmes faits envisagés sous un autre aspect. Vous savez que ce contact mérite souvent le nom de *collision* ou de *frottement rude ;* s'il en résulte beaucoup de chaleur, il n'en résulte pas, le plus souvent, beaucoup de lumière.

Dans l'intérêt de la vérité et de la justice, pour ne pas parler des intérêts de l'humanité, je demande : Pourquoi tout membre du clergé n'est-il pas tenu d'acquérir, comme faisant partie de son éducation préliminaire, une teinture des sciences physiques qui le mettrait à même de comprendre les difficultés qui s'opposent à l'acceptation de ses théories, et qui s'imposent à l'esprit de tout homme réfléchi et intelligent, s'étant donné la peine d'étudier les éléments des connaissances naturelles?

Il y a peu de temps, j'assistais à une grande assemblée cléricale où j'avais été convoqué pour faire un discours. J'exposais quelques faits élémentaires des sciences physiques et faisais ressortir en quoi ces faits contredisent certains enseignements ordinaires du clergé. Voici ce qui en résulta. Quand j'eus fini, une section de l'assemblée m'attaqua avec toute l'intempérance du zèle religieux, pour avoir exposé des faits et des conclusions qu'aucun juge compétent ne saurait admettre; puis, quand les premiers orateurs se furent retirés au milieu des applaudissements de la majorité de leurs confrères, la minorité, plus sensée, se leva pour me dire que je m'étais donné bien de la peine en pure perte. Ces messieurs savaient déjà tout ce que je venais de leur dire; ils étaient parfaitement d'accord avec moi. Un de mes amis, homme positif, ne se payant pas de mots, des plus distingués d'ailleurs, assistait à la réunion et, tout naturellement il leur fit cette question: S'il en est ainsi, pourquoi ne le dites-vous pas en chaire? On ne fit pas de réponse à sa demande.

On peut, en effet, diviser aujourd'hui notre clergé en trois catégories: dans la première, de beaucoup la plus considérable, se rangent les ecclésiastiques ignorants et qui parlent; puis il y a une petite proportion de gens qui savent et qui se taisent; enfin une minorité insignifiante composée d'hommes qui savent, et qui parlent selon ce qu'ils savent; il s'agit ici du clergé protestant. Notre grande ennemie (je vous parle comme homme de science), l'Église catholique romaine, seule grande organisation spirituelle capable de résister et qui s'oppose en effet aux progrès des sciences et de la civilisation modernes, parce que c'est pour elle une question de vie ou de mort, cette Église, dis-je, conduit mieux ses affaires.

Récemment, j'eus le plaisir de visiter un des grands séminaires les plus importants de l'Église romaine en ce pays[1] ; il me sembla qu'il y avait, entre les hommes de cetté institution et les champions si bien pourvus de nos églises anglicanes et dissidentes, la même différence qu'entre ces parfaits soldats, les vétérans de la vieille garde de Napoléon, et nos braves volontaires anglais.

Le prêtre catholique est dressé à savoir son métier (passez-moi la trivialité de l'expression sans intention méchante) et à l'exercer efficacement.

Les professeurs du séminaire en question, instruits, pleins de zèle et de détermination me permirent de leur parler franchement. Nous étions là comme les postes avancés de deux armées ennemies pendant une trêve, et nous causions comme ennemis faisant commerce d'amitié. Je me hasardais à leur indiquer certaines difficultés que la pensée scientifique allait susciter à leurs élèves et ils me répondirent: Notre Église dure depuis bien des siècles et a traversé heureusement bien des orages. Nous sommes aujourd'hui en présence d'une bourrasque de la vieille tempête, et les jeunes gens qui sortent de nos mains

[1] Séminaire de Maynooth en Irlande.

sont prêts maintenant, comme ils l'étaient autrefois, à lutter contre toutes ces difficultés. Leurs professeurs de philosophie et de sciences leur expliquent toutes les hérésies du jour et leur enseignent la manière d'y répondre.

Je respecte de tout mon cœur une organisation qui fait face à l'ennemi et je voudrais qu'elles fussent toutes en aussi bon ordre de bataille. Cela vaudrait mieux pour tous les clergés comme pour nous-mêmes. L'armée de la libre-pensée marche aujourd'hui à la débandade, et plus d'un bouillant libre-penseur use de sa liberté pour faire circuler bien des sottises. Sous les coups d'un ennemi vigoureux et attentif, nous pourrions peut-être acquérir plus de cohésion et de discipline, et quant à moi, je regrette bien qu'il n'y ait pas au banc des évêques un homme de la trempe de Butler, l'auteur de l'*Analogie,* qui exécuterait en un tour de main la plupart des doctrines de ce scepticisme *a priori* qui court les rues en ce moment.

Les arguments que je viens de vous exposer suffiront sans doute, quand même il n'y en aurait pas de plus puissants, pour motiver mon désir de voir introduire dans les écoles l'enseignement scientifique.

J'ai ensuite à me demander : quelles sont les sciences qui doivent entrer dans l'éducation des enfants ? Cette question est de la plus grande importance, car ceux de mon parti, qui vont sans doute me reprocher cet aveu, font souvent tort à la cause qu'ils défendent, en demandant trop.

A côté des sciences physiques, il y a d'autres formes de la culture intellectuelle, et je regretterais infiniment de voir oublier cette vérité, ou même d'observer une tendance à négliger ou à ruiner la culture littéraire ou esthétique en faveur de la science. Cette manière étroite de se rendre compte des besoins de l'éducation diffère totalement de ce que j'entends, quand je demande l'introduction d'une culture scientifique complète et réelle dans toutes les écoles. Je ne pense pas cependant qu'il faudrait enseigner à tous les écoliers tout ce que comporte la science. Une semblable idée est absurde, il serait pernicieux de chercher à la mettre à exécution. J'entends qu'en quittant l'école, tous les garçons et toutes les filles devraient posséder un aperçu du caractère général de la science et avoir l'esprit plus ou moins façonné aux méthodes scientifiques en général, de telle sorte qu'en arrivant dans le monde pour y faire leur chemin, il fussent tous préparés à se rendre compte des problèmes scientifiques; non qu'ils pussent connaître tout d'abord les conditions de tous ces problèmes, qu'ils pussent être capables de les résoudre tous, mais je voudrais voir tout le monde familiarisé avec le courant général de la pensée scientifique et capable d'appliquer convenablement les méthodes de la science après s'être enquis des conditions du problème spécial qui se présente.

C'est ainsi que je comprends l'éducation scientifique. Pour qu'un garçon puisse acquérir une semblable éducation, il n'est nullement nécessaire qu'il consacre tout son temps d'étude aux sciences physiques. Personne ne regretterait plus que moi une manière de faire aussi exclusive. Bien plus, il n'est pas nécessaire qu'il y passe beaucoup de temps, pourvu que l'on choisisse bien les objets d'étude, qu'on les dispose utilement et que cette instruction soit donnée d'une façon convenable.

Voici à peu près ce qu'il y aurait à faire selon moi.

Pour commencer, il faudrait faire connaître aux enfants l'ensemble des phénomènes de la nature, la géographie physique, « l'Erdkunde » des Allemands, connaissance de la terre ou géologie au sens étymologique, embrassant les connaissances générales qui s'y rapportent, ce qu'on trouve à sa surface et ce qui l'entoure.

Si celui qui a l'expérience des allures intellectuelles des enfants veut bien rappeler à sa pensée leurs questions, il reconnaîtra que, tant qu'il est possible de les rapporter à une catégorie scientifique, ces questions se rattachent à cette géographie physique. L'enfant demande : Qu'est-ce que la lune ? pourquoi brille-t-elle ? D'où vient l'eau de la rivière ? où coule-t-elle ? Pourquoi y a-t-il des vagues sur la mer ? D'où vient cette bête ? A quoi sert cette plante ? Si on ne lui fait pas affront, si on n'arrête pas le développement de ses pensées en lui disant de ne pas faire de sottes questions, il n'y a pas de limites aux désirs intellectuels du jeune enfant, ni de bornes aux acquisitions, lentes mais solides, que ses facultés de penser peuvent faire ainsi, en fait de connaissances et d'expansion mentale. A toutes questions de ce genre, un précepteur dont les idées représentent des connaissances vraies et non des phrases de livres apprises par cœur, peut faire des réponses incomplètes nécessairement, mais vraies pourtant dans l'étendue de leur portée ; et l'on peut mettre ainsi un enfant de neuf ou dix ans à même de saisir une vue panoramique de la nature, en infusant dans son esprit de fortes habitudes scientifiques.

Après avoir ainsi, pour commencer, ouvert les yeux de l'enfant aux grands spectacles des mouvements journaliers de la nature, à mesure que se développent ses facultés de raisonnement et qu'il se familiarise avec les instruments des connaissances : la lecture, l'écriture et les mathématiques élémentaires, il faut le pousser vers les connaissances que l'on appelle d'une façon plus précise les *sciences physiques*.

Or, les sciences physiques sont de deux genres : le premier comprend les sciences qui se rapportent à la forme et aux relations des formes entre elles ; le second, celles qui étudient les causes et les effets. Dans les sciences, comme nous les étudions, les deux genres se trouvent souvent réunis ; mais l'étude des systèmes botaniques, que l'on appelle la *taxonomie*, est un exemple du premier genre, dans toute sa pureté, et la *physique* est un exemple du second.

En étudiant convenablement ces deux branches de la science, on peut obtenir, au point de vue de l'éducation, tout le bénéfice que l'étude des sciences physiques peut procurer, et si avec la géographie physique ces deux études fournissaient tout le programme scientifique des écoles, je le considérerais comme fort satisfaisant. Je pense même que ce serait pour l'Angleterre le plus grand bonheur que l'on puisse souhaiter, si tous les enfants de ce pays recevaient, à l'avenir, une connaissance générale des choses qui les entourent, avec les éléments de la physique et ceux de la botanique. Mais je serais bien plus satisfait encore si l'on pouvait ajouter à cette instruction un peu de chimie, et une connaissance élémentaire de la physiologie de l'homme.

En ce qui concerne l'éducation scolaire, je n'en demande pas davantage pour le moment, et je crois qu'une instruction semblable serait une excellente introduction à l'éducation scientifique que je vous ai indiquée comme si essentielle à ceux qui veulent poursuivre heureusement nos professions les plus importantes. Mais il faut que ce minimum d'instruction soit donné de façon à procurer des connaissances réelles, et soit pour l'esprit une discipline pratique. Si l'éducation scientifique doit se résoudre purement en un travail de livres, il vaudra mieux ne pas s'en mêler, et s'en tenir à la grammaire latine, qui n'a pas la prétention d'être autre chose.

Si l'on recherche les grands avantages de l'éducation scientifique, il faut que cette éducation soit réelle, c'est-à-dire que l'esprit de l'élève soit mis directement en relation avec les faits ; il ne faut pas se borner à lui dire une chose, mais il faut lui faire voir qu'elle est telle, et non autrement, au moyen de sa propre intelligence et de ses capacités propres.

Il y a ceci de particulier dans l'instruction scientifique, et qui fait qu'aucune autre espèce de discipline ne peut la remplacer : elle met l'esprit en contact direct avec les faits, elle exerce l'intelligence aux procédés de l'induction dans toute leur plénitude, ou, en d'autres termes, elle habitue l'esprit à tirer des conclusions de faits particuliers, connus par l'observation immédiate de la nature.

Ce n'est pas ainsi que les autres études, faisant partie d'une éducation ordinaire, disciplinent l'esprit. L'étude des mathématiques ne nous exerce guère qu'à faire des raisonnements par déduction. Pour point de départ, le mathématicien a quelques propositions simples, dont la preuve est si claire qu'on les dit évidentes en soi, et alors il n'a plus qu'à en tirer des déductions subtiles. L'étude des langues, du moins comme on les enseigne habituellement, est le plus souvent de même ordre ; l'autorité et la tradition fournissent les données, et les opérations mentales de l'élève sont déductives.

De même, quand il s'agit de l'histoire, les faits sont encore admis sur l'évidence de la tradition et de l'autorité. Vous ne pouvez faire constater par lui-même, à l'enfant, la bataille des Thermopyles, ni lui faire constater que ACromwell a gouverné autrefois en n-gleterre. Il n'y a pas moyen, par cette voie, de le mettre directement en contact avec les faits naturels, l'autorité est ici indispensable, ou plutôt tout dépend d'elle.

A cet égard, l'éducation scientifique donne à l'esprit une discipline bien différente, et prépare l'élève pour la vie commune. Qu'avons-nous à faire dans la vie de chaque jour ? Il s'agit le plus souvent, de faits qu'il faut d'abord bien observer ou bien comprendre, et qu'il faut ensuite interpréter à l'aide de raisonnements par induction ou par déduction, en tout semblables aux raisonnements scientifiques. Ce que l'on admet, dans un cas comme dans l'autre, est admis à nos risques et périls ; les faits et la raison ont le dernier mot, et c'est au moyen de l'honnêteté et de la patience qu'on se tire de toutes les difficultés.

Mais, je le répète, pour que l'éducation scientifique procure ses plus grands résultats, il faut qu'elle soit pratique.

En expliquant à l'enfant les phénomènes généraux de la nature, il faut, autant que possible, donner une réalité à votre leçon en lui mettant sous les yeux les objets que vous voulez lui faire connaître. Si vous lui enseignez la botanique, il faut lui mettre les plantes dans les mains, il faut lui faire disséquer les fleurs ; si vous lui enseignez la physique, la chimie, cherchez plutôt à lui faire apprendre par lui-même qu'à lui remplir la tête de connaissances nouvelles. Ne vous contentez pas de lui dire que l'aimant attire le fer ; faites-le-lui sentir et qu'il éprouve lui-même cette traction. Dites-lui surtout qu'il a pour devoir de douter, jusqu'à ce que l'autorité absolue de la nature l'ait contraint à reconnaître la vérité de ce qui est écrit dans les livres.

Si vous savez poursuivre soigneusement et en toute conscience cette discipline mentale, croyez que vous aurez créé dans l'esprit de l'enfant une habitude intellectuelle d'une immense valeur dans la vie pratique, quelque peu nombreuses que soient les connaissances que vous lui aurez données.

On m'a souvent demandé : A quel âge faudrait-il commencer cette éducation scientifique ? Elle devrait commencer, selon moi, aux premières lueurs de l'intelligence. Comme je viens de vous le dire, dès qu'il commence à parler, l'enfant demande des renseignements sur les matières des sciences physiques. La première leçon dont il éprouve le besoin se rapporte aux objets, quels qu'ils soient, qui lui tombent sous la main et l'entourent ; dès qu'il est capable de recevoir une instruction systématique quelconque, il est capable de recevoir les premiers rudiments de la science.

Certaines gens vous feront valoir toutes les difficultés qui empêchent d'enseigner ces matières aux jeunes enfants, et tout aussitôt insisteront pour qu'on leur fasse apprendre le catéchisme, qui contient pourtant des propositions bien autrement difficiles à comprendre que toutes celles du système d'éducation que je vous ai soumis.

De même, on me répète sans cesse qu'en préconisant l'introduction de la science dans les écoles, nous ne tenons pas compte de la stupidité des garçons et des filles en général. Mais, à mon avis, neuf fois sur dix, cette stupidité est acquise ; *fit, non nascitur*. Elle provient de ce que les parents et les pédagogues s'efforcent incessamment de réprimer les appétits intellectuels de l'enfance, pour y substituer le désir artificiel d'un aliment aussi insipide qu'indigeste.

Ceux qui nous représentent ainsi les difficultés de donner aux jeunes gens une éducation scientifique, oublient facilement une autre condition importante du succès, toujours importante lorsqu'il s'agit d'éducation, mais des plus essentielles, selon moi, quand l'écolier est fort jeune. Cette condition est la suivante : Le professeur devra connaître son sujet d'une façon réelle et pratique. S'il en est ainsi, il en pourra parler en langage facile avec une conviction complète, comme il parle de tout ce qui fait la vie habituelle. Mais s'il ne le connaît pas à fond, il craindra de s'aventurer en dehors des limites d'une phraséologie technique apprise par cœur, et un froid dogmatisme, qui fatigue l'esprit et excite l'opposition, remplacera cette confiance animée, résultat des convictions personnelles, qui réjouit et encourage l'esprit si sympathique de l'enfance.

Je vous ai déjà donné à entendre que l'instruction scientifique, demandée par nous, peut se donner sans empiéter d'une façon extravagante sur le temps accordé actuellement à l'éducation. Dans les traités politiques il y a toujours une clause pour dire qu'une partie contractante met l'autre sur le pied de la nation la plus favorisée. Nous demandons une clause de ce genre dans le traité que nous voulons passer avec les pédagogues ; nous demandons qu'il soit accordé à la science un temps égal à celui que l'on accorde à toute autre branche de l'éducation, soit quatre heures par semaine dans chaque classe des écoles ordinaires.

Pour le moment, je crois qu'un arrangement de ce genre satisferait les hommes de science ; mais, quant à moi, je ne pense pas qu'il serait définitif, ni qu'il puisse l'être. L'éducation actuelle me fait l'effet d'un arbre dont les racines seraient en l'air et dont les fleurs et le feuillage seraient fixés au sol ; je voudrais, je l'avoue, retourner l'arbre, de façon à enterrer profondément ses racines dans les faits de la nature, qui fourniraient une sève réparatrice à la littérature et à l'art, le feuillage et les fruits de cet arbre. Pour qu'un système d'éducation puisse être considéré comme définitif, il faut qu'il reconnaisse cette vérité, que l'éducation a deux grands buts auxquels tout ce qui la constitue doit être subordonné : son premier but est de faire progresser les connaissances, le second est de développer l'amour du bien et la haine du mal.

La sagesse et l'honnêteté d'une nation la rendront toujours digne de notre estime, et entraîneront bientôt notre admiration, quand même elle ne chercherait pas à l'attirer ; d'autre part, sur toute la surface du globe, aucun spectacle n'est plus triste et plus révoltant que celui d'hommes ignorant toutes choses, toutes les vérités de la nature du moins, et bornant leur science à ce que d'autres ont écrit ; toute croyance, toute direction morale semblent leur faire défaut, mais le sentiment de la beauté est si développé chez eux, la puissance d'expression si bien cultivée qu'on serait tout d'abord tenté de prendre leurs miaulements langoureux et sensuels pour l'harmonie des sphères.

A présent, l'éducation n'a plus guère d'autre but que de cultiver la puissance d'expression et le sentiment de la beauté littéraire. Il ne s'agit pas d'avoir quelque chose à dire en dehors d'un ramassis d'opinions formulées par d'autres, ou de posséder un criterium de la beauté qui nous permette de reconnaître le divin et le diabolique ; on néglige tout cela comme dépourvu d'importance. Je ne pense pas me tromper en disant que, si l'on prenait la science comme base de l'éducation, au lieu d'en faire tout au plus un ornement accessoire, cet état de choses ne pourrait exister.

En préconisant, comme élément de majeure importance, l'introduction des sciences physiques dans l'éducation, je suis loin d'avoir en vue les écoles supérieures seulement. Ce changement, tout au contraire, me semble nécessaire surtout dans les écoles primaires, où l'on désire voir les enfants des pauvres tirer le meilleur parti possible du peu de temps qu'il leur est loisible d'accorder à l'acquisition des connaissances. A cet égard, de récentes décisions officielles ont fait faire un grand progrès à l'instruction en poussant nos écoles à établir des cours scientifiques; cette mesure n'a pas attiré l'attention, mais elle sera, je crois, plus utile au bonheur du peuple que bien des changements politiques qui ont occasionné des luttes retentissantes.

Par les règlements dont je parle, un maître d'école est autorisé à établir des cours sur une ou plusieurs branches de la science; ses élèves subissent des examens, et l'État lui accorde une rémunération, d'après un tarif établi, pour tous ceux de ses élèves qui satisfont aux examens. Depuis l'établissement de ce système, je suis un des examinateurs et je m'attends cette année à avoir au moins deux mille séries de réponses à des questions de physiologie provenant surtout de jeunes gens des classes ouvrières qui ont appris ce qu'ils savent dans les écoles actuellement répandues sur toute l'étendue des Iles Britanniques. Je sais que quelques-uns de mes collègues qui s'occupent de sujets dont l'enseignement est mieux organisé, la géométrie par exemple, recevront un nombre de feuilles d'examen trois ou quatre fois plus considérable. Je puis dire qu'en ce qui concerne les sujets dont je m'occupe, l'enseignement, dont je suis ainsi à même de constater les résultats, est solide et fort satisfaisant en général, et il dépend des examinateurs, selon moi, de maintenir le niveau de ces études et même de leur assurer un développement pour ainsi dire illimité. Que pouvons-nous en conclure? Ceci signifie qu'en leur offrant une rémunération bien minime, les maîtres des écoles primaires, sur bien des points de notre pays, sont arrivés à créer de petits foyers d'instruction scientifique et qu'ils sont parvenus, ainsi que leurs élèves, à trouver le temps nécessaire pour mener à bonne fin ce qu'ils avaient entrepris. A mesure que ce système se perfectionnera et se fera connaître, ses résultats efficaces, je n'en doute pas, se développeront beaucoup, malgré le peu de temps que les chefs d'institution et les professeurs ont à leur disposition pendant les jours de semaine. Et ceci m'amène à demander : Pourquoi limiter aux jours de semaine cette instruction scientifique?

Certaines personnes dont la tournure d'esprit est cléricale ont l'habitude d'employer les gros mots pour désigner ce qui ne leur plaît pas, et je ne m'étonnerais pas que l'on stigmatisât, comme blasphématoire et abominable, la proposition que je vais faire. Comme cela m'est assez indifférent, je me hasarde à demander : Serait-il donc bien mal d'employer une partie du dimanche pour donner, à ceux qui n'ont de loisir que ce jour-là, une connaissance des phénomènes de la nature et des rapports de l'homme avec la nature?

Je voudrais voir dans chaque paroisse une école du dimanche, destinée à l'enseignement scientifique; elle ne serait pas instituée pour remplacer aucun des moyens actuels de faire connaitre au peuple ce qui est pour son bien, mais agirait concurremment. Je ne puis m'empêcher de croire, en présence de l'abime d'ignorance ouvert à nos pieds, qu'il y a de la besogne pour tous ceux qui sont disposés à travailler pour le combler.

Et si certains de ces partisans des fausses idées cléricales en question objectent qu'il leur semble dérogatoire à l'honneur du Dieu qu'ils adorent d'éveiller l'esp rit de la eunesse aux merveilles infinies et à la majesté des œuvres qu'ils proclament être les siennes, d'enseigner aux enfants des lois qui sont ses lois, de leur faire connaître, par conséquent. tout ce que l'homme a besoin de connaitre, je n'ai plus qu'à conseiller à ces bonnes gens de se confier aux soins d'un aliéniste. Si leur logique leur permet de tirer cette conclusion de semblables prémisses. elle est, je pense, singulièrement détraquée.

VI

VALEUR DES SCIENCES D'HISTOIRE NATURELLE AU POINT DE VUE DE L'ÉDUCATION

C'est sur les rapports de la science physiologique avec les autres branches de connaissances, que je vais appeler votre attention.

Prenant ce mot de *science physiologique* dans son sens le plus large et comme équivalent du terme *biologie,* ou science de la vie individuelle, nous avons à envisager successivement les questions suivantes :

1° Sa position et sa portée comme branche des connaissances;

2° Sa valeur comme moyen de discipline mentale ;

3° Ce qu'elle peut apporter de renseignements directement utiles, et enfin :

4° L'époque à laquelle il est le plus avantageux d'en faire un des éléments de l'éducation.

Relativement à la première de ces questions, nos conclusions dépendront nécessairement de ce qui fera l'objet des études biologiques, et je pense que quelques considérations préliminaires vous feront bien comprendre la grande différence qui existe entre les corps vivants, dont s'occupe la science physiologique et le reste de l'univers; entre les phénomènes du nombre et de l'espace, ceux de la force physique ou chimique d'une part, et ceux de la vie, de l'autre.

Le mathématicien, le physicien et le chimiste considèrent les choses à l'état de repos ; pour eux, tous les corps tendent normalement à un état d'équilibre.

Le mathématicien ne suppose pas que spontanément une quantité puisse changer, qu'un point donné de l'espace puisse prendre une autre direction par rapport à un second point.

Il en est de même pour le physicien. Quand Newton vit tomber la pomme, il put conclure de suite que sa chute ne dépendait pas d'une puissance inhérente en la pomme, mais qu'elle résultait de quelque autre chose qui agissait sur elle. De même, on considère toute force physique comme ce qui trouble un équilibre auquel tendaient les choses avant que cette force n'agisse, et auquel elles tendront encore quand elle aura cessé d'agir.

Les changements chimiques qui se produisent dans un corps sont, de même pour le chimiste, l'effet de quelque chose d'externe, agissant sur le corps modifié. Un composé chimique, une fois formé, persisterait indéfiniment s'il ne survenait aucun changement dans les conditions environnantes.

Mais, pour celui qui étudie la vie, l'aspect de la nature est précisément inverse. Ici le changement incessant, spontané même. Quant à ce que nous en savons, c'est la règle ; le repos est l'exception, l'anomalie qu'il faut expliquer. Les corps vivants ne sont pas inertes et ne tendent pas à l'équilibre.

Permettez-moi d'insister sur ces considérations abstraites et de les élucider par quelques exemples.

Prenons un vase plein d'eau, à la température ordinaire dans une atmosphère saturée de vapeur. Dans la limite de nos connaissances, la quantité et la figure de cette eau doivent persister indéfiniment.

Que l'on jette dans ce vase un morceau d'or, il en résultera dans la figure de l'eau un trouble et un mouvement exactement proportionnels à l'impulsion de l'or. Mais bientôt les effets du trouble s'effaceront, l'équilibre se rétablira et l'eau reprendra son état passif.

Exposez cette eau au froid, elle va se solidifier et, en se solidifiant, ses particules se disposeront entre elles, selon des formes cristallines définies. Mais, une fois formés, ces cristaux ne changent plus.

Ou encore, substituez au morceau d'or une substance capable d'entrer en relation chimique avec l'eau, soit une masse de cette substance que l'on appelle la *protéine*, la substance de la chair. Il va se produire un grand trouble dans l'équilibre, des compositions et des décompositions de toutes sortes vont survenir, mais, comme précédemment, tout cela finira par le retour à l'état de repos.

Mais, au lieu de cette petite masse de protéine morte, prenons une particule de protéine vivante, un de ces petits êtres microscopiques qui abondent dans nos étangs, et que l'on appelle des *infusoires*, une *Euglène*, par exemple, et mettons-la dans notre vase d'eau. C'est une petite masse arrondie, pourvue d'un long filament et qui ne présente pas, en dehors de cette forme particulière, de différence physique ou chimique pouvant la faire reconnaitre d'une parcelle de protéine morte.

Pourtant les phénomènes qu'elle va occasionner présenteront des différences immenses. En premier lieu notre Euglène, traversant le liquide en tous sens et très rapidement à l'aide des vibrations de son long filament ou *cil,* développera une énorme quantité de forces physiques.

La quantité d'énergie chimique que possède ce petit être n'est pas moins étonnante. Il représente en lui-même un laboratoire parfait et va agir et réagir sur l'eau et les matières qu'elle contient, les transformant en composés nouveaux analogues à sa propre substance et rejetant en même temps d'autres parties de sa propre substance devenues excrémentitielles.

De plus l'Euglène va s'accroître, mais sa croissance est loin d'être illimitée, comme pourrait l'être celle d'un cristal. Après avoir acquis un certain développement, elle se divise, et chacune des parties prend la forme de l'original pour s'accroître et se diviser comme lui.

Ce n'est pas tout. Après s'être ainsi divisés et subdivisés plusieurs fois, ces petits êtres infimes revêtent une forme tout à fait nouvelle ; ils perdent leurs longues queues, ils s'arrondissent et sécrètent une sorte d'enveloppe, une petite loge où ils s'enferment pendant un certain temps, pour reprendre parfois, directement ou indirectement, leur premier mode d'existence. Or, d'après ce que nous en savons, il n'y a pas de limites naturelles à l'existence de l'Euglène ou d'aucun autre germe vivant. Une fois lancée dans l'existence, l'espèce vivante tend à vivre toujours.

Voyez combien diffère cette particule animée des

atomes sans vie dont s'occupent les physiciens et les chimistes.

La particule d'or tombe au fond du vase, et y entre en repos; la particule de protéine morte se décompose, disparait, elle arrive aussi au repos; mais la particule de protéine vivante ne tend pas à épuiser ses forces, elle ne tend pas à revêtir une forme permanente et se fait essentiellement reconnaître comme troublant l'équilibre en ce qui concerne la force, comme subissant une métamorphose et un changement constants, quant à la forme.

Ainsi donc, ce qui caractérise cette portion de l'univers qui ne vit pas, domaine du chimiste et du physicien, c'est la tendance à l'équilibre des forces, à la permanence des formes.

Ce qui caractérise le monde vivant, c'est la tentance au trouble de l'équilibre établi, la production de formes qui se succèdent en cycles définis.

Quelle est la cause de cette merveilleuse différence entre la particule morte et la particule vivante d'une matière qui, à tout autre égard, paraît être identique; de cette différence à laquelle nous donnons le nom de *vie?*

Quant à moi, je ne puis le dire. Plus tard peut-être les philosophes découvriront des lois supérieures dont les faits vitaux ne seraient que des cas particuliers. Il est très possible qu'ils arrivent à reconnaître les liens qui unissent, d'une part, les phénomènes physico-chimiques, et les phénomènes vitaux, de l'autre. Pourtant nous ne savons rien encore à cet égard, et nous ferons preuve, je pense, d'une sage humilité en avouant que, pour nous du moins, ce revêtement successif de formes différentes, les conditions extérieures restant les mêmes, cette spontanéité d'action, si je suis autorisé à me servir d'une expression qui implique plus que je ne saurais garantir, cet aspect variable, qui constitue une distinction pratique si vaste et si claire entre les corps vivants et les corps inanimés, est un fait ultime, indiquant, comme tel, qu'il existe, entre ce qui fait l'objet des sciences biologiques et la matière de toutes les autres sciences, une ligne de démarcation bien tranchée.

Je voudrais, en effet, vous faire bien comprendre que l'Euglène, cet être rudimentaire, est le type de tout ce qui a vie, en tant qu'il s'agisse de distinguer la matière vivante de la matière inerte.

Ce cycle de changements, qui se manifeste dans l'Euglène par deux ou trois changements successifs, se manifeste aussi clairement dans les nombreux états de développement que traversent le chêne ou l'homme, à partir du germe primitif qui leur a donné naissance.

Quelles que soient les formes simples ou complexes que puisse revêtir l'être vivant, il se distingue de ce qui ne vit pas par ces trois phénomènes : la *production*, l'*accroissement*, la *reproduction*.

S'il en est ainsi, il est clair qu'en passant des sciences physico-chimiques aux sciences physiologiques, l'étudiant aborde un ordre de faits tout nouveau ; et nous avons maintenant à rechercher jusqu'à quel point ces faits nouveaux impliquent de nouvelles méthodes ou nécessitent une modification de celles qu'il connaît déjà.

Or, on a beaucoup parlé des particularités de méthodes de la science en général, et des méthodes différentes suivies dans les différentes sciences. Les mathématiciens, dit-on, ont une méthode spéciale ; en physique, il en faut une autre ; il en faut une autre encore en biologie, et ainsi de suite. Pour ma part, j'avoue ne rien comprendre à cette manière de parler. En tant qu'il m'est possible de bien m'en rendre compte, la science n'est pas, comme quelques-uns semblent le supposer, une modification de la sorcellerie adaptée au goût du XIXe siècle, et ses progrès ne résultent pas surtout de la décadence de l'Inquisition. La science, selon moi, n'est que le sens commun dressé et organisé ; elle en diffère comme un vétéran peut différer d'un jeune conscrit ; ses méthodes ne diffèrent de celles du sens commun que comme les coups d'estoc et de taille du vieux soldat diffèrent des coups de massue portés maladroitement par un sauvage. Dans les deux cas la puissance première est la même, et le sauvage, qui n'a pas été dressé au métier des armes, a peut-être le bras le plus vigoureux. L'homme au sabre a comme avantages réels une arme pointue et bien affilée, son œil exercé reconnaît vite le point faible de l'adversaire, sa main est prompte à y porter les coups. Mais, après tout, l'exercice du sabre n'est que le développement, le perfectionnement des coups portés à tort et à travers par l'homme au bâton.

Ainsi donc, les grands résultats de la science ne proviennent pas de facultés occultes ; les procédés intellectuels qui nous ont acquis ces résultats considérables ne diffèrent pas de ceux dont nous usons tous dans les affaires de la vie les plus humbles, les plus insignifiantes. L'agent de police découvre un coquin à l'empreinte de ses pas, par les procédés intellectuels qui permirent à Cuvier de restaurer des animaux disparus, sur des fragments de leurs os retrouvés à Montmartre. Et quand, à l'aide d'un procédé d'induction et de déduction, une dame qui aperçoit sur sa robe une tache d'une espèce particulière arrive à cette conclusion que quelqu'un y a renversé un encrier, son raisonnement ne diffère pas, dans l'espèce, de ceux qui firent découvrir des planètes à Adams et à Leverrier.

Après tout, l'homme de science ne fait qu'employer, avec une exactitude scrupuleuse, les méthodes dont nous nous servons tous habituellement et à chaque instant d'une façon négligente ou par à peu près ; et même l'homme d'affaires, comme celui d'entre nous qui a le plus pâli sur les livres, doit employer les méthodes scientifiques, il sera homme de science au même titre que nous le sommes nous-mêmes, quelque étonné qu'il puisse être de se trouver philosophe, comme l'était bien M. Jourdain en apprenant qu'il avait toute sa vie parlé en prose. Cependant, s'il n'y a pas de différence réelle entre les méthodes scientifiques et celles de la vie habituelle, il paraît bien improbable, à première vue, qu'il y ait des différences entre les méthodes des différentes sciences ; pourtant, à chaque instant, on accepte, semblerait-il, comme chose bien certaine, qu'en fait de méthode il y a une différence tranchée entre la physiologie et les autres sciences.

La biologie diffère des sciences physico-chimiques et mathématiques en ce que ce n'est pas une science exacte, dira-t-on en premier lieu, et c'est ce dont je vais m'occuper d'abord, parce que des physiologistes mêmes admettent trop souvent la vérité de cette imputation. Or, quand on parle du défaut d'exactitude, il s'agit soit des méthodes, soit des résultats de la science physiologique.

On ne peut pas dire que les méthodes manquent d'exactitude, car, comme j'espère vous le montrer dans un instant, les méthodes sont identiques dans toutes les sciences, et ce qui est vrai de la méthode physiologique l'est aussi de la méthode physique ou mathématique.

Ce seraient alors les résultats de la science biologique, qui manqueraient d'exactitude? Il n'en est rien, je pense.

Si je dis que la respiration s'accomplit au moyen des poumons; que la digestion s'effectue dans l'estomac ; que l'œil est l'organe de la vue; que les mâchoires d'un vertébré ne s'ouvrent jamais latéralement, mais toujours de haut en bas, tandis que celles d'un annelé ne s'ouvrent jamais de haut en bas et toujours latéralement, j'énonce des propositions aussi exactes que toutes celles de la géométrie.

Comment s'est donc produite cette idée de l'inexactitude de la science biologique? A mon avis, elle provient de deux causes : d'abord, de ce que nos prédictions, par rapport à ce qui se passera dans les circonstances données, sont approximatives seulement, la plupart du temps, en raison de la complexité de cette science et de la multitude des conditions qui interviennent dans nos expériences; en second lieu, de ce que les sciences physiologiques étant encore relativement dans l'enfance, la plupart de leurs lois ne sont pas encore parfaitement élucidées. Mais il faut d'abord distinguer entre ce qui fait l'essence d'une science et les accidents qui l'entourent; et, dans leur essence, les méthodes et les résultats de la physiologie sont aussi exacts que ceux de la physique ou des mathématiques.

On a dit que la méthode physiologique est tout spécialement *comparative* [1], et bien des hommes

[1] En établissant ma division rationnelle des trois modes fondamentaux de l'art d'observer, j'ai déjà fait sentir, en général, que le dernier de ces modes, le plus indirect et le plus difficile de tous, la comparaison était essentiellement destiné, par sa nature, à l'étude des phénomènes les plus particuliers, les plus compliqués et les plus variés, dont il devait constituer la principale ressource. Nous avons d'abord reconnu que les vrais phénomènes astronomiques, nécessairement limités au seul monde dont nous faisons partie, ne pouvaient aucunement comporter, si ce n'est d'une manière tout à fait secondaire, l'application d'un tel procédé d'exploration. Passant ensuite aux divers phénomènes de la physique proprement dite, nous avons également constaté que, quoique leur nature y interdise beaucoup moins une introduction de la méthode comparative, c'est néanmoins d'après un tout autre mode fondamental que l'art d'observer doit y être spécialement employé. Enfin, à partir des phénomènes chimiques, nous avons établi que, quoiqu'une telle méthode n'ait jusqu'ici aucun rang déterminé dans le système logique de la philosophie chimique le caractère des phénomènes commence dès lors à devenir susceptible d'une heureuse et importante combinaison de ce mode avec les deux autres, qui doivent néanmoins y rester prépondérants. Mais c'est seulement dans l'étude, soit statique ou dynamique, des corps vivants, que l'art comparatif proprement dit peut prendre tout le développement philosophique qui le caractérise, de manière à ne pouvoir être convenablement transporté à aucun sujet qu'après avoir été exclusi-

acceptent favorablement cette manière de voir. Je ne voudrais pas donner à entendre qu'en raisonnant sur la classification scientifique, certains philosophes spéculatifs ont été induits en erreur par le nom accidentel d'une des branches les plus importantes de la biologie, l'anatomie *comparée,* mais je demanderai si la comparaison et ce genre de classification qui en résulte ne sont pas l'essence de toutes les sciences, quelles qu'elles soient? Comment peut-on découvrir une relation de cause à effet, si ce n'est en comparant entre eux une série de cas, dans lesquels la cause et l'effet supposés se présentent réunis ou isolés? Il est si peu vrai que la comparaison soit propre aux sciences biologiques, qu'elle constitue selon moi l'essence de toute science.

De même, un de ces philosophes spéculatifs nous dit que les sciences biologiques ont ceci de particulier, que ce sont des sciences d'observation et non des sciences expérimentales[1].

vement emprunté à cette source primitive, suivant le principe logique si fréquemment proclamé et pratiqué dans ce Traité.

(A. Comte, *Cours de Philosophie positive*. 4e édition. Paris, 1877, t. III, p. 239.)

[1] Aussitôt qu'on s'écarte de cet heureux ensemble de caractères, en passant à des phénomènes plus particuliers et plus compliqués, l'usage de l'expérimentation devient nécessairement de moins en moins décisif. Même à l'égard des phénomènes chimiques, nous avons reconnu qu'ils présentent, sous ce rapport, de grandes difficultés fondamentales, et que l'emploi des expériences ne semble y être si étendu que par suite d'une disposition peu philosophique, trop commune aujourd'hui, à confondre l'observation d'un phénomène artificiel avec une véritable expérimentation. Toutefois, l'art expérimental proprement dit offre encore à la chimie une ressource capitale. Mais, dans l'étude des corps vivants, la nature des phénomènes me paraît opposer directement des obstacles presque

Parmi toutes les étranges assertions où la spéculation, sans connaissance pratique du sujet dont on s'occupe, peut entraîner un homme distingué, celle-ci, je pense, est bien la plus étrange. Quoi ! la physiologie ne serait pas une science expérimentale ! Mais il n'y a pas une seule fonction des organes du corps qui n'ait été déterminée purement et simplement par l'expérimentation. N'est-ce pas par l'expérimentation que Harvey a déterminé la nature de la circulation ? N'est-ce pas par l'expérimentation que sir Charles Bell a déterminé les fonctions des racines des nerfs spinaux ? Avons-nous un autre moyen de connaître la fonction d'un nerf quel qu'il soit ? Et même comment pouvons-nous savoir que notre œil est notre appareil de vision, à moins de faire l'expérience de le fermer ; que l'oreille est notre appareil d'audition, à moins de la boucher, et de reconnaître ainsi que nous n'entendons plus ?

Vraiment, il serait bien plus exact de dire que, parmi toutes les sciences, la physiologie est la science expérimentale par excellence, celle où il y a le moins à apprendre au moyen de l'observation pure, et celle où l'expérimentateur trouve le plus vaste champ pour déployer toutes les facultés qui le caractérisent. Je

insurmontables à toute large et féconde application d'un tel procédé ; ou du moins, c'est par des moyens d'un autre ordre que doit être surtout poursuivi le perfectionnement essentiel de la science logique.

(A. Comte, *Cours de Philosophie positive*, 4e édition. Paris, 1877, t. III, p. 223.)

Comme cela lui arrive si souvent, M. Comte se contredit deux pages plus loin, mais cette contradiction ne peut guère le décharger de la responsabilité du passage que nous venons de citer.

dois reconnaître que si l'on me demandait un modèle d'application de la logique de l'expérience, je ne pourrais en indiquer un meilleur que l'ouvrage de M. Claude Bernard *sur la fonction du foie considéré comme organe producteur de matière sucrée chez l'homme et chez les animaux*.

Pour ne pas trop donner à ce discours la tournure d'une controverse, je me bornerai à vous signaler une seule autre doctrine professée par un penseur de notre siècle et de notre pays, et dont les opinions méritent tout notre respect. Les sciences biologiques, dit-il, diffèrent de toutes les autres en ce qu'on y établit les classifications par type et non par définition [1].

En deux mots : on a dit qu'en histoire naturelle la classe ne peut être définie ; que la classe des Rosacées, par exemple, ou celle des Poissons ne peuvent être définies d'une manière précise et absolue, parce qu'elles présentent des membres qui font exception à toutes les définitions possibles, et que les membres

[1] Groupes naturels établis par type et non par définition. La classe est fixée solidement sans être limitée d'une façon précise ; elle est donnée sans être circonscrite, ses frontières ne sont pas établies par une ligne qui l'entoure extérieurement, elle est déterminée intérieurement par un point central auquel tout se rapporte ; non par ce qu'elle exclut absolument, mais par ce qu'elle inclut éminemment ; elle est déterminée par un exemple et non par un précepte ; bref, pour nous guider nous avons ici un type au lieu d'une définition. Un type est un exemple d'une classe quelconque, soit une espèce nous faisant connaître un genre, cette espèce étant considérée comme possédant éminemment les caractères du genre auquel elle appartient. Toutes les espèces, qui ont une plus grande affinité avec cette espèce type qu'avec les autres espèces, forment le genre et se groupent autour de lui, en s'écartant plus ou moins en différents sens.

de la classe se trouvent réunis en raison de leur ressemblance à une rose, à un poisson imaginaires, pris comme types, l'emportant sur leur ressemblance à toute autre chose.

Mais ici, comme précédemment, la distinction provient, je crois, de ce que l'on a pris une imperfection transitoire pour un caractère essentiel.

Tant que nous connaissons les objets d'une façon imparfaite, nous les classons ensemble d'après des ressemblances que nous sentons sans pouvoir les définir ; bref, nous les groupons autour de types. Ainsi, demandez au premier venu combien il y a d'espèces de bêtes, il vous répondra : il y a des animaux, des oiseaux, des reptiles, des insectes, etc. Demandez-lui de définir l'animal comme il l'entend, de façon à le différencier du reptile, cela lui sera impossible, et il vous répondra : les bêtes semblables à une vache, à un cheval sont des animaux ; les bêtes semblables à une grenouille, à un lézard sont des reptiles. Vous le voyez, il classe par type et non par définition. En quoi cette classification diffère-t-elle de celle du zoologiste ? En quoi le nom scientifique de classe : *mammifères,* diffère-t-il du nom vulgaire : *animaux ?*

La différence provient précisément de ce que le premier dépend d'une définition et le second, d'un type. On définit scientifiquement la classe des mammifères : tous les animaux qui ont une colonne vertébrale et qui allaitent leurs petits. Ici on ne se rapporte pas à un type, mais à une définition assez rigoureuse pour satisfaire un géomètre. Et c'est là le caractère que tout savant naturaliste reconnaît comme celui auquel toutes ses classes doivent atteindre, car il sait bien qu'en classant par type il prend un moyen temporaire de se tirer d'affaire, et avoue par le fait son ignorance.

Voilà, selon moi, l'argument négatif relatif aux différences des méthodes biologiques comparées aux autres méthodes scientifiques. Ces différences n'existent réellement pas. Ce qui fait l'objet de l'étude en biologie diffère de ce que l'on étudie dans les autres sciences, mais les méthodes sont toujours les mêmes. Ces méthodes les voici :

1° L'observation des faits ; et, sous cette indication, je comprends ce genre d'observation artificielle, auquel on a donné le nom d'*expérimentation ;*

2° Le procédé, qui consiste à réunir les faits similaires en faisceaux étiquetés et prêts à nous servir, que l'on appelle *comparaison* et *classification*. On appelle *propositions générales* les résultats de ce procédé, les faisceaux étiquetés ;

3° La déduction, qui nous ramène des propositions générales aux faits et nous enseigne pour ainsi dire à prévoir, d'après l'étiquette, ce qui se trouve dans le faisceau ;

Enfin :

4° La vérification, le procédé au moyen duquel on s'assure que la prévision est conforme au fait prévu.

Une science, quelle qu'elle soit, ne peut avoir d'autre méthode ; mais permettez-moi, par un exemple, de vous faire voir l'emploi de ces méthodes dans les sciences de la vie, et supposons, comme cas spécial, qu'il s'agisse d'établir la doctrine de la circulation du sang.

Dans ce cas, nous connaîtrons à la suite d'une hémorrhagie, par exemple, et par l'observation simple, l'existence du sang; accordons même, qu'à la suite d'une blessure accidentelle, nous ayons pris connaissance de la localisation de ce sang dans les vaisseaux et dans le cœur. L'observation nous fait encore connaître l'existence du pouls en différents points du corps, et nous apprend la structure du cœur et des vaisseaux.

Ici pourtant s'arrête l'observation simple, et nous devons ensuite recourir à l'expérimentation.

Liez une veine, et vous verrez le sang s'accumuler dans ce vaisseau du côté opposé au cœur. Liez une artère, et vous verrez le sang s'y accumuler du côté du cœur. Ouvrez la poitrine, et vous reconnaîtrez que le cœur se contracte énergiquement; ouvrez les grandes cavités de cet organe, et tout le sang s'écoulera sous vos yeux. Dès lors, il n'y aura plus de pression, ni en avant ni en arrière, dans la veine ou dans l'artère liées précédemment.

Or, tous ces faits réunis démontrent de toute évidence que le sang est chassé par le cœur dans les artères, qu'il retourne par les veines, en un mot que le sang circule.

Supposons que nous ayons observé ces phénomènes et expérimenté sur les chevaux; nous réunirons alors les résultats de nos observations et de nos expériences en une proposition générale : Le sang des chevaux circule, et cette proposition sera une étiquette dont nous pourrons nous servir.

Dès lors le cheval porte pour nous une sorte d'indication, une marque qui nous dit où nous trouverons une certaine série de phénomènes appelée *circulation du sang*.

Nous voici donc arrivés à notre proposition générale. Comment, et à quel moment, pourrons-nous faire un pas en avant, c'est-à-dire en tirer une déduction ? Supposons que notre physiologiste, dont l'expérience se borne aux chevaux, se trouve pour la première fois de sa vie en présence d'un zèbre. Va-t-il supposer que sa proposition générale est valable aussi pour le zèbre ?

Ceci dépendra beaucoup de la tournure de son esprit, mais admettons qu'il soit hardi. Il dira : Assurément le zèbre n'est pas un cheval, mais il lui ressemble, beaucoup ; je suis donc fondé à reconnaître en lui la marque ou l'étiquette de la circulation du sang, et j'en conclus que le sang du zèbre circule.

Voilà une déduction ; elle est très valable, mais on ne peut nullement la considérer comme scientifiquement certaine. En effet, cette qualité de la certitude ne peut être acquise que par la vérification, c'est-à-dire qu'il faut faire du zèbre un sujet d'expérience, et répéter sur lui toutes celles qui ont été faites sur le cheval. Nous savons bien que, dans ce cas, le procédé de vérification confirmera la déduction, et ce n'est pas seulement une connaissance positive plus étendue qui va en résulter, mais l'expérimentateur acquerra par ce fait une plus grande confiance en la vérité de sa généralisation dans d'autres cas.

Après avoir ainsi réglé la question par rapport au zèbre et au cheval, notre philosophe pourra croire, en toute confiance, à la circulation du sang de l'âne.

Je crois même que la plupart des hommes l'excuseraient, si alors il ne se donnait pas la peine de recommencer toute la série des expériences de vérification ; et il n'y aura pas lieu de s'étonner, si, comme on l'a déjà vu dans l'histoire de l'esprit humain, notre physiologiste imaginaire soutenait maintenant qu'il connaissait *a priori* la circulation de l'âne.

Cependant, pour vous faire bien comprendre combien il faut être prudent, je vous ferai remarquer que, par sa nature même, notre savoir est absolument conditionnel ; il est toujours dangereux de négliger le procédé de vérification ; dès que nos déductions nous entrainent en dehors du terrain qu'il nous a assuré, nous restons suspendus à un fil. Rien ne peut mieux vous faire comprendre cela que l'histoire de ce que nous savions de la circulation du sang dans le règne animal jusqu'en 1824. Dans tout animal pourvu d'un système circulatoire, observé jusqu'à cette époque, on avait vu le courant sanguin prendre une direction déterminée et invariable. Or, dans une certaine classe d'animaux appelés les *Ascidies*, on trouve un cœur et le sang circule ; jusqu'à l'époque dont je parle, personne n'aurait songé à nier la valeur de la déduction que, chez ces petits êtres, la circulation s'effectue suivant une direction fixe, personne n'aurait pensé qu'il y eût lieu de vérifier ce point. Mais en 1824, M. Von-Hasselt, examinant par hasard un animal transparent de cette classe, vit à sa grande surprise, qu'après un certain nombre de pulsations le cœur de l'ascidie s'arrête, pour battre ensuite en sens inverse, de façon à renverser le sens du courant, qui, au bout de peu d'instants, reprend sa direction première.

J'ai observé et compté moi-même les battements du cœur des ascidies, et j'ai remarqué que les périodes d'inversion du courant sanguin sont aussi régulières que possible. Il n'est pas, à mon avis, de spectacle plus étonnant dans tout le règne animal, d'autant plus que, jusqu'à ce jour, ce fait est unique et propre à cette seule classe d'animaux. En même temps je ne connais pas de cas plus frappant pour prouver la nécessité de la vérification de ces déductions mêmes qui semblent fondées sur les propositions générales les plus larges et les plus certaines.

Telles sont les méthodes biologiques. Elles sont évidemment identiques à celles de toutes les autres sciences et ne peuvent nous servir de base pour établir une distinction entre ces sciences et la biologie [1].

Mais on va me demander tout de suite : Prétendez-vous qu'il n'y ait pas de différences entre les habitudes mentales d'un mathématicien et celles d'un naturaliste ? Pensez-vous que, si l'on avait mis Laplace au Jardin des plantes et Cuvier à l'Observatoire, il en serait résulté le même avantage pour le progrès des sciences professées par chacun d'eux ?

A ceci je réponds que rien n'est plus éloigné de ma pensée. Mais les habitudes différentes, les tendances spéciales et variées de deux sciences n'impliquent pas des méthodes différentes. Le montagnard et l'homme

[1] Est-il nécessaire de faire remarquer combien je suis redevable, en ce qui concerne ma manière de comprendre la méthode scientifique, au système de logique de M. Stuart Mill ; que ce témoignage lui soit ici un gage de reconnaissance.

de la plaine ont des habitudes de locomotion bien différentes, et chacun d'eux serait gêné à la place de l'autre ; mais ils se meuvent d'après la même méthode, qui consiste à mettre une jambe devant l'autre. Pour chacun d'eux, le pas est la combinaison d'une levée et d'une poussée, mais le montagnard lève plus le pied, l'homme du plat pays pousse le sien davantage. Il me semble que ceci s'applique à la différence des sciences.

Je sais parfaitement que si le mathématicien s'occupe de déductions à tirer de propositions générales, le biologiste s'occupe plus spécialement d'observations, de comparaisons et de tous ces moyens qui nous mènent aux propositions générales. Je ne veux insister que sur un seul point : cette différence ne dépend pas d'une distinction fondamentale existant dans les sciences mêmes ; elle dépend des accidents de l'objet de leur étude, de leur complexité relative, de leur perfection relative, résultant elle-même de ce plus ou moins de complexité.

Le mathématicien ne s'occupe que de deux propriétés des objets : le nombre et l'étendue, et toutes les propositions générales dont il se sert ont été formées et complétées il y a longtemps. Aujourd'hui il n'y a plus qu'à déduire et à vérifier.

Le biologiste s'occupe d'un très grand nombre de propriétés différentes des objets, et il n'arrivera pas, je le crains, à compléter ses propositions générales avant bien longtemps ; mais quand il les aura complétées, il procèdera par déduction comme le mathématicien, et sa science sera exacte comme les mathématiques mêmes.

Tel est le rapport qui existe entre la biologie et les sciences relatives aux objets dont les propriétés sont moins nombreuses que celles des objets dont s'occupe la biologie. Mais, comme en abordant l'étude de la biologie, l'étudiant porte les yeux en arrière pour contempler des sciences moins complexes, et par conséquent plus parfaites, de même, portant les yeux en avant, il se trouve en présence de connaissances plus complexes et d'autant moins parfaites. La biologie ne s'occupe des êtres vivants qu'à leur état d'isolement, elle traite des relations des êtres vivants l'un avec l'autre. Cette science s'occupe des hommes ; ses expérimentations se font par les nations entre elles, sur les champs de bataille ; ses propositions générales se formulent dans l'histoire, dans la morale, dans la religion ; ses déductions déterminent notre bonheur ou notre malheur ; et le plus souvent ses vérifications arrivent trop tard et ne servent, comme dit notre vieux poète, Samuel Johnson, qu'à indiquer une moralité ou à orner un récit. Je parle de la science de la société, ou *sociologie*.

La biologie occupe ainsi, parmi les connaissances humaines, une position centrale, et c'est surtout ce qui lui donne à nos yeux une grande importance. Les études physiologiques développent l'esprit humain en tous sens. Se rattachant aux sciences abstraites par des liens innombrables, la physiologie est en rapport avec l'humanité de la façon la plus intime, et en nous enseignant que les manifestations les plus étranges, les plus folles de la vie individuelle sont réglées par une loi, par un ordre, par un plan défini de développement, elle prépare l'étudiant à rechercher la fin, vers laquelle tend l'humanité lors même qu'elle semble le plus errer à l'aventure, et à croire que l'histoire n'est pas seulement un chaos intéressant, journal tragi-comique d'une marche fatigante et sans but.

Les considérations précédentes serviront, je l'espère, à vous indiquer comment il faut répondre aux deux premières questions posées au début de ce discours, à savoir : quelle est la portée et la position des sciences physiologiques ; quelle en est la valeur comme moyen de discipline mentale ?

Ce qui fait l'objet de leur étude constitue une bonne moitié de l'univers. Comme position, elles tiennent le milieu entre les sciences physico-chimiques et les sciences sociales. Leur valeur, comme moyen de discipliner l'esprit, est en partie celle qu'elles ont en commun avec toutes les autres sciences, servant comme elles à dresser, à fortifier le sens commun ; d'autre part, elles ont une valeur spéciale dépendant du grand exercice qu'elles fournissent aux facultés d'observation et de comparaison, et dépendant encore de l'exactitude des connaissances qu'elles exigent de ceux de leurs adeptes qui travaillent à en étendre les limites.

Si ce que j'ai dit au sujet de la position et de la portée de la biologie est vrai, la valeur pratique, l'utilité immédiate des enseignements de la physiologie, troisième question posée, en découle et peut se passer de réponse.

Si le genre humain méritait le titre de rationnel qu'il s'arroge, il est certain qu'à d'autres égards les hommes verraient en l'étude, qui fait profession de leur faire connaître les conditions d'une existence dont ils font si grand cas, qui leur enseigne à éviter la maladie, à conserver la santé, tant chez eux que chez ceux qui leur sont chers, le genre d'instruction qui leur est le plus nécessaire, ainsi qu'à leurs enfants. Je m'adresse sans doute à des auditeurs ayant reçu de l'éducation, et cependant je crois pouvoir affirmer que, parmi ceux qui m'écoutent, à part quelques médecins, personne ne pourrait me dire à quoi sert et ce que signifie un acte que l'on exécute une vingtaine de fois à la minute, et dont la suspension entraînerait immédiatement la mort : je parle de l'*acte respiratoire*. Et qui d'entre vous saurait m'expliquer, en termes précis, pourquoi un air confiné est nuisible à la santé ?

La valeur pratique des connaissances physiologiques !... Comment se fait-il qu'il y ait aujourd'hui des gens instruits prêts à soutenir qu'un abattoir au milieu d'une grande ville n'est pas chose fâcheuse ? Ne voyons-nous pas des mères s'entêter à exposer au froid la plus grande surface possible du corps de leurs enfants, pour suivre une mode absurde adoptée par elles, et s'étonner ensuite de voir une providence cruelle frapper ces petits enfants, les faisant mourir de bronchite ou de diarrhée ? Ne voyons-nous pas les charlatans courir partout la tête haute ? Il y a peu de temps, un des lieux de réunion les plus considérables de cette grande ville était plein d'auditeurs qui ne sourcillaient pas, en écoutant un révérend personnage exposer cette doctrine, que les phénomènes physiologiques simples, connus sous les noms d'*esprits frap-*

peurs, de *tables tournantes*, de *phréno-magnétisme* et sous tant d'autres appellations baroques et déplacées, se rattachaient à l'action directe et personnelle de Satan.

Tout cela ne dépend-il pas de la complète ignorance, où se trouvent nos concitoyens les mieux élevés, des lois les plus simples de la vie animale à laquelle ils participent ?

Mais il y a d'autres branches des sciences biologiques que la physiologie proprement dite, dont l'influence pratique, moins palpable, n'est pas moins certaine selon mot. J'ai entendu des gens bien élevés parler des études du naturaliste avec un dédain mal déguisé et demander en haussant les épaules : A quoi bon étudier si soigneusement ces misérables petites bêtes ? En quoi cela peut-il influer sur la vie humaine ?

Je vais tâcher de répondre à cette question.

J'admets que vous m'accordiez tous qu'il y a un gouvernement fixe dans cet univers ; vous croyez sans doute que les peines et les plaisirs ne sont pas répandus au hasard, mais distribués selon des lois régulières et fixes, et que l'harmonie qui existe à cet égard entre les différentes parties du monde sensitif s'accorde strictement avec tout ce que nous savons du reste de la création.

Nous sommes alors bien certainement intéressés à connaître le sort des autres créatures animées, tout inférieures qu'elles peuvent être à notre égard ; seules parmi toutes les choses créées, elles partagent avec nous la capacité de jouir et de souffrir.

Celui qui reconnaît les peines et les maux de la vie,

même d'un ver de terre, supportera, je pense, la part qui lui en incombe avec plus de courage et de soumission ; en tout cas, il devra tenir en suspicion ces petites théories si gentilles du gouvernement divin, d'après lesquelles la souffrance serait une erreur ou un oubli qui ne tarderaient pas à être corrigés. Mais, d'un autre côté, il verra prédominer le bonheur parmi les êtres animés, il verra la beauté qui leur a été accordée à profusion, il reconnaitra entre elles une harmonie secrète et merveilleuse depuis la plus élevée jusqu'à la plus basse, et ce sera là pour lui une réfutation victorieuse des doctrines du manichéisme moderne, qui considère le monde comme une troupe d'esclaves travaillant sans relâche, abreuvés d'amertume et sans autre but que les fins utilitaires.

C'est encore d'une autre façon, j'en suis convaincu, que l'histoire naturelle peut exercer une profonde influence sur notre vie pratique ; elle agit sur nos sentiments les plus élevés considérés comme source du plaisir que nous procure la beauté. Je ne prétends pas que la connaissance de l'histoire naturelle puisse par elle-même développer directement notre sentiment des beautés naturelles. Peter Bell ne sentait pas, et, comme nous le dit Wordsworth, ce grand poète de la nature :

« La primevère, au bord du ruisseau, était pour lui une petite fleur jaunâtre, et n'était rien que cela. »

Assurément ce pauvre esprit n'eût pas été tiré de son apathie en apprenant que la primevère est une dicotylédonée exogène, à corolle monopétale et à placentation centrale.

Mais la connaissance de l'histoire naturelle a ceci de bon, qu'elle nous pousse à rechercher les beautés de la nature et ce n'est plus le hasard, dès lors, qui nous les met sous les yeux. Pour celui qui ne connaît pas l'histoire naturelle, une promenade à travers la campagne ou sur le bord de la mer est une promenade dans une galerie pleine d'œuvres d'art merveilleuses, mais où les neuf dixièmes des beaux tableaux qui s'y trouvent sont tournés contre le mur. Faites-lui connaître un peu d'histoire naturelle, et vous lui mettrez dans les mains un catalogue, à l'aide duquel il saura quels sont les tableaux méritant d'être vus, et qu'il faut retourner. Assurément nous n'avons pas à notre disposition, dans cette vie, des plaisirs innocents en si grande abondance que nous puissions mépriser cette source de nobles jouissances, non plus qu'aucune autre de celles qui nous procurent un bonheur digne de nous. En ce cas, notre négligence pourrait bien nous valoir, je le crains, ce cercle de l'enfer où se trouvent, selon le grand poète florentin, ceux qui pendant la vie pleurèrent, quand ils pouvaient être joyeux [1].

Mais j'abuserais de votre bienveillance, si je ne me hâtais pas d'en venir à la dernière question posée : A quel moment faut-il faire entrer la science physiologique dans le programme de l'éducation ?

Il y a une distinction à établir relativement à l'enseignement des faits d'une science, au point de vue de l'instruction, et l'enseignement systématique de cette science au point de vue des connaissances utiles et

[1] E piange là dov'esser dee giocondo. — *Inferno* Canto 11°, p. 45.

nécessaires. Il me semble qu'ici, comme en ce qui concerne les autres sciences, les faits communs de la biologie, l'usage des différentes parties du corps, les noms, les habitudes des êtres vivants qui nous entourent peuvent être avantageusement enseignés aux plus jeunes enfants. Les enfants témoignent habituellement pour ces connaissances une merveilleuse avidité ; ils retiennent avec une grande facilité relative tout ce qu'on leur montre en ce genre. Je ne pense pas qu'aucun jouet puisse leur faire autant de plaisir qu'une petite collection d'animaux vivants qui serait établie sur une échelle bien restreinte nécessairement mais en suivant toutefois le bel ordre méthodique des jardins zoologiques.

D'autre part, ce n'est que quand l'étudiant aura acquis une certaine connaissance de la physique et de la chimie que l'enseignement systématique de la biologie pourra être fructueux pour lui, car si les phénomènes de la vie dépendent des forces vitales et non des forces physiques ou chimiques, les résultats de ces phénomènes sont pourtant des changements physiques et chimiques qu'on ne peut bien comprendre qu'à l'aide des lois de ces deux sciences.

Vous apprécierez comme moi, je l'espère, les conclusions auxquelles je suis arrivé ; je les résume ainsi :

Quand la biologie demande une place, une place capitale dans un plan d'éducation digne de ce nom, elle n'a pas besoin de défenseur. Biffer les sciences physiologiques du programme des études, c'est lancer l'étudiant dans le monde sans l'avoir façonné, au moyen de la science dont la matière pourrait le mieux développer sa capacité d'observation ; il ignorera les faits qui importent le plus à son bien-être et au bien-être des autres ; il sera incapable de reconnaître les sources principales de la beauté dans la création divine ; il ne pourra pas s'appuyer sur la croyance à une loi vivante, à l'ordre qui se manifeste à travers des changements, des variations sans fin, au milieu desquels il est toujours reconnaissable, croyance qui arrêterait ou modérerait les mouvements du désespoir qui viendra certainement l'assaillir tôt ou tard, s'il s'intéresse d'une façon sérieuse aux problèmes sociaux.

En terminant, un mot par rapport à moi-même. Je n'ai pas hésité à vous parler fortement, quand j'ai senti fortement. Les bienséances m'engageaient peut-être à vous parler sur le mode dubitatif et conditionnel, tandis que toutes mes propositions étaient positives, presque impératives pour ainsi dire. Veuillez donc oublier ce qu'il y a de personnel dans ce discours, pour ne tenir compte que des vérités ou des erreurs qu'il contient.

VII

DE L'ÉDUCATION MÉDICALE [1]

C'est avec un vrai plaisir que je me trouve ici, aujourd'hui, suivant le désir de notre respecté président, et du Conseil du Collège. En me reportant vers le passé, j'ai le regret d'avouer qu'il y a un quart de siècle déjà que je prenais une part des espérances et des craintes par lesquelles vous venez tous d'être agités, et qui ont pris fin maintenant. Mais, malgré le long espace de temps qui s'est écoulé depuis que j'ai été ému des mêmes sentiments, je prends la liberté de vous assurer que ma sympathie pour les vainqueurs, comme pour les vaincus, est encore fraîche, vive, — si vive, même, que je voudrais bien me persuader à moi-même qu'il n'y a pas, après tout, si longtemps ! Pendant la dernière heure, toutefois, j'ai dû ne témoigner ma sympathie qu'à un seul côté, et je vous assure que j'ai fait de mon mieux pour remplir mon rôle de tout cœur, et me réjouir avec ceux qui ont réussi. Pourtant j'aimerais à vous rappeler que, dans une occasion de ce genre, après tout, le succès, si précieux et important qu'il soit, ce n'est, en réalité, que franchir le

[1] Discours aux étudiants de médecine d'*University College*, à Londres, le 18 mai 1870, à l'occasion de la distribution des prix.

premier échelon d'une échelle qui mène plus haut ; et jamais un échelon n'a été destiné à s'y arrêter, mais seulement à soutenir le pied de l'homme, assez longtemps pour qu'il puisse poser l'autre un peu plus haut. Je compte que vous considérerez tous vos succès comme devant simplement vous rappeler que votre première affaire, après avoir joui du succès du jour, est de ne plus y penser, mais de regarder en avant aux difficultés que vous avez à vaincre. Maintenant, ayant eu tant à parler aux candidats heureux, vous me pardonnerez si j'ajoute que, pendant tout le temps, il y a eu dans mon esprit comme une sorte de contre-courant profond de sympathie vers ceux qui n'ont pas réussi, ces vaillants chevaliers qui ont été désarmés dans votre tournoi, et n'ont pu paraître en public. J'espère que, suivant les vieilles coutumes, les blessés ont été emportés à leurs tentes, où les plus belles jeunes filles leur prodiguent des soins attentifs ; et, comme de nos jours il y a grande chance que chacune d'elles soit un praticien autorisé, je ne doute point que toutes les éclisses n'aient été soigneusement enlevées et qu'ils ne soient physiquement guéris. Mais il peut rester quelque peu de découragement moral ou intellectuel, et c'est pourquoi je prends la liberté de dire que votre président aujourd'hui, s'il occupait la place qui lui revient, se trouverait parmi eux. Votre président, en vertu de ce poste, et pendant l'heure courte où il se trouve l'occuper, est un homme important ; il se peut qu'un de ceux qui ont échoué éprouvent quelque consolation à m'entendre leur dire que le quart de siècle dont j'ai parlé me fait revenir au temps où je concourais pour les prix en anatomie et en physiologie à l'Université de Londres, et où je fus battu à plates coutures, d'une manière remarquable, par mon excellent ami, le Dr Ransom de Nottingham. Il y a quelqu'un ici qui se souvient parfaitement de cette circonstance. Je fais allusion au Dr Sharpey, votre vénérable maître et le mien. Il était alors un des examinateurs en anatomie et en physiologie, et vous pouvez être assurés que, le sachant de leur nombre, il ne reste pas dans mon esprit le moindre doute sur la correction du jugement; j'acceptai ma défaite avec l'assurance de l'avoir pleinement méritée. Mais, mon concurrent étant digne du succès, et l'examen s'étant passé loyalement, je ne puis dire que j'aie trouvé rien de très décourageant dans cette circonstance. Je me dis : « N'importe : que faut-il faire maintenant? » Et je trouvai ce système de ne pas faire attention, et de passer de suite à autre chose, la plus importante des politiques dans la conduite pratique de la vie. Peu importe le nombre de culbutes que vous ferez en ce monde, pourvu que vous ne vous salissiez pas en tombant; il n'y a que ceux qui ont à s'arrêter pour être nettoyés qui perdent nécessairement la course. Et je puis — parlant par expérience — vous assurer que rien n'est d'une utilité plus pratique que de subir quelques échecs de bonne heure dans la vie. On apprend alors ce qui est d'une importance capitale, savoir : qu'il y a beaucoup de gens dans le monde qui vous valent pleinement. On apprend, peu à peu, à user avec économie et frugalité de ses facultés morales et intellectuelles, et l'on découvre bientôt, si on ne l'avait déjà découvert, que la patience et la ténacité d'intention valent plus de deux fois leur somme d'habileté. Au fait, si je continuais à discourir sur ce thème, je finirais par devenir presque éloquent dans mes louanges de l'insuccès. Mais, de crainte qu'en continuant je ne paraisse flétrir des lauriers bien mérités, je vais quitter ce sujet, et vous prie de me suivre dans l'étude d'un autre sujet d'un intérêt profond pour moi, et qui devrait, je pense, en avoir tout autant pour vous.

Je présume que la grande majorité de ceux auxquels je m'adresse se proposent de se consacrer à la pratique médicale, et je ne doute point, d'après les preuves d'aptitude qui ont été fournies aujourd'hui, d'avoir devant moi nombre d'hommes qui deviendront éminents dans cette profession, et qui exerceront une influence grande et méritée sur son avenir. Ce qui m'intéresse, et ce dont je veux vous parler, c'est l'éducation médicale, et je me hasarde à vous en parler dans le but, si je le puis, de vous influencer, vous qui pouvez à votre tour exercer une influence sur l'éducation médicale de l'avenir. Vous demanderez, peut-être, de quelle autorité, n'étant d'aucune façon intéressé à la pratique de la médecine, je viens me mêler de traiter un tel sujet ? Je puis seulement vous affirmer que j'ai été (plusieurs d'entre vous le savent par expérience, et j'espère que cette expérience ne vous a pas laissé de pénibles souvenirs) pendant un nombre considérable d'années (douze ou treize ans, autant qu'il m'en souvient) un des examinateurs de l'Université de Londres. Vous savez que les étudiants se présentant à l'Université de Londres sont des sujets choisis dans les écoles de médecine de Londres, et, par conséquent, les observations que je puis avoir à faire sur l'état des connaissances de ces messieurs, si elles se trouvent justifiées quant aux fautes que je puis y découvrir, ne pourront indiquer un manque de capacité ou de puissance d'application de ces messieurs, mais doivent être mises sur le compte, plus ou moins, du système d'éducation médicale qui domine en ce moment. Je vous dirai les points qui m'ont frappé, mais en parlant ainsi franchement, comme on le fait toujours, des défauts de ses amis, je vous prierai de bannir de votre esprit la pensée que je fais une allusion particulière à quelque école, ou collège, ou personne, et de croire que si je me tais en des cas où j'aimerais à louer hautement, c'est parce que la louange tomberait trop près d'ici. Ce qui m'a le plus frappé, donc, au cours de cette longue expérience des élèves les plus instruits en physiologie de toutes les écoles de médecine de Londres, c'est (sauf les nombreuses et brillantes exceptions auxquelles je me suis référé) en les prenant en masse et en gros, le singulier manque de réalité de leur connaissance de la physiologie. J'emploie, à dessein, le mot de « manque de réalité »; je ne veux pas dire « insuffisance »; au contraire, il y en a en beaucoup — beaucoup trop — mais c'est de la qualité, de la nature de la connaissance que je me plains. Je sais que parmi les étudiants, j'avais — je ne sais si je l'ai encore, mais je l'avais autrefois — la réputation d'avoir établi un niveau trop élevé d'instruction, et j'ose dire que vous pensez probablement que le niveau de ce vieil examinateur qui, par bonheur, est maintenant à peu près éteint, a été établi trop haut. Il n'en est rien, je vous assure. Les défauts que j'ai remarqués, et les fautes que j'ai à reprocher, viennent entièrement de ce que mon idéal est trop peu élevé. Ceci n'est point un paradoxe, Messieurs, mais simplement un fait. La connaissance que je cherchais était une connaissance réelle, définie, approfondie, et pratique des principes fondamentaux, tandis que celle que les meilleurs parmi les candidats, la plupart du temps, avaient à m'offrir, était une connaissance vaste, étendue et inexacte des superstructures, et c'est ce que je veux dire en assurant que mes exigences n'étaient pas trop élevées mais trop basses. Ce dont je me plains, c'est qu'un fort grand nombre de ceux qui se présentent pour la physiologie à l'Université de Londres ne la savent pas comme ils savent leur anatomie, et qu'on ne la leur a pas enseignée comme l'anatomie. Je ne serais point surpris d'entendre ici beaucoup de « non, non » ; mais je ne parle point d'*University College;* ainsi que je vous l'ai déjà dit, je veux parler de l'éducation moyenne des écoles de médecine. Ce que j'ai trouvé et déploré, c'est que, tandis qu'on enseignait l'anatomie comme une science doit être enseignée, comme sujet d'autopsie, d'observation et de discipline stricte, la physiologie était enseignée, dans un très grand nombre de cas, comme un pur sujet de livres et de tradition. Je vous déclare, Messieurs, que je me suis souvent attendu, quand je posais une question à propos de la circulation du sang, à ce qu'on me répondît que le professeur Breitkopf est d'avis qu'il circule, mais que la question n'est pas encore tranchée. Je vous assure que j'exagère à peine l'état d'esprit sur les matières d'importance fondamentale que j'ai trouvé, à maintes reprises, chez ceux qui se présentaient à cet examen choisi de l'Université de Londres. Je ne pense pas que ce soit un état de choses désirable. Je ne vois pas pourquoi la physiologie ne serait point enseignée — nous avons ici des preuves abondantes qu'elle peut l'être — avec la même clarté et la même précision que l'anatomie. Et tenez pour certain ceci : c'est que la seule physiologie qui puisse être d'une utilité quelconque dans la médecine pratique, ou dans son application à l'étude de la médecine, c'est la physiologie qu'un homme sait de sa propre connaissance; tout comme la seule anatomie qui puisse être utile à un chirurgien est l'anatomie qu'il sait par sa propre connaissance. J'ai remarqué une autre particularité dans la physiologie qui a cours maintenant, c'est que dans l'esprit de beaucoup de ces messieurs elle se trouve supplantée par l'histologie. Ils apprennent beaucoup d'histologie et s'imaginent que l'histologie et la physiologie sont la même chose. J'ai demandé quelque connaissance de la physique, de la mécanique et de la chimie du corps humain, et l'on m'a répondu en me parlant de cellules. Je vous déclare qu'il me faudra bien deux ans, au moins, de repos absolu de mes fonctions d'examinateur pour que je puisse entendre le mot de « cellule », de « matière germinale », ou de « carmin », sans une espèce de frisson intérieur.

Eh bien ! Messieurs, je suis sûr que mes collègues

dans cet examen conviendront que je n'ai nullement exagéré les inconvénients et les défauts qui ont eu cours — qui ont encore cours — dans une grande proportion de l'enseignement physiologique, dont les résultats paraissent devant les examinateurs.

Et il devient très intéressant de savoir comment cela se fait, et de quelle manière on pourrait y remédier. Il est facile de voir comment cela se fait pour qui a observé le développement de la médecine. Je suppose que la médecine et la chirurgie ont commencé chez quelque sauvage, plus intelligent que les autres, qui découvrit qu'une certaine herbe était bonne pour une certaine douleur, et qu'une certaine façon de tirailler un membre disloqué réussissait à le remettre. Toutes choses ont dû avoir d'humbles commencements, et la médecine et la chirurgie ont dû aussi en passer par là. Les gens qui portent des montres ne sont pas tous horlogers. Quand une montre se détraque et s'arrête, vous voyez son propriétaire la secouer, et, s'il est très hardi, ouvrir la boîte et donner un tour à la roue du balancier. Ceci, Messieurs, est une pratique empirique. et vous savez ce qu'il en résulte pour la montre. Je suppose que vous pouvez deviner les résultats d'opérations analogues sur le corps humain. Et comme des gens sensés s'avisèrent assez vite des effets qu'eut leur intervention sur un mécanisme très compliqué qu'ils ne comprenaient pas, je suppose que la première idée qui leur vint, comme étant la plus facile, fut d'étudier la nature du mouvement de la montre humaine, et la seconde, d'étudier comment les rouages s'agençaient ensemble, et comment la montre marchait. Ainsi par degrés nous avons eu nos anatomistes, ou ceux qui connaissent la construction de la montre humaine, et nos physiologistes qui savent comment marche la machine. Et tout comme un homme sensé, qui possède une bonne montre, ne s'avise pas d'y toucher, mais s'adresse à quelqu'un ayant étudié l'horlogerie et qui comprend l'effet de tèl ou tel mouvement, ainsi, je suppose, l'homme en possession de la précieuse machine de son propre corps, voulant la garder en bon état, s'adressera à quelque professeur de l'art médical pour la remettre quand elle se détraque, avec l'idée que des faits de la structure, et de ceux de la fonction, le médecin déduira et devinera ce dont il s'agit, à ce moment, et trouvera les meilleurs moyens de réparer la montre corporelle. Si la comparaison s'applique bien au rapport des branches théoriques de la médecine — ce que nous pouvons, en nous servant d'un vieux mot, appeler les Institutes de la médecine — avec les branches pratiques, je pense que vous voyez aussi bien que moi leur importance fondamentale et de premier ordre. Tout ce qui tend à influencer d'une manière préjudiciable l'enseignement de ces branches doit tendre à détruire et à désorganiser tout l'édifice de l'art de guérir. Tout homme de bon sens a dû, je pense, voir cela depuis longtemps; mais les difficultés d'obtenir un bon enseignement dans les diverses branches de la théorie, des Institutes de la médecine, sont très sérieuses. Il est relativement facile — remarquez, je vous prie, que je me sers du mot « relativement », — il est, donc relativement facile d'apprendre l'anatomie et de l'enseigner ; il est fort difficile d'apprendre et d'enseigner la physiologie. Il est très difficile de savoir et d'enseigner les branches de la physique et de la chimie qui s'y rapportent, et le résultat est que l'enseignement de la physiologie et des sciences physiques et chimiques qui s'y rapportent se trouve nécessairement dans un état relatif d'imperfection ; et on ne peut murmurer de cette imperfection relative. Mais n'y a-t-il que l'état inévitable d'imperfection relative, ou avons-nous empiré cet état par nos arrangements pratiques ? Je crois — et je ne vous aurais pas, sans cela, ennuyé de toutes ces observations — je crois qu'il est fort empiré par ce que j'appellerai nos arrangements très dépourvus de sens pratique. Un homme d'une grande sagesse a dit, il y a longtemps, que toute question, à la longue, n'était qu'une question de finance, et il y a certainement beaucoup à dire en faveur de ce point de vue. — Assurément, la question de l'enseignement médical est, au sens le plus large, une question d'argent. Voici ce que je veux dire : à Londres, les arrangements des écoles de médecine et leur nombre sont tels qu'il est à peu près impossible que les hommes qui se bornent à enseigner la théorie de la profession y trouvent leur gagne-pain ; et vous savez tous que l'homme qui ne gagne pas son pain ne saurait enseigner, — ou du moins son enseignement prend vite fin. C'est une question de physiologie. L'anatomie est assez bien enseignée, parce qu'elle est dans la direction de la pratique, et qu'un homme est d'autant meilleur chirurgien qu'il est bon anatomiste. Un chirurgien qui pratique n'est pas absolument empêché de tenir une chaire d'anatomie, — bien que je ne veuille pas affirmer qu'il ne serait pas un meilleur professeur en cessant d'être praticien. (Applaudissements.)

Oui, je comprends ce que veulent dire vos applaudissements, mais je me garde soigneusement de toute espèce d'allusion au professeur Ellis. Mais il est de fait que l'anatomie humaine, même seule, est devenue un sujet si vaste qu'il faut consacrer toute la vie d'un homme pour mettre la masse des connaissances qui s'y rapportent sous une forme qui permette de l'enseigner à l'étudiant ordinaire. Ce qu'il faut à l'étudiant, c'est un homme qui se place entre lui et l'infinie diversité, l'infinie variété de la connaissance humaine, afin de recueillir tout et d'en extraire ce qui peut être assimilé par l'esprit. Cette fonction est vaste et importante et à moins que, pour des sujets tels que ceux de l'anatomie, un homme ne soit absolument libre de tout autre soin, il est presque impossible qu'il la remplisse bien et complètement. Mais, si déjà il est à peine possible pour un médecin de suivre l'anatomie sans rompre avec sa clientèle, comment pourrait-il suivre aussi la physiologie ?

Je reçois chaque année les rapports si laborieusement élucubrés de Henle et Meissner — volumes de quatre cents pages en tout, je suppose — et ce ne sont que des résumés des mémoires et des ouvrages qui ont été publiés sur l'anatomie et la physiologie — rien que des résumés! Comment un homme pourrait-il se tenir au courant de tout ce qui se passe dans le monde physiologique — monde qui fait des pas immenses chaque jour, à chaque heure, — s'il est distrait par les préoccupations d'une clientèle ? Vous savez très bien que cela est impraticable. Nos hommes capables suivent nos écoles de médecine dans un but d'avenir. Ils prennent les chaires d'anatomie ou de physiologie ; puis, peu à peu, ils les quittent pour les occupations plus rémunératrices où les pousse leur succès professionnel, et de la sorte ils sont vêtus et la physiologie reste nue. D'où il résulte que, dans les écoles où la physiologie est livrée à la bienveillance, pour ainsi dire, de ceux qui n'ont pas le temps de s'en occuper, l'effet de cet enseignement se traduit et se manifeste d'une manière évidente — ainsi que je l'ai dit tout à l'heure — par le manque de réalité, la pédanterie livresque de la connaissance des élèves. Et s'il en est ainsi pour la physiologie, à plus forte raison en est-il de même pour les branches de la physique qui lui servent de fondements ; peut-être n'en va-t-il pas tout à fait de même pour la chimie, parce qu'un chimiste capable trouve une carrière honorable et indépendante dans la direction de son travail, et qu'il peut, comme l'anatomiste, considérer son enseignement à l'étudiant comme ne l'enlevant pas absolument à la recherche de son gagne-pain.

Mais il ne servirait de rien de grommeler contre cet état de choses si l'on n'est prêt à indiquer quelque remède pratique. Je crois — et je me hasarde à dire ce que je pense, parce qu'étant absolument indépendant de toutes les écoles de médecine, je puis, par conséquent, exprimer mon opinion, sans qu'on me croie influencé par aucun intérêt personnel — je crois, dis-je, que le remède à cet état de choses, à cette imperfection de nos connaissances théoriques qui réprime en ce moment l'essor des capacités médicales en Angleterre, n'est qu'une affaire d'organisation mécanique ; que, tant que vous aurez une douzaine d'écoles de médecine dispersées en différentes parties de la métropole et se partageant entre elles les étudiants, il sera impossible d'éviter ce qui se passe actuellement, en tous cas dans les plus petites écoles. Il faut que les professeurs vivent, et, pour vivre il leur faut faire de la clientèle, et, s'ils s'occupent de leur clientèle, l'étude des branches abstraites de la science sera forcément négligée. C'est là un raisonnement du plus simple sens commun. Je crois qu'on ne changera cet état de choses que lorsque, soit par consentement à l'amiable, soit par *force majeure* — et je regretterais ce dernier cas — il y aura une organisation nouvelle, et que les branches théoriques de la profession, les Institutes de la médecine ne seront enseignées que dans une ou deux, ou au plus trois institutions centrales, et alors seulement, on verra quelque amélioration se produire. Si ce corps considérable des étudiants en médecine de Londres était obligé, d'abord, d'acquérir la connaissance des branches théoriques de la profession en deux ou trois écoles centrales, il y aurait suffisance de ressources pour payer des professeurs capables — non, à la vérité, pour les enrichir, comme ils pourraient le faire en pratiquant la médecine — mais pour leur donner la faculté de faire le choix que de tels hommes sont disposés à faire : c'est-à-dire le choix entre la fortune et une modeste aisance, quand cette dernière s'associe à une carrière scientifique, avec des moyens d'augmenter sa culture. Je ne crois pas que tous les discours qu'on fait et les essais de replâtrage proposés pour l'éducation médicale aient le moindre effet salutaire tant qu'on ne reconnaîtra pas clairement le fait que les étudiants doivent posséder à fond les principes des branches théoriques de leur profession, et que, pour arriver à ce but, l'enseignement de ces branches doit être limité à deux ou trois centres.

Laissez-moi maintenant ajouter un mot : c'est que, si j'étais despote, je réduirais ces branches de beaucoup. La seconde chose à faire, après celle que je viens de mentionner, c'est de retourner vers l'éducation primaire. Ce sera faire un grand pas vers une éducation médicale complète que d'insister sur l'enseignement des éléments des sciences physiques dans toutes les écoles, de telle sorte que les étudiants en médecine n'aillent pas aux Écoles de médecine tout à fait ignorants des sujets qu'ils auront à traiter : d'insister enfin sur les éléments de la chimie, les éléments de la botanique et ceux de la physique étant enseignés dans nos écoles communes et ordinaires ; et ainsi on aurait quelque préparation à la discipline des Écoles de médecine. Si cette réforme s'effectuait, on pourrait limiter les « Institutes de médecine » à la physique appliquée à la physiologie, à la chimie appliquée à la physiologie, à la physiologie elle-même et à l'anatomie. L'étudiant, quand il posséderait à fond ces matières, pourrait ensuite aller à l'hôpital qu'il choisirait pour étudier les branches pratiques de sa profession. On pourrait localiser tant qu'on le voudrait l'enseignement pratique, et les étudiants tireraient profit de toutes ces institutions locales pour acquérir une connaissance du côté pratique de la profession. Mais vous direz peut-être : « Vous supprimez bien des choses ; vous voilà, dès le début, débarrassé de la botanique et de la zoologie. » Je ne doute pas qu'on ne doive les éliminer comme branches d'éducation médicale spéciale ; elles doivent être renvoyées à une époque plus reculée, et il en faut faire des branches d'éducation générale. Laissez-moi dire, aussi, — et c'est un sacrifice personnel dont vous apprécierez l'abnégation, j'en suis sûr — que je crois que l'anatomie comparée devrait être absolument abolie. Ce n'est point sans une certaine crainte du vice-chancelier de l'Université de Londres qui est assis à ma gauche que je dis cela. Je ne pense pas cependant que la charte lui donne beaucoup de pouvoir sur moi, et puis, je suis presque au bout de ma carrière d'examinateur ; je n'ai donc pas peur, et j'achèverai ce que je commençais à dire, à savoir : que dans mon opinion, c'est une vraie cruauté — je ne trouve pas d'autre mot pour cela — que d'exiger d'hommes occupés d'études médicales, le faux semblant — car ce n'est, ce ne peut être qu'un faux semblant — de connaissances d'anatomie comparée comme partie de leur programme d'études médicales. Faites-en, si vous voulez, une partie de l'enseignement des arts, ou une partie de leur éducation générale ; si vous le préférez, faites-en, par tous les moyens, un sujet à préparer pour les diplômes scientifiques — c'est là sa véritable place ; — mais exiger que des hommes, dont toutes les facultés devraient être tendues vers l'acquisition d'une véritable connaissance de la physiologie humaine, se fatiguent la cervelle à recueillir des on-dit sur l'alternance des générations chez les Salpes est chose réellement monstrueuse. Je ne puis la caractériser autrement. Et, puisque j'ai sacrifié mes propres études, je pense pouvoir bien sacrifier celles des autres ; je fais cette remarque d'autant plus volontiers que je viens de découvrir tout à l'heure, en lisant le nom de vos professeurs, que le professeur de Matière Médicale n'est point là. Je dois avouer que, si cela dépendait de moi, la Matière Médicale[1] serait entièrement supprimée. Je me souviens que lorsque je passai mon examen à l'Université de Londres, le Dr Pereira était examinateur, et vous savez que la *Materia Medica* de Pereira était un livre *de omnibus rebus*. Je me rappelle mes luttes avec ce livre, commencées le matin de bonne heure et poursuivies tard dans la nuit (je travaillais beaucoup alors) et je crois que je le fis entrer dans ma tête d'une façon quelconque ; mais je puis garantir que je l'avais tout oublié une semaine après. Il n'est pas resté une trace de ma connaissance des drogues, depuis ce temps jusqu'à aujourd'hui ; et au fond, à juger la chose au point de vue du simple bon sens, je ne puis comprendre les arguments obligeant un homme à connaître tout ce qui concerne les drogues et leur origine. Pourquoi ne pas l'envoyer à l'Institut du Fer et de l'Acier pour qu'il y apprenne la coutellerie, sous prétexte qu'il se sert de couteaux ?

Mais ne supposez pas qu'après toutes ces déductions,

[1] On comprendra, cependant, je l'espère, que la Thérapeutique ne se trouve point comprise sous ce chef.

il ne resterait pas un champ étendu à votre activité. Comptons ce qui nous reste. Je suppose que tout le temps que l'on peut espérer pour l'éducation médicale se réduit, au plus, à quatre ans. Eh bien ! qu'avez-vous à apprendre à fond, dans ces quatre ans ? La physique appliquée à la physiologie ; la chimie appliquée à la physiologie ; la physiologie ; l'anatomie ; la chirurgie ; la médecine (y compris la thérapeutique); l'obstétrique; l'hygiène et la jurisprudence médicale, — neuf sujets en quatre ans. Et si vous considérez ce que sont ces sujets, et que, pour acquérir simplement un peu plus que les rudiments de l'un d'entre eux, il faudrait les forces de toute une vie ; je pense que même les énergies que vous venez de déployer pendant ces deux dernières heures devraient donner leur maximum pour vous maintenir à la hauteur exigée par votre carrière médicale.

Je suis fortement convaincu que quiconque ajoute à l'éducation médicale un iota de choses qui ne sont pas nécessaires est coupable d'un grand délit. Messieurs, il dépend de vos connaissances — de vos moyens de les appliquer dans votre champ d'action — que les statistiques de mortalité de votre district augmentent ou diminuent. Cela, Messieurs, est une grave considération. Dans les circonstances où nous sommes, les sujets que vous avez à traiter étant si difficiles et d'une si énorme étendue, tandis que le temps dont vous disposez est si court, je n'aurais pu garder une conscience tranquille si je n'avais, en une semblable occasion, élevé ma protestation contre l'emploi de vos forces à acquérir une connaissance quelconque que votre future carrière ne réclame pas absolument.

VIII

LE NIHILISME ADMINISTRATIF [1]

Pour moi et, j'en suis sûr, pour l'immense majorité de ceux à qui je m'adresse, la grande tentative récemment faite pour l'éducation du peuple anglais est un des événements les plus heureux, les plus féconds de notre histoire moderne. Mais il est impossible — quand même ce serait désirable — de ne pas voir ce fait, qu'il existe une minorité, respectable par le nombre, la valeur et l'autorité de ses membres, aux yeux de laquelle toute cette législation est vicieuse, fausse en principe et, par conséquent, dangereuse dans ses résultats.

Les arguments auxquels ont recours nos adversaires sont de deux sortes.

Leur premier argument est ce que j'appellerai un argument de caste ; en effet, développé logiquement, il aboutirait à la division du peuple de ce pays en castes, aussi rigoureusement distinctes que le sont celles de l'Inde. On nous dit que toute l'économie de la société serait détruite, si le pauvre recevait une éducation tout comme le riche, que toute éducation saine et bonne inspirerait au pauvre le dégoût de sa position et

[1] Institut Midland. — Traduction de la *Revue scientifique*, 27 janvier 1877, reproduite avec l'autorisation de M. le Dr Charles Richet.

éveillerait en lui des espérances qui, le plus souvent, seraient cruellement déçues. On nous dit : il faut qu'il y ait des bûcherons, des porteurs d'eau, des balayeurs et des portefaix, des manœuvres et des domestiques, ou la besogne sociale ne se fera point. Or, si vous donnez à chaque homme l'éducation et la culture, personne ne voudra remplir ces fonctions, chacun voudra être gentilhomme ou dame du monde.

Cet argument, c'est surtout sur les lèvres de la bourgeoisie aisée qu'on le rencontre et, venant de là, il me semble illogique au plus haut degré, car le seul but que cette bourgeoisie envie et poursuive, c'est de pousser ses enfants dans le monde et, s'il est possible, de les faire passer de la classe où ils sont nés dans une classe supérieure. Il faut à la société des épiciers et des commerçants, tout comme il lui faut des portefaix ; mais si un commerçant fait de bonnes affaires et réussit à devenir *baronet*, ou si le fils d'un fermier devient lord chancelier ou archevêque, ou, grâce à des succès militaires, s'élève à la pairie, tout le monde l'admire et s'extasie sur le système social qui permet de pareils avancements. Personne ne s'avise d'insinuer que cette aspiration à sortir de sa sphère est dangereuse, personne ne se plaint de voir ces hommes, venus de si loin, atteindre des positions pour lesquelles ils étaient faits.

Mais il y a une réponse, meilleure que le *tu quoque*, à opposer à l'argument de caste. D'abord, il n'est pas exact que l'éducation, dans son vrai sens, dégoûte l'homme du travail grossier, pénible et même répugnant. La vie du marin est plus dure que celle de neuf terriens sur dix, et cependant chaque capitaine de vaisseau sait que les matelots n'en valent pas moins pour avoir cultivé leur intelligence. La vie du médecin, à la campagne surtout, est plus dure, plus laborieuse que celle de la plupart des artisans : il est constamment forcé de faire une besogne, qui, pour l'agrément, ne vaut pas celle du balayeur et cependant il doit être un homme doué d'une éducation remarquable, et il l'est souvent en effet.

En second lieu, si l'on peut accorder que le texte du catéchisme, qui enjoint à l'homme de faire son devoir en quelque position qu'il ait plu à Dieu de le placer, donne une définition admirable de nos obligations envers nous-mêmes et la société, une question se pose cependant. Comment telle ou telle personne découvre-t-elle cette position particulière où il a plu à Dieu de la placer ? L'enfant ne naît pas marqué d'un signe qui le prédestine à être balayeur ou boutiquier, évêque ou duc. Une masse de pulpe rouge ressemble exactement à une autre extérieurement. Et c'est seulement en découvrant ce dont ses facultés sont capables, en cherchant non point pour satisfaire une vanité misérable, mais pour remplir un véritable devoir envers soi-même et ses semblables, à se mettre dans une position qui lui permette d'arriver au développement complet de ses facultés, que l'homme découvre la position pour laquelle il est fait. Ce qui est regrettable, j'imagine, ce n'est pas que la société fasse son possible pour aider l'homme intelligent à s'élever, mais c'est qu'elle n'ait point d'instrument pour faire descendre l'incapable des régions qu'il usurpe. Dans son noble roman de la *République*, Platon fait dire à Socrate qu'il aimerait à inculquer aux citoyens de son État idéal une « fiction royale » :

« Citoyens, leur dirons-nous dans notre conte, vous êtes frères, bien que Dieu vous ait faits différents les uns des autres. Quelques-uns d'entre vous ont le pouvoir et le commandement et Dieu les a faits d'or, c'est pourquoi ils ont le plus d'honneur ; il en est qui sont en argent pour servir d'aides ; il en est enfin qui sont les cultivateurs et les artisans et qu'il a faits de bronze et de fer et, d'ordinaire, l'espèce subsiste dans les enfants. Mais comme vous êtes de la même famille originelle, il arrivera parfois qu'un père d'or ait un fils d'argent, ou un père d'argent, un fils d'or. Et Dieu recommande à ceux qui gouvernent, comme première règle, d'examiner par-dessus tout leur progéniture, pour voir de quels éléments leur nature est formée ; car si le fils d'un père d'or ou d'argent contient un mélange de bronze ou de fer, alors la nature ordonne une transposition de rangs et l'œil des gouverneurs doit être sans pitié envers ce fils qui doit descendre dans l'échelle et devenir laboureur ou artisan ; tout comme il peut y en avoir d'autres, issus de la classe des artisans, qui doivent s'élever aux honneurs et devenir gardiens et auxiliaires. Car un oracle dit que quand un homme de bronze ou de fer devient gardien de l'État, l'État est menacé de destruction [1]. »

Le temps, qui détruit tout, est impuissant contre la vérité et plus de deux mille ans écoulés n'ont pas affaibli la force de ces sages paroles. Il n'est pas nécessaire, comme Platon le conseille, que la société insti-

[1] Dialogues de Platon.

tue des fonctionnaires chargés de la tâche difficile de trier les hommes de fer et ceux qui sont d'argent ou d'or. Élevez les hommes, ils prendront la place qui leur revient, écartez tous ces échafaudages artificiels qui maintiennent au sommet de la société les hommes de cuivre et de fer, et par une loi aussi sûre que celle de la gravitation, ils tomberont graduellement au dernier rang. Nous avons tous connu de nobles lords dignes d'être cochers, garde-chasses, marqueurs de billards, si l'échafaudage social ne les avait maintenus à flot; nous avons tous connu des hommes appartenant aux classes inférieures de qui chacun disait : « Que ne serait devenu cet homme, s'il avait reçu quelque éducation ? »

Et celui qui observe — fût-ce de la façon la plus superficielle — les conditions sur lesquelles repose la société moderne, — une société comme la nôtre surtout, où une législation récente a placé l'autorité souveraine dans les mains des masses, quand elles savent s'unir pour demeurer fortes — celui-là, dis-je, ne saurait douter que tout homme doué de grandes aptitudes, mais qui est resté ignorant et misérable, ne soit un grand danger pour la société, comme une fusée sans baguette pour les gens qui s'amusent à la tirer! La misère est un brandon qui ne s'éteint jamais, le génie est une force explosive, un monceau de poudre, et si le savoir qui doit diriger l'action de la poudre fait défaut, il y a des chances pour que la fusée éclate sur place et ravage tout alentour. Ce qui donne de la force au mouvement socialiste qui agite aujourd'hui profondément l'Europe, c'est que les hommes capables du prolétariat ont décidé de mettre un terme, de quelque façon que ce soit, à la misère et à la dégradation où sont plongés nombre de leurs semblables. La question de savoir si les moyens par lesquels ils se proposent d'atteindre cette fin sont bons ou mauvais est, en ce moment, la plus importante de toutes les questions politiques et il n'entre point dans mon sujet de la discuter. Tout ce que je veux montrer, c'est que, si un observateur impartial ne voit guère la possibilité que cette controverse se vide par la raison, sans passion et sans violence, cela vient de ce que parmi ceux qui constituent la cour suprême chargée de régler les affaires les plus difficiles et les plus importantes, il n'en est pas un sur dix mille qui soit préparé par son éducation à comprendre le vrai caractère du procès soumis au tribunal.

Enfin, quant à la crainte qu'on éprouve de voir tout le monde aspirer à devenir « monsieur ou dame », tout ce que je puis dire, c'est que je voudrais que tout être humain fût élevé pour devenir l'un ou l'autre. Et je ne me sers point ici de ces mots, dont on abuse, pour distinguer les gens qui portent de beaux habits, qui demeurent dans de belles maisons et qui parlent un jargon aristocratique, de ceux qui s'habillent de futaine, vivent dans des masures, et parlent une langue grossière. Je suis, je l'avoue, trop plébéien pour comprendre quel avantage les premiers ont sur les autres : je n'ai même jamais pu comprendre pourquoi le tir aux pigeons à Hurlingham est distingué et de bon ton, tandis que la chasse aux rats à Whitechapel est vulgaire.

La préoccupation des autres, la générosité, la modestie, le respect de soi-même, telles sont les qualités qui font le vrai « monsieur », la vraie « dame », et qui les distinguent des individus auxquels on donne habituellement ce nom. Je ne veux nullement exprimer de préférence sentimentale pour Lazare contre le mauvais riche ; mais, à envisager froidement la question, je ne vois pas pourquoi la pratique de ces vertus serait plus difficile en une classe de la société que dans l'autre, et quiconque a l'expérience des hommes m'accordera, sans doute, qu'elles sont aussi communes dans les classes inférieures que dans les classes élevées.

Laissons donc de côté l'argument de caste, si peu d'accord avec la pratique de ceux qui l'emploient, si dénué de raison en théorie, si désastreux en ses conséquences et occupons-nous des autres arguments. Aux yeux de nos contradicteurs, le bill sur l'éducation n'est qu'un anneau dans une chaîne d'actes législatifs auxquels ils sont opposés en principe ; ils frappent d'une condamnation commune l'*Act* relatif à la vaccination, celui qui concerne les maladies contagieuses, toutes les autres lois sanitaires, toutes les tentatives que fait l'État pour prévenir la falsification, pour réglementer des commerces nuisibles, toute intervention de l'État en ce qui touche directement ou non au commerce, comme la navigation, les ports, les chemins de fer, les routes, les tarifs de voitures, la poste, tout effort pour répandre l'instruction par l'organisation de corps d'examinateurs, de bibliothèques ou de musées, d'expéditions scientifiques, toute tentative pour faire avancer l'art par la fondation d'écoles de dessin ou de galeries, par des sacrifices en faveur de l'architecture quand la moindre bâtisse ferait l'affaire. A leur sens, l'État ne devrait pas consacrer un shilling à l'entretien d'un parc, d'un jardin d'agrément, pas un penny à mettre les pauvres à l'abri de la faim ou à les guérir de leurs maladies.

Les partisans de cette doctrine font tenir leur argumentation en deux lignes. Ils la soutiennent par la déduction, en partant de ce prétendu axiome que l'État n'a pas d'autre droit que celui de protéger ses sujets contre les attaques de leurs ennemis. L'État est simplement chargé de la police et toute sa besogne se borne à empêcher le vol et le meurtre, à faire respecter les contrats. Il n'est pas fait pour encourager le bien, ni même pour empêcher le mal, si ce n'est en infligeant des peines à ceux qui se sont rendus coupables d'attentats évidents sur les biens ou sur les personnes. Et, conformément à cette thèse, la forme propre du gouvernement n'est ni la monarchie, ni l'aristocratie, ni la démocratie mais l'*astynomocratie*, ou gouvernement par la police. D'autre part, cette manière de voir est appuyée *a posteriori*, par une induction qui part de l'observation, d'après laquelle tout ce que fait l'État au-delà de ces limites est non seulement mal fait, mais plus mal fait même qu'il ne l'eût été par l'entreprise privée.

Je ne suis nullement convaincu de la justesse de cette dernière proposition. On l'appuie généralement de preuves, desquelles il ressort que l'État fait très mal beaucoup de choses. Mais cela est, en vérité, hors de la question. L'État est sous verre : nous voyons tout ce qu'il entreprend ; tous ses échecs, partiels ou complets, sautent aux yeux. L'entreprise privée, au contraire, s'abrite sous de bonnes grosses briques solidement cimentées. Le public sait rarement ce qu'elle ose ; il n'entend parler des échecs que quand ils sont éclatants. Qui sait ce que l'entreprise privée viendrait à bout de faire, si elle s'attaquait à la besogne de l'État ? Ceux qui ont vu de près fonctionner les *Sociétés coopératives* seront sans doute peu disposés à admettre la supériorité de l'État. Si la bureaucratie et la centralisation du Continent regorgent d'inconvénients, nos gouvernements de paroisse, nos petites institutions locales ne laissent-elles rien à désirer ? Que si l'on vient nous dire, comme une vérité d'expérience, qu'il vaut mieux pour la société, qu'il lui est plus profitable de confier à l'État le strict nécessaire, et d'abandonner à l'initiative individuelle tout ce dont les individus sont capables, rien n'est plus juste. Mais, d'un autre côté, il me semble que rien n'est moins fondé que cette assertion d'après laquelle l'intervention de l'État — hors des questions de politique intérieure et étrangère — serait nécessairement fatale.

Supposons admise cependant cette doctrine, que les fonctions de l'État tiennent toutes en ce grand commandement négatif : « Tu ne permettras à personne de porter atteinte à la liberté d'autrui » : je ne vois point comment la conséquence logique en serait qu'il faut restreindre le pouvoir du gouvernement comme le disent ses adeptes. Si mon voisin s'avise de laisser ses conduites d'eau dans un tel état de malpropreté que l'atmosphère en soit infectée et que je sois menacé, par là, de typhus ou de diphtérie, il porte atteinte à ma liberté de vivre, tout comme s'il se promenait un pistolet à la main pour attenter à ma vie. Si on lui permet de ne point faire vacciner ses enfants, on pourrait tout aussi bien lui permettre de laisser tomber des pastilles de strychnine sur le passage des miens. S'il ne leur donne aucune instruction, s'il ne les rend point capables de gagner leur vie, c'est encore une atteinte, et fort grave, à ma liberté, car j'aurai d'autant plus à payer pour l'entretien des prisons et des asiles.

Plus une civilisation est avancée, plus les actions d'un des membres du corps social exercent d'influence sur les autres, et moins il est possible à personne de commettre une faute qui ne porte une atteinte plus ou moins profonde à la liberté de ses compatriotes. De sorte que, même en accordant à l'État les fonctions les plus restreintes, il faut lui reconnaître plus de pouvoir et plus d'influence que ne le veulent les partisans de la doctrine que je combats.

On objecte, je le sais, que si l'on accorde à l'État le droit de franchir ces limites il ne s'arrêtera plus, et que s'il a le droit de m'imposer la vaccination et l'instruction, il aura aussi celui de me prescrire mes croyances religieuses, d'intervenir dans mes affaires, de déterminer le nombre des plats de mon dîner et la coupe de mon vêtement.

Mais la réponse est facile : en partant du même principe, on peut contester à l'individu le droit de manger quand il a faim ; car, si vous lui permettez de manger, vous ne pourrez l'arrêter avant qu'il soit gorgé et se soit attiré tous les maux qu'entraînent les excès de table.

En pratique, l'homme cesse de manger quand sa raison lui dit qu'il en a assez, et, dans un État convenablement organisé, le gouvernement n'étant que la raison collective de la communauté, trouvera aisément le moment où son intervention doit s'arrêter. Et je dois avouer que j'ai trouvé toujours les gouvernants beaucoup moins soucieux de se mêler des affaires des gouvernés que les gouvernés d'être aidés par ceux qui gouvernent. La raison en est fort simple. C'est que le monde est très sensible aux ennuis particuliers ; il désire, comme les gens qui souffrent, un remède immédiat. L'homme d'État, au contraire, est comme le médecin qui sait qu'il pourrait arrêter le mal brusquement par un opiacé, mais qui sait aussi qu'à la longue l'opiacé peut faire plus de mal que de bien. Trois fois sur quatre, le meilleur parti qu'il ait à prendre c'est de patienter et de laisser faire la nature. Dans le dernier cas, où les symptômes sont évidents, où la cause du mal saute aux yeux, un prompt remède sauvera le malade. Si le bon médecin ordonne aussi peu de médecine que possible, est-ce une raison pour qu'il s'abstienne tout à fait d'en donner.

Mais on peut aborder l'objection de face. On peut accorder que l'État, qui est la souveraineté collective du peuple, peut légitimement m'imposer ma religion et mon gilet, s'il peut invoquer d'aussi bonnes raisons pour cela que pour la nécessité d'élever mes enfants. Ceci nous mène à la question qui forme la base même de ce débat, la question de savoir quel est le fondement de l'autorité de l'État, et comment se déterminent les limites de cette autorité. Un des philosophes anglais les plus anciens et les plus profonds, Hobbes de Malmesbury, écrit ceci :

« L'office du souverain — monarque ou assemblée — c'est de poursuivre la fin en vue de laquelle il a été investi du pouvoir souverain, à savoir : la sécurité du peuple ; il y est obligé par la loi de nature ; il n'est obligé de rendre compte de sa conduite qu'à Dieu seul, l'auteur de cette loi. Mais ici la sécurité du peuple ne signifie pas seulement sa conservation, mais aussi tous les avantages que tout homme, grâce à une activité loyale, acquerra sans nuire aux intérêts communs. »

A première vue, ce passage semble formuler la théorie de l'État-police. Mais il n'en est rien, car Hobbes continue ainsi :

« Et le but poursuivi devrait l'être non seulement en protégeant l'individu contre la violence quand il s'en plaint, mais en préparant de loin une éducation générale de préceptes et d'exemples, et en faisant de bonnes lois auxquelles chaque individu puisse conformer sa situation particulière [1]. »

Pour un témoin de la guerre civile entre Charles et le Parlement, la dissolution des liens sociaux qu'entraîne pareille guerre devait être naturellement « le plus grand mal qui puisse arriver en cette vie, » et tous ceux qui ont lu le *Léviathan* savent jusqu'où Hobbes se laisse entraîner par son désir de conserver l'autorité du pouvoir souverain, quelle qu'en soit la forme. Mais la justesse de sa conception des devoirs qui incombent au pouvoir souverain ne me semble

[1] Hobbes, *Leviathan*, édit. Molesworth, p. 322.

pas compromise par sa doctrine monstrueuse sur le caractère sacro-saint de ce pouvoir.

Hobbes, contemporain des atteintes portées au pouvoir souverain par la force populaire, trouvait la société menacée par tout ce qui affaiblissait ce pouvoir; mais aux yeux de John Locke, témoin des attentats du pouvoir souverain contre les droits du peuple, le danger était ailleurs.

Que le représentant du pouvoir soit à l'abri ou non, c'est la question secondaire pour Locke, et il en regarde le renversement et le remplacement par un autre comme une chose toute naturelle, lorsque le souverain a démérité. Le grand champion de la révolution de 1688 ne pouvait pas faire moins. Il est de même tout naturel qu'il ait cherché à limiter plutôt qu'à agrandir le pouvoir de l'État, bien qu'au fond il s'accorde entièrement avec Hobbes sur les devoirs qui lui incombent.

« Bien que les hommes, dit-il, lorsqu'ils entrent en société, abandonnent l'égalité, la liberté et le pouvoir exécutif, qu'ils avaient dans l'état de nature, aux mains de la société, pour que l'assemblée législative en dispose dans l'intérêt commun; cependant, comme ils l'ont fait seulement dans l'intention de se mieux défendre eux-mêmes, de mieux sauvegarder leur liberté et leur propriété (car aucune créature raisonnable ne change sa condition contre une plus mauvaise), on ne peut supposer que le pouvoir de la société et de la Chambre puisse aller au-delà de l'intérêt général ; ce pouvoir a pour objet de garantir la propriété de chacun contre les trois dangers cités plus haut et qui rendaient l'état de nature si incertain et si dangereux. Ainsi, quiconque détient le pouvoir législatif et souverain est tenu de gouverner conformément aux lois établies, promulguées et connues du peuple, et non par des mesures imposées et des décrets arbitraires ; il doit avoir des juges indépendants et impartiaux, qui vident les différends d'après ces lois; il doit employer les forces de l'Etat, à l'intérieur, pour la seule exécution des lois; au dehors, pour prévenir ou venger les atteintes portées au pays et garantir l'État contre les invasions. Et tout cela ne doit tendre qu'à la paix, à la sécurité, au bien du peuple [1]. »

Absolument comme pour Hobbes, il peut sembler au premier abord que l'opinion de Locke sur les fonctions du gouvernement incline à la négation plutôt que d'être positive. Mais une étude plus approfondie de ses écrits nous fait revenir de cette appréciation trompeuse. Dans sa fameuse *Lettre sur la tolérance*, Locke dit :

« L'État me paraît être une société uniquement établie pour satisfaire, défendre et grandir les intérêts civils de ses membres.

« Les intérêts civils sont la vie, la liberté, la santé et la quiétude du corps, enfin la possession des choses extérieures, comme l'argent, les terres, les maisons, le mobilier, etc.

« C'est le devoir des magistrats civils d'assurer par l'exécution impartiale de lois égales, à la société en général et à chacun de ses membres en particulier, la possession des choses concernant cette vie.

«...La juridiction des magistrats ne s'étend qu'à ces affaires civiles. Tous leurs pouvoirs et leurs droits se bornent au soin de ces intérêts. »

[1] Locke, *Essai sur le gouvernement civil*, § 131.

Ailleurs, dans la même *Lettre*, Locke déclare que : si les magistrats jugent que laver un enfant « soit profitable et puisse servir à le guérir ou à prévenir une épidémie à laquelle les enfants sont sujets et estiment cette affaire assez importante pour que la loi s'en occupe, ils ont le droit de donner des ordres en conséquence. »

Locke semble différer grandement de Hobbes par la chaleur qu'il met à prêcher une certaine tolérance en matière religieuse. Mais la raison, pour laquelle les magistrats civils ne doivent point se mêler de la religion, consiste, pour Locke, simplement en ceci : que « la vraie religion réside dans la persuasion intime de l'âme ». Et puisque « l'intelligence est ainsi faite qu'aucune force extérieure ne peut la forcer à croire », il est absurde de pousser les hommes à la religion par la violence. Je ne découvre rien chez Locke qui fasse de lui le père de la doctrine favorite du libéralisme moderne, d'après laquelle la tolérance de l'erreur est bonne en elle-même et doit être rangée parmi les vertus cardinales ; au contraire, dans cette *Lettre sur la tolérance,* il établit, dans le langage le plus clair, qu'« aucune opinion contraire à la société humaine ou aux règles de morale qui sont nécessaires à la conservation de la société civile ne doit être tolérée par les magistrats ». Et le corollaire pratique qu'il tire de cette déclaration, c'est que l'on ne devrait tolérer ni les papistes ni les athées.

Depuis Locke la conception négative du gouvernement a gagné de nombreux partisans et a fini par trouver une expression systématique et complète dans les *Idées* de Guillaume de Humboldt, dont l'essence consiste à nier que l'État soit autre chose qu'une police organisée. Dans les dernières années, cette théorie de l'abstention est devenue plus populaire encore pour diverses raisons. D'abord, les convictions spéculatives ont diminué de plus en plus ; la tolérance s'est accrue à mesure que les croyances s'affaiblissaient. On sait que l'État fait mieux de ne pas s'occuper des affaires qu'il ne connaît pas à fond ; et l'on suppose, non sans raison, que le gouvernement n'est guère plus au courant qu'on ne l'est soi-même.

En second lieu, les hommes sont fort absorbés par le soin d'accumuler la richesse, et, comme c'est là ce qui touche de plus près aux intérêts personnels, la science (sous la forme de l'économie politique) a facilement démontré qu'on peut leur confier sans danger la tâche de poursuivre leur but. La rapidité et la sûreté des relations entre les divers pays, le développement énorme qu'a pris le travail des machines, et la paix générale (bien que parfois interrompue par de courtes périodes de guerre) ont changé la face du commerce aussi complètement que l'artillerie moderne a changé la face de la guerre. Le négociant s'est trouvé aussi gêné par les anciennes mesures de protection que le soldat par son armure, — et la législation négative a été, pour l'un, d'un aussi grand profit que, pour l'autre, la suppression des cuirasses et des cuissards. Mais si le soldat se sent plus à l'aise sans armure, il ne s'ensuit pas qu'il faille l'envoyer tout nu à la bataille, et je ne vois pas que le *laissez faire* — fécond et salutaire pour tout ce qui concerne l'accumulation de la richesse — soit le grand commandement qui doive présider à la conduite de l'État, et surtout à la conduite des affaires où la raison du *laissez faire*, c'est-à-dire l'aiguillon de l'intérêt personnel, fait défaut. Troisièmement, à l'indifférence produite par le manque de croyances arrêtées, à la confiance dans l'efficacité du *laissez faire*, confiance en apparence justifiée par le succès de cette maxime en matière d'économie, il faut ajouter une raison plus noble et meilleure qui anime de Humboldt et qui brille à chaque page du fameux *Essai* de M. Mill sur la liberté, je veux dire la crainte que la fin soit sacrifiée aux moyens, que la liberté soit étouffée et qu'à la variété succède l'uniformité pour que la grande machine de l'État puisse fonctionner sans encombre.

Un des philosophes anglais contemporains les plus profonds, qui est en même temps un des champions les plus pénétrants et les plus logiques de l'astynomocratie, a consacré un *Essai* fort ingénieux à développer une comparaison entre la route qu'a suivie l'homme de l'état sauvage jusqu'à la civilisation la plus avancée, et celle que suit l'animal depuis le groupe presque dénué de forme et de structure jusqu'à celui où l'on rencontre la structure la plus compliquée, l'intelligence la plus développée. M. Spencer dit avec justesse :

« Ils s'accroissent graduellement en volume, ils deviennent petit à petit plus complexes ; en même temps leurs éléments sont, par rapport les uns aux autres, en une dépendance plus étroite ; ils continuent à vivre et à grandir en tans que tout, tandis que les générations successives de leurs unités apparaissent et s'évanouissent. — Ce sont là des caractères que les corps politiques partagent avec tous les êtres animés, caractères qui les distinguent du reste de la création [1]. »

Dans un passage très frappant de cet essai, M. Spencer montre avec quelle étonnante exactitude on peut établir un parallèle entre le développement du système nerveux qui gouverne le corps dans la série des organismes animaux, et celui du gouvernement, dans la série des organismes sociaux.

« Quelque étrange que cette assertion puisse paraître, dit M. Spencer, nos Chambres remplissent dans l'économie sociale des fonctions qui sont, en un sens, comparables à celles que remplit la masse cérébrale chez les vertébrés... Le cerveau coordonne des considérations hétérogènes innombrables qui concernent le bien-être présent et à venir de l'individu dans son ensemble, et les Chambres coordonnent les considérations hétérogènes innombrables qui concernent le bien-être immédiat et à venir de la communauté tout entière. On peut dire que l'office du cerveau est de faire la moyenne ou l'équilibre les intérêts de la vie, intérêts physiques, intellectuels, moraux, sociaux ; un cerveau bien fait est celui où les désirs, répondant aux intérêts respectifs, sont balancés de telle sorte que dans la conduite qu'ils dictent aucun d'eux ne soit sacrifié. De même, l'office du Parlement est de faire l'équilibre les intérêts des différentes classes de la communauté, et un bon Parlement est celui où les partis, répondant à ses intérêts respectifs, sont balancés de telle sorte que chaque classe obtienne tout ce qui est compatible avec les prétentions des autres classes. »

[1] Spencer, *L'organisme social*. Essais, 2e série.

Tout cela semble être très juste, mais si les ressemblances entre le corps physiologique et le corps politique indiquent non seulement ce qu'est le dernier et comment il est devenu ce qu'il est, mais aussi ce qu'il devrait être et ce qu'il tend à devenir, je ne puis m'empêcher de trouver que cette analogie est tout à fait opposée à la conception négative des fonctions de l'État.

Admettons que, conformément à cette opinion, chaque muscle déclarât que le système nerveux n'a point à intervenir en ses contractions, sauf pour l'empêcher de gêner la contraction d'un autre muscle ; que chaque glande déclarât avoir le droit de sécréter, tant que sa sécrétion ne gênera point celle d'une autre glande ; admettons que chaque cellule isolée soit libre de poursuivre ses *intérêts* particuliers, et que le *laissez faire* soit la loi du corps : qu'arrivera-t-il de l'organisme physiologique ?

Le fait est que le pouvoir souverain du corps pense pour l'organisme, agit pour lui et en mène les éléments avec une baguette de fer. Les globules du sang eux-mêmes ne peuvent tenir un *meeting* sans être accusés de *congestion*, et le cerveau, comme d'autres despotes que nous avons connus, a recours contre eux à l'acier. Comme dans le *Leviathan* de Hobbes, le représentant de l'autorité souveraine de l'organisme vivant, bien qu'il tire sa puissance de la masse qu'il gouverne, est au-dessus de la loi. Une révolte contre son autorité entraîne la mort ou cette mort partielle que nous appelons *paralysie*. Donc, si l'analogie entre le corps politique et le corps physiologique prouve quelque chose, c'est, il me semble, que le gouvernement doit intervenir sur une échelle bien plus grande qu'il ne le fait et que je ne le voudrais, pour ma part. Mais quelque tentante que soit l'occasion, je ne veux point bâtir d'argument en faveur de ma thèse, sur cette analogie si curieuse, si intéressante, si rigoureuse même qu'elle soit, car elle ne tient pas compte de certaines différences profondes et essentielles, qui distinguent le corps physiologique du corps politique.

Quoique la théorie du *contrat social* ait été tournée en ridicule, il me semble néanmoins assez clair que toute organisation sociale, quelle qu'elle soit, repose sur un contrat, rédigé ou sous-entendu, entre les membres de la société. Il n'y a jamais eu de société et il n'y en aura jamais, dont les membres soient rapprochés par la force. Il peut sembler paradoxal de dire qu'un propriétaire d'esclaves fait travailler ses esclaves, non par la force, mais en vertu d'un accord. Et c'est cependant la vérité ! Il y a entre lui et eux un contrat qui, s'il était écrit, pourrait être rédigé en ces termes : « Esclaves, je me charge de vous nourrir, vêtir, loger, de ne point vous tuer, fouetter, ni maltraiter en rien, si vous faites certaine quantité de travail. » L'esclave, ne voyant pas le moyen d'obtenir des conditions plus favorables, accepte le marché et travaille en conséquence. Un voleur de grand chemin qui me garrotte, puis me vide les poches, me vole par la force, dans le sens vrai du mot ; mais s'il me met un pistolet sur la gorge et me demande la bourse ou la vie, et que, préférant la vie, je lui donne ma bourse, nous avons, en réalité, fait un contrat, et j'en remplis une des conditions. Si le brigand me tue ensuite, chacun avouera qu'outre les crimes d'assassinat et de vol il en a commis un autre, celui de violer un contrat.

Le gouvernement despotique, par conséquent, bien qu'il ne soit souvent qu'une combinaison des deux violences que je viens de dire, celle du propriétaire d'esclaves et celle du voleur de grand chemin, implique cependant un contrat entre le gouverneur et les gouvernés et la soumission volontaire des derniers ; *a fortiori* les autres formes de gouvernement sont dans le même cas.

Or un contrat, quel qu'il soit, entre deux hommes, implique une réduction de la liberté de chacun d'eux. Le brigand renonce à la liberté qu'il a de me tuer, à condition que j'abandonne, moi, la liberté d'user à ma guise de mon argent ; je renonce à la liberté que j'ai de tuer l'esclave, à condition que l'esclave abandonne celle qu'il a de ne rien faire. La base, le fondement de toute organisation sociale, simple ou complexe, réside en cela que chaque membre de la société renonce volontairement à certaines libertés, en retour des avantages qu'il attend de l'agrégation avec ses semblables. Les constitutions, les lois, les coutumes ne sont, en dernière analyse, que des contrats formels ou tacites, entre les membres d'une société, contrats par lesquels on s'engage à faire ceci, à s'abstenir de cela.

Il me semble que ce caractère constitue la différence qui sépare l'organisme social de l'organisme physiologique. Parmi les organismes physiologiques élevés, il n'en est pas un qui soit sorti de la fusion, en un tout complet, d'existences d'abord indépendantes. Le développement de l'organisme social peut être, il me semble, comparé plutôt à la synthèse du chimiste, qu'au développement organique. Dans la synthèse chimique les éléments indépendants se rapprochent graduellement et forment des composés, mais chaque élément garde son individualité, son indépendance, bien qu'il soit subordonné à l'ensemble. Les atomes du carbone, de l'hydrogène, de l'oxygène, de l'azote, qui entrent dans une molécule complexe, ne perdent point les propriétés qu'ils avaient d'abord, en se combinant en cette molécule, et les propriétés de la molécule sont l'expression des forces de cette agglomération, qui ne se neutralisent ni se contrebalancent mutuellement. Chaque atome a abandonné quelque chose, afin que la société des atomes, la molécule, puisse subsister. Dès qu'un ou plusieurs atomes ainsi associés reprennent la liberté qu'ils avaient abandonnée et suivent quelque attraction extérieure, la molécule se décompose et toutes les propriétés particulières qui dépendaient de sa constitution s'évanouissent.

Chaque société, grande ou petite, ressemble à une de ces molécules complexes : les atomes, ce sont les hommes doués de quantités d'attractions et de répulsions, je veux dire les volitions et les désirs ; et la liberté, c'est la faculté illimitée de satisfaire ces désirs et ces volitions. La molécule sociale existe grâce à cet abandon que fait chaque individu d'une part de liberté plus ou moins grande. Elle se décompose, quand l'attraction du désir pousse les atomes, les hommes à reprendre cette liberté dont le sacrifice est nécessaire à l'existence de la molécule sociale. Et le grand problème de cette chimie sociale, qu'on appelle la *politique*, est de découvrir quels sont les désirs de l'humanité dont on peut permettre la satisfaction, quels sont ceux qui doivent être supprimés, pour que la *société*, cet assemblage si complexe, soit à l'abri de la décomposition. Le maintien de l'ordre exige le sacrifice de certains désirs ; le progrès exige, de son côté, que certains désirs soient satisfaits et la mission de l'autorité souveraine — qui est, ou devrait être, simplement une délégation du peuple chargée d'agir pour son bien — me semble consister non seulement à réprimer les désirs antisociaux, mais aussi, quand c'est nécessaire, à favoriser la satisfaction de ceux qui aboutissent au progrès.

Le grand métaphysicien, Emmanuel Kant, qui se surpasse lui-même quand il discute des questions qui ne sont point métaphysiques, écrivait, il y a près d'un siècle un essai admirablement instructif et qui a pour titre : *Une conception de l'histoire universelle* dont je vais extraire quelques passages saillants :

« Le moyen dont la nature s'est servie pour développer toutes les capacités de l'homme, c'est l'antagonisme de ces capacités et de l'organisation sociale, dans la mesure où cette dernière exige que ces capacités se subordonnent à elle. Par antagonisme j'entends ici la sociabilité insociable de l'humanité, c'est-à-dire ce mélange d'une impulsion qui le porte à entrer en société et d'un esprit d'opposition qui menace sans cesse de briser cette association. Le fondement de ceci est dans la nature humaine. L'homme est porté à entrer en société, parce qu'il sait qu'en cet état il se sent mieux un homme ou, en d'autres termes, que ses facultés naturelles se développent. Mais il a aussi une forte tendance à s'isoler, parce qu'il se sent posséder le goût de tout faire à sa tête, et qu'aussi, ayant connaissance de l'esprit d'opposition qui l'anime, il redoute le même esprit de la part des autres.

Or c'est cette opposition qui réveille toutes les facultés assoupies de l'homme, qui le pousse à surmonter son inclination à la paresse, qui lui inspire l'espoir des honneurs, du pouvoir, de la victoire et l'excite à se faire sa place parmi ses semblables avec lesquels il ne peut s'entendre, mais desquels il ne peut se passer.

C'est ainsi qu'il fait le premier pas de la brutalité à la culture, dont la valeur sociale de l'homme donne la mesure. C'est ainsi que tous les talents se développent graduellement, que le goût se forme et que, grâce à une éducation continuelle, il se fonde une manière de penser qui transforme la perception morale primitive, toute grossière, en principes pratiques déterminés ; c'est ainsi que la société, dont une impulsion, pour ainsi dire pathologique, a été l'origine, se métamorphose en une unité morale.

« Toute la culture et l'art qui font l'ornement de l'humanité et de l'ordre social le plus raffiné sont le produit de cette insociabilité, forcée de se discipliner elle-même, et qui finit grâce à cette obligation par amener les germes de la nature à s'épanouir en leur pleine floraison. »

Dans ces passages et dans d'autres du même caractère, Kant devance l'application à la politique de la lutte pour l'existence et indique comment l'évolution de la société est résultée des efforts constants faits par les individus pour en forcer les liens. Si l'individualisme est étouffé, le progrès social n'est point possible, si l'individualisme brise tous les liens, la société périt.

Mais quand les hommes vivant en société reconnaissent que leur prospérité dépend de deux tendances contraires mais d'égale importance — l'une qui restreint, l'autre qui favorise la liberté individuelle — la question de savoir quelles sont les fonctions du gouvernement fait place à une autre que voici : Que devons-nous faire, comme corporation, non seulement pour restreindre cet individualisme incompatible avec l'existence de la société, mais aussi pour encourager cet individualisme qui est indispensable à l'avancement de l'organisme social ? La vraie formule des fonctions du gouvernement doit contenir la solution de ces deux problèmes, et non d'un seul.

Locke nous a donné une formule de ce genre dans cette définition du gouvernement, la plus noble et en même temps la plus concise que je connaisse :

« La fin du gouvernement est le bien de l'humanité [1]. »

Mais le bien de l'humanité n'est pas absolu et n'est pas le même pour tous les hommes, quelles que soient leurs capacités, quel que soit l'état de la civilisation. Sans doute, on peut imaginer une véritable *cité de Dieu*, où les facultés morales de chacun seront telles qu'elles l'amèneront à dompter tous les désirs qui sont contraires au bien de l'humanité, à ne développer que ceux qui tendent au bien social ; on peut rêver une société où l'intelligence naturelle de chacun serait assez

[1] Locke, *Du gouvernement civil*, p. 229.

forte et sa culture assez développée pour lui permettre de savoir tout ce qu'il doit faire et poursuivre. Dans cet État, la police serait aussi superflue que toute autre forme de gouvernement.

Mais le regard de l'homme ne peut découvrir un pareil État, et il n'est point probable que l'avenir lui en réserve le spectacle. Ce que nous voyons, c'est que les États se composent d'un nombre considérable d'ignorants et de sots, d'une faible proportion de coquins, et d'une minorité imperceptible de gens capables et honnêtes, dont les efforts neutralisent la sottise des sots et répriment la méchanceté des coquins. Les choses en étant là, je ne vois pas comment on pourrait marquer à l'action du gouvernement une limite infranchissable.

Notre gouvernement a-t-il eu tort de supprimer les Thugs aux Indes ? S'il a eu raison, aurait-il tort de supprimer un enthousiaste qui tenterait d'établir le culte d'Astarté dans Haymarket ? L'État n'a-t-il point le droit d'empêcher les outrages flagrants à la décence ? Et s'il a — comme je le crois — le droit de faire tout cela, ne devons-nous point reconnaître, avec Locke, qu'il a le droit aussi de s'occuper de *papisme* et d'*athéisme*, s'il est vrai que les conséquences pratiques de ces croyances soient contraires aux intérêts de la société civile ? La question de savoir où se trouve la ligne de démarcation entre l'intervention permise à l'État et celle qui lui est interdite n'a donc rien d'absolu, et il faudra la résoudre séparément en chaque cas particulier. La difficulté qui se présente ici à l'homme d'État est celle que nous rencontrons tous individuellement dans la vie : nos droits théoriques y sont, en général, assez clairs, mais il est quelquefois très difficile de dire jusqu'à quel point il convient de les faire valoir dans la pratique.

Cette notion que le corps social devrait être organisé de manière à développer le bonheur de ses membres remonte aux origines mêmes de la pensée politique, et les systèmes de Platon, More, Robert Owen, Saint-Simon, Auguste Comte et des socialistes modernes témoignent qu'à tous les âges des hommes remarquables et dévoués à l'humanité ont été profondément, passionnément convaincus que le gouvernement peut atteindre sa fin — le bien du peuple — par des procédés plus actifs que celui qui consiste à se fourrer simplement les mains dans les poches et à laisser faire.

Il est possible que toutes les formes d'organisation sociale proposées jusqu'ici soient des folies impraticables. Mais, s'il en est ainsi, cela prouve, non que l'idée qui leur sert de base soit sans valeur, mais seulement que la science politique est encore à un état fort rudimentaire. La politique, comme science, n'est pas plus ancienne que l'astronomie ; mais bien que le sujet de la dernière soit bien moins complexe que celui de la première, la théorie des mouvements lunaires n'est pas encore, à l'heure qu'il est, très solidement établie.

Peut-être arriverons-nous à nous faire une idée plus nette de ce que l'État peut faire et de ce qu'il ne doit point tenter, si, admettant la vérité de la maxime de Locke, d'après laquelle la fin du gouvernement est le bien des hommes, nous considérons un moment en quoi consiste le bien de l'humanité.

Le bien de l'humanité c'est, à mon sens, que chacun jouisse de la somme de bonheur dont il peut jouir sans diminuer le bonheur de ses semblables[1].

Si nous recherchons quels genres de bonheur implique cette définition, nous trouverons celui que donne le sentiment de la sécurité ou de la paix ; celui qui dérive de la richesse, des avantages fournis par le commerce ; celui qui découle de l'art — architecture, sculpture, peinture, musique, littérature ; — celui que procure la connaissance de la science, et enfin le bonheur que cause la sympathie ou l'amitié. La paix ne fait de tort à personne, elle ne peut produire que le contraire. Personne n'est lésé parce que son voisin acquiert la fortune par le commerce ou par l'exercice d'une profession ; au contraire, il ne peut avoir acquis sa fortune sans en avoi fait profiter largement les autres, et sa fortune n'est qu'un or infécond s'il ne continue point à leur rendre service. Des milliers d'hommes peuvent jouir du plaisir que donnent un tableau, une symphonie, un poème, sans amoindrir le bonheur du connaisseur le plus compétent, le plus enthousiaste. L'étude de la nature est un champ infini,

[1] « Hic est itaque finis ad quem tendo, talem silicet naturam acquirere, et ut multi mecum eam acquirant conari hoc est de mea felicitate etiam operam dare, ut alii multi idem atque ego intelligant, ut eorum intellectus et cupidas prorsus cum meo intellectu et cupiditate conveniant : atque hoc fiat, necesse est tantum de natura intelligere, quantum sufficit ad talem naturam acquirendam ; deinde formare talem societatem qualis est desideranda, ut quam plurimi quam facillime et secure eo perveniant. » (Spinoza, *De intellectus emendatione tratactus*.)

où tout le monde peut s'ébattre et où l'herbe repousse d'autant plus drue, plus savoureuse, plus nourrissante qu'on s'en sera repu davantage. Si j'aime un ami, loin de me fâcher que d'autres l'aiment aussi et l'estiment comme je fais, je m'en réjouirai plutôt.

On semble s'accorder universellement à reconnaître, pour les raisons citées plus haut, qu'il est utile que l'État développe l'acquisition de la richesse en intervenant dans le commerce du pays. Mais cet accord ne règne plus sur la question de savoir si l'État ne peut point favoriser l'acquisition de la richesse par des moyens indirects. Par exemple, l'État peut-il faire une route, un port, s'il est évident qu'en le faisant il rendra un district plus productif et accroîtra par là, dans une proportion considérable, la richesse de la communauté? Et s'il en est ainsi, l'État peut-il, dans l'intérêt général, se charger d'établir des moyens de communication entre ses membres, ou des services de la poste et du télégraphe? Je n'ai pas encore rencontré d'argument sérieux pour contester à l'État le droit de faire ce que fait notre gouvernement en cette matière, si ce n'est la présomption — qui reste à prouver — que le gouvernement ne s'entend pas à ces affaires aussi bien que l'entreprise privée. On ne s'accorde pas d'avantage sur la question bien autrement importante de savoir si l'État doit ou non régler la distribution de la richesse. S'il ne le doit point, toute législation qui règle les successions — la loi de main-morte et les autres lois du même genre — est fausse en principe, et quand un homme riche meurt, il convient de revenir à l'état de nature et de se disputer sa propriété. Si, d'un autre côté, l'État a le droit de régler ces matières, il s'agit alors de décider — par des témoignages et des preuves manifestes sur ce qui constitue le bien du peuple — si nous garderons nos lois actuelles ou si nous les modifierons. Aujourd'hui l'État protège la propriété et la définit. La justification de sa conduite est que son action contribue au bien du peuple. Si l'on peut prouver clairement que l'abolition de la propriété y contribuera plus encore, l'État sera autorisé à abolir la propriété qu'il défend aujourd'hui.

Autre chose : j'admets que l'on s'accorde à reconnaître qu'il serait injuste et absurde pour l'État de tenter d'accroître l'amitié et la sympathie entre les hommes par des moyens directs. Mais je ne vois pas de raison, si la chose est avantageuse, pour que l'État ne poursuive pas cette fin par des moyens indirects. Par exemple, je puis concevoir l'établissement d'une Église qui serait un bienfait pour la communauté. Une église dans laquelle chaque semaine il y aurait des services consacrés, non à répéter des formules abstraites de théologie, mais à placer dans les esprits des fidèles un idéal de vérité, de justice, de pureté, un sanctuaire où ceux qui sont las du fardeau des soucis journaliers trouveraient un moment de repos dans la contemplation de la vie supérieure que connaissent si peu d'hommes bien qu'elle soit accessible à tous, un lieu où l'homme de lutte et d'affaire aurait le temps de songer combien chétifs sont les succès qu'il convoite auprès de la paix et de la charité. Réfléchissez-y : si cette église existait, personne ne songerait à la renverser.

Quelles que soient les limites de l'État, il a certainement pour tâche de maintenir la paix au dedans et au dehors. Le partisan le plus fougueux du nihilisme administratif admet lui-même que le gouvernement a le droit de prévenir l'agression d'un homme par un autre homme. Mais cela implique l'entretien d'une armée et d'une flotte, l'entretien d'une police, d'un personnel diplomatique et de justice ; cela implique, en outre, que l'État, comme corps, doit avoir des idées distinctes et nettes sur ses besoins, ses facultés, ses obligations.

Car les États sont dans la même relation, les uns à l'égard des autres, que les hommes dans l'état de nature ou de liberté illimitée. Chacun s'efforce de prendre ce qu'il peut, jusqu'à ce que les ennuis de l'état de guerre suggèrent soit ces contrats formels que nous appelons *traités*, soit l'adhésion mutuelle à ces contrats qu'implique le droit international. Les droits moraux d'un État reposent sur la même base que ceux d'un individu. Si un certain nombre d'États s'entendent pour observer certain code de droits internationaux, ils ont constitué, de fait, une autorité souveraine ou supranationale, dont la fin — comme celle de tous les gouvernements — est le bien de l'humanité et la possession par chaque État d'autant de liberté qu'en comporte la réalisation de cette fin. Mais il y a cette différence : ce gouvernement qui domine les nations est idéal, il n'a pas de représentant concret, de sorte que le seul moyen de vider une querelle est, en fin de compte, d'en venir aux mains. Ainsi cette société supra-nationale est sans cesse en danger de revenir à l'état de nature dans lequel les contrats n'ont pas de vigueur, et la possibilité de ce recul autorise un gouvernement à restreindre la liberté de ses sujets de bien des façons qu'on ne pourrait justifier autrement.

Enfin, que doit faire l'État pour l'avancement de la science et de l'art? Je n'ai jamais eu la bonne fortune d'entendre une raison sérieuse pour établir que cette corporation d'individus qu'on appelle l'État ne puisse faire ce que les efforts des individus ne réalisent point, soit par défaut d'intelligence, soit par défaut de volonté. On ne saurait alléguer ici que l'action de l'État soit toujours fâcheuse. Au contraire, dans tous les pays de l'Europe, des universités, des bibliothèques publiques, des galeries, des musées, des laboratoires ont été établis par l'État et ont rendu d'immenses services au progrès moral et intellectuel de l'humanité.

Il y a quelques jours, j'ai reçu de l'un des plus éminents des membres de l'Institut de France une brochure intitulée : *Pourquoi la France n'a pas trouvé des hommes supérieurs au milieu du péril.* L'auteur, M. Pasteur, ne doute point que la cause de l'étonnante défaite de ses compatriotes ne doive être cherchée dans la négligence honteuse des branches supérieures de culture qui a été l'une des nombreuses hontes du second Empire, si ce n'est aussi des régimes qui l'ont précédé.

« Au point où nous sommes arrivés de ce qu'on appelle la civilisation moderne, la culture des sciences dans leur expression la plus élevée est peut-être plus nécessaire encore à l'état moral d'une nation qu'à sa prospérité matérielle.

« Les grandes découvertes, les méditations de la pensée dans les arts, dans les sciences et dans les lettres, en un mot les travaux désintéressés de l'esprit dans tous les genres, les centres d'enseignement propres à les faire connaître, introduisent dans le corps social tout entier l'esprit philosophique ou scientifique, cet esprit de discernement qui soumet tout à une raison sévère, condamne l'ignorance, dissipe les préjugés et les erreurs. Ils élèvent le niveau intellectuel, le sentiment moral; par eux l'idée divine elle-même se répand et s'exalte... Si, au moment du péril suprême, la France n'a pas trouvé des hommes supérieurs pour mettre en œuvre sa renommée et le courage de ses enfants, il faut l'attribuer, j'en ai la conviction, à ce que la France s'est désintéressée depuis un demi-siècle, des grands travaux de la pensée, particulièrement dans les sciences exactes. »

Personnellement, je n'aime guère les académies comme celles du continent, et encore moins la mode de décorer les hommes distingués dans les sciences, les lettres ou l'art, de titres honorifiques ou de les doter de sinécures. Ce qu'il faut aux hommes de science, c'est le loyal salaire de leurs travaux, et la plupart d'entre nous seraient satisfaits, j'imagine, si pour leurs journées et leurs nuits de patients efforts, ils obtenaient ce qu'obtient, sans tension d'esprit bien remarquable, un employé de première classe aux Finances. Le seul titre de noblesse qui convienne à un philosophe, c'est le rang qu'il occupe dans l'estime de ses collègues, les seuls juges compétents en ces matières. Newton et Cuvier s'amoindrirent lorsqu'ils acceptèrent, le premier, le vain titre de Chevalier, l'autre, celui de Baron de l'Empire. Les grands hommes, qui arrivent au tombeau après avoir décliné ces faux ornements, comme

Michel Faraday et George Grote, me semblent avoir mieux compris la dignité de la science.

Mais autre chose est de faire appel à la vanité et à l'ambition que l'on rencontre dans le cœur du philosophe comme ailleurs, autre chose est d'offrir aux hommes qui veulent faire le plus pénible travail pour le plus modeste des salaires matériels, le moyen de se rendre utiles à leur pays et à leur génération. Et c'est justement ce que fait l'État lorsqu'il fonde une bibliothèque publique ou un musée, lorsqu'il fournit aux recherches scientifiques des ressources comme celles qu'administre la *Société royale*.

Autre chose est de prendre en ses mains toute l'éducation supérieure de la nation ; autre chose de stimuler et d'aider en leur faiblesse les efforts locaux qui tendent à une fin commune. L'Institut Midland, le collège d'Owens à Manchester, le récent collège scientifique de Newcastle, voilà de nobles produits de l'énergie, de la munificence locales. Mais le bien qu'ils font n'est point local ; la communauté, jusqu'à ses limites extrêmes, profite du bien qu'ils répandent, et je ne vois point pourquoi l'État, qui admet le principe du salaire dû aux résultats obtenus, refuserait de donner une compensation pour ce genre de bénéfices ; je ne vois point quel principe de justice l'État pourrait invoquer, lui qui admet l'obligation de partager avec la commune les frais de l'éducation primaire, pour contester cette obligation, lorsqu'il s'agit d'éducation supérieure.

Pour nous résumer : si le progrès de la sécurité et de la richesse, si le développement intellectuel et moral de ses membres sont des objets que le gouvernement, comme représentant de l'autorité sociale, puisse et doive poursuivre, afin d'atteindre son but qui est le bien de l'humanité, il est évident que le gouvernement a le droit d'entreprendre l'éducation du peuple. Car l'éducation développe la sécurité, en enseignant aux hommes les réalités de la vie et les obligations qu'implique l'existence de la société, elle aide au développement intellectuel, non seulement en éclairant chaque intelligence en particulier, mais aussi en isolant de la masse, qui est ordinaire ou inférieure, ceux qui sont capables d'accroître le bien général en occupant des positions élevées ; enfin elle fait avancer la moralité et la civilisation, en enseignant aux hommes à se discipliner eux-mêmes, en les amenant à voir que le contentement le plus complet, le seul durable, s'obtient, non en s'endormant dans les vallées des sens, mais par un effort constant vers les sommets où, sereine et calme, la raison distingue l'idéal flottant et radieux du Bien suprême, « un nuage pendant le jour, une colonne de feu pendant la nuit ».

IX

CE QUE DOIT ENSEIGNER L'ÉCOLE [1]

Quels devraient être la nature et l'objet de l'éducation qu'un comité scolaire s'efforcera de donner à tout enfant confié à ses soins, et pour laquelle il essayera d'obtenir le concours de subsides parlementaires ? A mon avis, il faudrait y comprendre au moins les genres d'instruction et de discipline suivants :

1° L'entraînement physique et l'exercice, comme partie intégrante du programme régulier de l'école.

On ne saurait trop insister sur l'importance de ce côté de l'éducation pour les enfants pauvres de nos grandes villes. Toutes leurs conditions de vie sont contraires à leur bien-être physique. Ils sont mal logés, mal nourris, et vivent d'un bout de l'année à l'autre dans un air vicié, sans espoir de changement. Ils n'ont pas de cours de récréation ; ils s'amusent avec des billes ou en jouant à la fossette, au lieu de la paume ou de la course ; et n'était le merveilleux instinct qui pousse tous les enfants pauvres d'un âge tendre à courir sous les pieds des chevaux de fiacre toutes les fois qu'ils le peuvent, je ne sais trop comment ils pourraient apprendre à être agiles de leurs membres.

[1] La fin d'un essai intitulé : *School boards, what they can do and what they may do.* (*Contemporary Review*, 1870.)

Rien n'est moins difficile que d'enseigner l'exercice et les éléments de la gymnastique. Elle se fait d'une manière admirable, par exemple, dans les écoles du North Surrey-Union ; il y a un an ou deux, j'eus occasion d'inspecter ces écoles, et je fus très frappé de l'effet de cette éducation sur les pauvres petites épaves d'humanité, ramassées, pour la plupart, dans le ruisseau de la rue, et dont on fait, dans ces excellentes institutions, des membres propres, vigoureux et utiles de la société.

Quels que soient les doutes que nous conservions sur l'efficacité de la sélection naturelle, il ne peut nous en rester sur celle de la sélection artificielle ; l'éleveur qui essaierait de former ou de conserver une belle race de porcs ou de moutons, dans les conditions auxquelles sont exposés les enfants de nos pauvres, deviendrait la risée de l'intelligence la plus rurale. Le Parlement a déjà fait un pas dans cette direction en cessant d'être complice de l'asphyxie des enfants des écoles. Il refuse d'octroyer une concession à toute école où la salle d'études ne contient pas la quantité de mètres cubes d'air nécessaire pour bien respirer. J'aimerais à lui voir faire un pas de plus dans le même sens, et refuser une concession à l'école où l'entraînement physique ne ferait pas partie du programme, ou, tout au moins, offrir de subvenir à la dépense nécessitée par cette branche d'éducation. Si l'on ne se hâte de faire quelque chose de ce genre, les qualités physiques de la race anglaise qui ont été, et à tout prendre, sont encore magnifiques, seront bientôt, dans nos grandes villes, aussi éteintes que le Dodo [1].

[1] Oiseau dont la destruction n'est pas très ancienne.

Et puis, il ne faut pas négliger l'importance de l'effet moral et intellectuel de l'exercice, comme introduction et aide à toutes les autres sortes d'enseignement. Quand vous voulez dresser un poulain, la première chose à faire, à coup sûr, c'est de l'attraper et de le forcer à regarder tranquillement son entraîneur, à connaître sa voix et supporter sa main, à apprendre que les poulains ont autre chose à faire de leurs sabots que de ruer quand l'envie leur en prend, et de découvrir que le terrible être humain n'a aucun désir de les dévorer, ou même de les battre, mais qu'au contraire en faisant preuve d'attention et d'obéissance le poulain peut compter sur une caresse et même une ration d'avoine.

Mais nos « Arabes de la rue » et autres pauvres enfants négligés sont encore plus mauvais et plus sauvages que des poulains, parce que le poulain, lui, n'a que son instinct animal propre, et que sa mère, la jument, lui a toujours été tendre, et n'est jamais rentrée ivre pour lui donner des coups de pieds ; tandis que le poulain de l'homme reçoit son inspiration de ce démon réel, la nature humaine pervertie, et que sa mère l'a traité ainsi et a fait pis encore. De sorte que, tout compte fait, il est probablement encore plus opportun, avec l'enfant qu'avec le poulain, de commencer par agir sur sa nature supérieure par le côté physique.

2° Immédiatement après le dressage physique, je place l'éducation des enfants, et surtout des filles, en matière d'éléments du travail et de l'économie domestiques ; en premier lieu, dans leur intérêt propre, en second lieu, dans celui de leurs futurs patrons.

Quiconque est un peu au fait de la vie des indigents en Angleterre connaît la misère et le coulage causés par leur ignorance des principes de l'économie domestique, et l'absence de frugalité et de méthode qui caractérisent leurs habitudes. Je n'exagère point en disant qu'une française pauvre fera durer l'argent qu'une anglaise pauvre dépense pour sa nourriture, deux fois plus, tout en accommodant un dîner qui sera deux fois plus savoureux. C'est un des grands mystères de la nature que l'incompétence complète, en l'art culinaire, des Anglais pourtant si amoureux de bonne chère; mais il est certain que, depuis les abominables rafraîchissements des buffets de chemins de fer jusqu'aux insipides dîners des indigents, la nourriture anglaise est un gaspillage ou une vilenie, et parfois l'un et l'autre.

En ce qui concerne le service domestique, que de gémissements poussent vers le ciel les ménagères anglaises ? Cinq fois sur six, la fille qui entre « en place » a besoin d'être dressée par sa maîtresse aux premiers rudiments de la décence et de l'ordre, et on peut lui savoir gré quand elle ne fait pas une moue dédaigneuse lorsqu'on lui prêche une sage économie. On dit que des milliers de jeunes servantes souffrent de la faim, ou font pis encore, chaque année, à Londres ; et en même temps, des milliers de maîtresses de maisons sont disposées à payer des gages élevés pour une bonne, une cuisinière ou une ouvrière qui sachent leur métier, et elles ne réussissent pas à se les procurer.

Si les écoles primaires ont une utilité quelconque, elles devraient assurément mettre un terme à un état de choses qui démoralise les classes pauvres tout en remplissant la vie des classes supérieures de tracas et d'ennuis mesquins.

3° Les garçons et les filles, auxquels les comités scolaires sont chargés de donner une éducation, ne sont pas uniquement appelés à remplir des devoirs domestiques, mais chacun d'eux est membre d'une organisation sociale et politique très complexe, et doit se préparer à s'ajuster, dans l'avenir, à cette organisation, ou à se laisser écraser par elle. Pour éviter ce danger, il est sûrement nécessaire, non seulement qu'on leur fasse connaître les lois élémentaires de la conduite à tenir, mais qu'on dirige leurs affections de telle sorte qu'ils aiment de tout leur cœur la conduite qui tendra vers le plus grand bien pour eux-mêmes et leur prochain, et à détester cordialement la série opposée d'actions entachées de mal.

J'estime que, en tant que les lois de la conduite sont déterminées par l'intelligence, c'est à la science qu'elles appartiennent, et à cette partie de la science qu'on nomme *morale*. Mais, bien au-dessus de la science pure se place l'attachement des affections pour la conduite que nous jugeons bonne. Je ne puis m'empêcher de croire que c'est ce sentiment, uni au respect et à la vénération qui n'ont rien de commun avec une crainte servile mais naissent d'eux-mêmes chaque fois que nous essayons de pénétrer au fond des choses, qu'elles soient d'ordre matériel ou spirituel, qui constitue tout ce que la religion contient d'immuable réalité.

Et tout comme je pense que ce serait une erreur que

de confondre la science — la morale — avec l'affection — la religion – de même je juge comme une erreur déplorable et préjudiciable que la science — la théologie soit aussi confondue dans l'esprit de beaucoup de gens, — en réalité, j'oserais dire chez la plupart des hommes.

Je n'exprime ici aucune opinion sur la théologie pour décider si elle est une vraie science, ou seulement, comme l'Apôtre la définit, une « science à tort ainsi nommée » ; je me permettrai cependant d'affirmer que je crois que, si notre théologie moderne venait à la connaissance de celui qui a prononcé cette phrase si souvent mal interprétée, il n'hésiterait pas un seul instant à déclarer que cette expression ne dépasse point sa pensée.

Mais, on comprend, quoi qu'il en soit, qu'il est possible de reconnaître la nature de la Divinité et ses rapports avec l'univers, soit par induction, soit par déduction, ou par ces deux processus. Et le fait de les avoir connus constitue un corps de science qu'on appelle, à juste raison, *théologie*.

En outre, il est indubitable qu'on pourrait appeler religion, l'affection pour l'Être que la science théologique a ainsi défini et décrit ; mais ce ne serait pas là toute la religion. L'affection pour l'idéal moral que la science de la morale a défini réclamerait un droit égal, si ce n'est supérieur. Car, supposant que la théologie établit l'existence d'une divinité méchante — et quelques théologies, même chez les chrétiens, en ont approché de bien près — l'affection religieuse doit-elle être transférée de l'idéal moral à un démon tout-puissant de ce genre ? Je ne l'imagine point.

Mieux vaudrait mille fois que la race humaine périt sous ses foudres que si elle en venait à dire : « Mal, sois mon bien. »

Il n'y a rien de nouveau, que je sache, dans cet exposé des rapports que la religion a, d'un côté, avec la science de la morale, et de l'autre avec celle de la théologie. Mais je le crois vrai, et je crois aussi qu'il est indispensable que sa vérité soit reconnue, de notre temps, d'une façon claire et sans conteste par ceux qui s'occupent de la question de l'éducation.

Deux partis sont en présence, — les avocats de l'enseignement soi-disant « religieux », d'une part, et de l'autre, ceux de l'enseignement appelé « séculier » ! Et ces deux partis me semblent, non seulement foncièrement dans l'erreur, mais dans une position telle que si l'un ou l'autre réussissait complètement, il découvrirait, avant peu, qu'il s'est trompé grandement et a causé un dommage sérieux à la cause de l'éducation.

Car, laissant de côté la minorité plus clairvoyante de chacun des partis, ce que les avocats de la cause « religieuse » réclament à grands cris sous le nom de religion est purement de la théologie ; tandis que les « séculiers », ayant admis imprudemment et à tort la prétention de leurs opposants, demandent l'abolition de tout enseignement « religieux », tandis qu'ils ne veulent que s'affranchir de la théologie. — Cela s'appelle « brûler son navire pour se débarrasser des cancrelats. »

Je crois qu'aucun être humain, et aucune société composée d'êtres humains n'a jamais prospéré, et ne prospérera jamais, si sa conduite n'est gouvernée et régie par le culte d'un idéal moral. Nul doute que votre enfant, tiré du ruisseau, ne puisse par des manœuvres purement intellectuelles se transformer en « le plus subtil de tous les animaux des champs », mais nous savons ce qu'est devenu le sujet de cette description et il est inutile d'augmenter le nombre de ceux qui l'imitent avec succès, sans y être aidé par des taxes. S'il me fallait choisir, pour mes propres enfants, entre une école où une véritable instruction religieuse est donnée, et une qui n'en aurait pas, je préférerais toujours la première, quand bien même l'enfant devrait y prendre beaucoup de théologie. Il y a dans une dose de quinquina neuf dixièmes de bois à demi-pourri, mais on l'avale pourtant à cause des parcelles de quinine qu'elle contient, et dont l'effet est affaibli, mais non détruit, par la présence du bois, sauf en quelques cas d'estomacs exceptionnellement susceptibles.

D'où il suit que, lorsque la grande masse du peuple anglais déclare qu'elle veut que ses enfants reçoivent l'enseignement biblique dans les écoles primaires, et quand il appert des termes mêmes de l'*Act*, et des débats au Parlement et au dehors, et en particulier des déclarations solennelles du vice-président du conseil, qu'on a eu l'intention de permettre la lecture de la Bible, à moins qu'il ne fût allégué des raisons adéquates pour la défendre, je ne vois pas comment on pourrait s'opposer à ce désir. Je ne saurais assurément m'opposer logiquement à ce que les enfants des autres reçussent l'enseignement que je fais donner aux miens. Et quand bien même la lecture de la Bible ne s'accorderait pas avec la raison politique et la justice, et le désir d'agir selon l'esprit de la mesure prise, je suis disposé à croire qu'il serait encore bon de lire ce livre dans les écoles primaires.

J'ai toujours été de ceux qui soutiennent l'éducation séculière, à savoir l'éducation sans théologie, mais je dois convenir que je n'ai pas été moins embarrassé pour savoir par quelles mesures pratiques le sentiment religieux, qui est la base essentielle de la conduite, peut être conservé dans l'état chaotique où se trouve, en ce moment, l'opinion sur ces sujets, sans se servir de la Bible. Les moralistes païens manquent de vie et de couleur ; le noble stoïcien Marc-Antoine lui-même est trop élevé et raffiné pour un enfant ordinaire. Si l'on prend la Bible comme un tout, déduisant, aussi sévèrement que le voudra une juste critique, ses imperfections ou même ses erreurs positives, éliminant, ainsi que le fera tout pédagogue laïque, tout ce qu'il n'est pas désirable de mettre sous les yeux d'enfants, il restera après tout, dans cette ancienne littérature, un immense reliquat de grandeur et de beauté morale. Considérez aussi que, historiquement pendant trois siècles, ce livre a été comme la trame de la vie de tout ce qu'il y a eu de meilleur et de plus noble dans l'histoire de l'Angleterre ; qu'il est devenu le poème épique de la Grande-Bretagne, et qu'il est aussi familier à nobles et vilains, depuis John-O-Groat jusqu'à Land's End [1], que le furent autrefois les œuvres du Dante et du Tasse aux Italiens ; qu'il est écrit dans la langue la plus pure et la plus noble, et abonde en exquises beautés de forme littéraire, et finalement que, grâce à lui, le der-

[1] Ces localités désignent deux points extrêmes de l'Angleterre.

nier rustre qui n'a jamais quitté son village n'ignore point l'existence d'autres pays et d'autres civilisations, et d'un grand passé se perdant dans les limites les plus reculées des plus anciennes nations du monde. Par l'étude de quel autre livre les enfants pourraient-ils se sentir faits humains et occuper, comme chaque figure de cette vaste procession historique le fait, un espace d'un moment entre deux éternités, méritant les bénédictions ou les malédictions de tous les temps suivant l'effort qu'ils feront pour accomplir le bien et haïr le mal, tout comme ils gagnent le salaire de leur travail ?

A tout prendre, j'opine donc pour qu'on lise la Bible, avec les explications grammaticales, géographiques et historiques d'un professeur laïque qui seront nécessaires, à l'exclusion rigoureuse de tout enseignement théologique autre que celui de la Bible même ; car, dans le cas contraire, le pédagogue entreprendrait, en premier lieu, une tâche au-dessus de ses forces, puisque Juifs et Chrétiens sont à l'œuvre sur ce sujet depuis deux mille ans et plus et ne sont pas encore parvenus, ni près de parvenir, à s'entendre, et, en second lieu, il commencerait alors un enseignement d'un caractère sectaire distinct, et se mettrait ainsi en opposition avec l'*Act* du Parlement.

4° Le dressage intellectuel donné à l'école primaire doit naturellement, d'abord consister à apprendre à se servir des moyens d'acquérir les connaissances, c'est-à-dire lire, écrire et compter ; ce sera déjà une excellente affaire que d'enseigner à lire si bien que l'on y trouve plaisir et profit. Si la lecture reste « difficile », on n'y aura pas souvent recours pour s'instruire, et encore moins pour s'amuser, — dernière utilité qui n'est pas la moins précieuse pour des gens travaillant dur.

Mais à côté d'un degré d'habileté dans l'emploi des moyens d'instruction, une certaine quantité de connaissance, de discipline intellectuelles et d'éducation artistique devraient être données dans les écoles primaires, et dans cet ordre d'idées — pour des raisons que je n'ose répéter tant je les ai dites souvent — je ne saurais concevoir de matière d'éducation plus appropriée ni plus importante que les éléments de la science physique, ainsi que le dessin, le modelage et le chant. Cet enseignement ne procurerait pas seulement la meilleure préparation possible pour les écoles spéciales dont on parle tant maintenant, mais il existe déjà un commencement d'organisation pour l'établir. Le ministère des arts et des sciences, dont les opérations se sont déjà fort étendues, non seulement offre d'examiner et de faire les frais de ces examens sur la science et l'art élémentaires, mais il fournit, ce qui a plus d'importance encore, les moyens de tendre une main secourable aux enfants de talents naturels remarquables, qui se rencontrent tout aussi bien chez les pauvres que chez les riches. Un bon vieux dicton nous dit que « l'on ne doit pas prendre un rasoir pour couper une bûche » ; le rasoir est vite gâté, et la bûche n'est pas aussi bien coupée qu'avec une cognée. Mais ce serait encore plus absurde d'empêcher un Watt d'être autre chose qu'un chauffeur, ou de ne pas donner à un Faraday la chance de faire autre chose que relier des livres. En réalité, on ne peut mesurer là le dommage que causent ces vocations perdues ; il est infini, irréparable. Et de tous les arguments en faveur de l'intervention de l'État dans l'éducation, il n'en est pas de plus fort que celui-ci — à savoir : que c'est l'intérêt de chacun que sa capacité ne soit gaspillée ou mal appliquée par qui que ce soit, et par conséquent que le représentant de tous, l'État, remplit nécessairement les désirs de ses constituants en aidant les capacités à occuper les places qui leur conviennent.

On peut objecter que le plan d'éducation que nous esquissons est trop vaste pour être mis à exécution dans le temps pendant lequel les enfants resteront à l'école ; et encore que lors même que cette objection n'existerait pas, la dépense serait trop grande.

Je n'attache aucune importance à la première objection tant que l'expérience n'aura pas été loyalement faite. Quand on pense à tout ce que les enfants absorbent maintenant de catéchisme, de liste des rois d'Israël, de géographie de la Palestine, et choses semblables, il est difficile de croire que l'entraînement physique, qui est presque un jeu, leur coûtera beaucoup, ni l'éducation ménagère, ni ces devoirs envers eux-mêmes et les autres, qui présentent un intérêt pratique de chaque jour et de chaque heure. Quiconque a fait l'expérience convenablement est assuré de l'empressement des enfants pour les éléments de la science et de l'art. Et quand la lecture de la Bible n'est pas accompagnée de contrainte et de formalisme, comme si elle constituait une opération sacramentelle, je crois qu'il n'est rien à quoi les enfants prennent plus de plaisir. Je sais du moins que quelques-uns des souvenirs les plus agréables de mon enfance sont liés à l'étude volontaire que je faisais d'une ancienne Bible appartenant à ma grand'mère. Sans doute, elle contenait de belles images ; je ne me souviens pourtant que peu ou point de ces images, sauf celles représentant le grand prêtre dans ses habits sacerdotaux. Ce qui revient avec vivacité à mon esprit, c'est le plaisir que je prenais aux histoires de Joseph et de David, et mon appréciation ardente de la bonté chevaleresque d'Abraham dans sa conduite envers Loth. Je sens de nouveau, dans un éclair, mon profond mépris pour la bassesse hypocrite du chicaneur Jacob, et ma douloureuse sympathie avec la lamentation déchirante d'Esaü, le dépossédé : « N'as-tu donc pas aussi de bénédiction pour moi, ô mon père ? » Et, comme dans un nuage, j'aperçois les grandioses fantasmagories du livre de l'Apocalypse.

J'énumère ainsi, à mesure qu'elles me viennent, les impressions enfantines qui sortent en foule des casiers de mon cerveau où elles ont reposé en paix pendant quarante ans. Je les tiens pour preuves de l'intérêt profond qu'un enfant, de cinq ou six ans, livré à ses propres ressources, peut apporter à la lecture de la Bible, et de la nourriture morale qu'il en peut tirer. Je me réjouis d'avoir lu la Bible seul, car si j'eusse eu à mes côtés quelque « interprète » théologique, il aurait peut-être essayé, ainsi que le font beaucoup de ses pareils, de diminuer mon indignation envers Jacob, et eût ainsi faussé mon sens moral à tout jamais ; tandis que le grand spectacle apocalyptique du triomphe définitif du droit et de la justice eût pu être mal expliqué par quelque pieux libelliste du papisme.

Et, quant à la seconde objection — la dépense — la réponse d'abord est que la contribution et la concession parlementaire réunies devraient suffire, puisque l'enseignement scientifique et artistique est déjà défrayé ; et, en second lieu, si elles ne suffisaient point, le ministère de l'instruction ferait bien de s'informer de ce que sont devenues les dotations primitivement appropriées, plus ou moins généreusement, à l'éducation des pauvres.

Quand on dépouilla les monastères, quelques-unes de leurs dotations furent appliquées à fonder des cathédrales ; et, dans tous ces cas, il fut ordonné qu'une partie de ces fonds fût attribuée à des œuvres d'éducation. Combien existe-t-il d'attributions pareilles ? Et là où elles se trouvent, ce qui est donné vient-il réellement en aide aux pauvres qui ne peuvent payer l'éducation, ou paie-t-il des subsides, en réalité, à ceux qui, relativement, sont assez riches pour s'en passer ? L'hôpital du Christ et la dotation d'Alleyn remplissent-ils leur but légitime ou ont-ils été pervertis, détournés par des arrangements propres à soulager les classes qui ont les moyens de payer leur éducation ? Comment..... Mais cet article est déjà trop long, et, si je commence, je n'en finirai pas avec les questions de ce genre, qui, après tout, sont dignes tout au plus des radicaux les plus vils.

X

LES UNIVERSITÉS : LE RÊVE ET LA RÉALITÉ[1]

Élu par les suffrages de vos quatre Nations, recteur de l'ancienne université dont vous êtes disciples, je saisis la première occasion qui s'est offerte depuis le rétablissement de ma santé, pour prononcer le discours que, selon une coutume établie depuis longtemps, il appartient à celui qui exerce mon office de prononcer.

Mon premier devoir est de vous présenter mes remerciements les plus sincères pour l'honneur signalé que vous m'avez confié — honneur que, n'étant lié à vous par aucun lien personnel ou national, dépourvu de distinction politique, plébéien restant dans les rangs de son ordre, je n'avais aucun droit d'attendre. J'en ai été d'autant plus surpris que, les vingt-cinq ans qui ont passé sur ma tête depuis que j'ai atteint la virilité intellectuelle ont été dépensés à plaider avec un cœur qui n'était pas partagé des doctrines qui n'ont point encore trouvé grâce aux yeux de la respectabilité académique; de sorte que, lorsque l'on me proposa de me nommer votre recteur, je fus

[1] Discours d'inauguration prononcé en qualité de Lord Recteur de l'Université d'Aberdeen, 27 février, 1874.

presque aussi étonné que le fut Hal o'the Wynd[1], « qui combattait à son propre compte », lorsque Douglas le Noir lui offrit de le faire chevalier. Et je crains fort que mon acceptation ne doive être prise pour preuve que, moins sage que l'armurier de Perth, je n'ai pas encore renoncé à faire campagne.

En réalité, si pour un moment j'ai pu imaginer que votre intention était, simplement, par bonté de cœur, de me faire honneur ; et que le recteur de votre Université, comme celui de beaucoup d'autres, était un de ces êtres heureux qui siègent glorieusement pendant trois ans, n'ayant autre chose à faire qu'un discours, une conversation avec mon éminent prédécesseur a suffi pour dissiper ce rêve.

J'ai su que, par la constitution de l'université d'Aberdeen, celui qui a les fonctions de recteur est, si non une puissance, du moins une énergie potentielle, et que, quelles que puissent être ses chances de succès ou d'insuccès, il est de son devoir de convertir cette énergie potentielle en force vivante, dirigée vers les fins qui lui semblent favorables au bien-être de la corporation dont il est, théoriquement, la tête.

Je n'ai nul besoin de vous dire que votre recteur précédent envisageait ainsi sa position et en remplissait les obligations avec la pénétrante et intelligente prévoyance des véritables états et des tendances, non seulement de son pays, mais de tous les pays, qui le caractérise parmi les hommes d'État.

J'ai déjà essayé de mon mieux, et tant que je conserverai cette place, je continuerai à essayer de suivre

[1] Dans *La jolie Fille de Perth* de Walter Scott.

la route qu'il a parcourue ; de faire mon possible pour amener cette université plus près de l'idéal — hélas ! pourquoi dois-je dire idéal ! — de toutes les universités, qui, telles que je les conçois, devraient être des endroits où la pensée est libre de toute chaîne, et où toutes les sources de la connaissance et tous les auxiliaires du savoir devraient être accessibles à tout venant, sans distinction de croyance ou de pays, de richesse ou de pauvreté.

Ne supposez point, cependant, que j'aie la présomption d'attendre beaucoup de mes pauvres efforts. Si nos *Annales* enregistrent les faits de ma gestion, il est probable que je passerai à la postérité sous le nom du « Recteur qui était toujours vaincu ». Mais si l'on peut ajouter, ainsi que je l'espère, que mes défaites deviennent des victoires entre les mains de mes successeurs, je serai satisfait.

Les scènes se succèdent sur le grand théâtre du monde. L'acte qui a commencé avec la Réformation protestante est presque fini, et un changement plus vaste et plus profond que celui qui s'effectua, il y a trois siècles — réformation ou plutôt révolution de la pensée dont les extrêmes sont représentés par les héritiers intellectuels de Jean de Leyde et d'Ignace de Loyola, plutôt que par ceux de Luther et de Léon — attend le moment d'entrer en scène, visible déjà dans les coulisses pour ceux qui ont de bons yeux. Les hommes commencent une fois de plus à s'apercevoir que les matières de foi et de spéculation sont d'une importance pratique absolument infinie, et se retirent du pays ensoleillé « où c'est toujours l'après-midi » — le creux ensommeillé d'un indifférentisme général — pour se ranger sous leurs drapeaux naturels. Il y a un changement dans l'air, le souffle fait voltiger les têtes légères en cycles excentriques et remplit les plus solides d'un sentiment plein d'insécurité. Il insiste pour rouvrir toutes les questions, et pour demander à toutes les institutions, si vénérables qu'elles soient, de quel droit elles existent, et si elles sont ou non en harmonie avec les besoins réels ou supposés de l'humanité. Et il est à remarquer que ces questions pressantes ne sont pas imposées aux institutions par l'extérieur : elles se développent au dedans. Des savants consommés mettent en question la valeur de la science; les prêtres dédaignent les dogmes ; et les femmes tournent le dos à l'idéal de perfection féminine des hommes et cherchent leur satisfaction dans des visions apocalytiques de quelque réalité épicène, non encore réalisée.

S'il existe un type de stabilité en ce monde, on s'inclinerait à le chercher dans les vieilles universités de l'Angleterre. Mais j'ai eu occasion, dernièrement, d'entendre beaucoup parler de ces fameuses corporations, et j'ai été rempli d'étonnement par les preuves de fermentation intérieure qu'elles présentent. Si Gibbon pouvait visiter de nouveau l'antique siège de la science dont il a parlé d'une façon si cavalière, il ne parlerait plus assurément des « moines d'Oxford enfoncés dans les préjugés et le porto ». Là, comme ailleurs, le porto est passé de mode, et il en est de même des préjugés — tout au moins de cette espèce particulière de vieux préjugé encroûté auquel le grand historien fait allusion.

En réalité, les choses vont si vite à Oxford et à Cambridge que, pour ma part, je fus heureux quand la Commission Royale, dont je fais partie, eût fini et présenté le rapport relatif à ces universités, car nous aurions eu l'air de purs plagiaires, si, par suite de quelque délai à le publier, toutes les mesures de réforme que nous proposions eussent été devancées par l'action spontanée des universités elles-mêmes.

Il y a un mois, j'aurais continué en vous disant que des changements d'une autre sorte étaient à prévoir bientôt à Oxford et à Cambridge. Une Commission a institué une enquête sur les revenus des nombreuses sociétés riches, en rapport plus ou moins direct avec les universités qui résident dans ces villes ; on assure que la Commission a fait son rapport, et que, pour la première fois dans l'histoire, la nation, et peut-être les collèges eux-mêmes, savent quelle est leur fortune. Et l'on annonce qu'un homme d'État qui, quels que soient ses autres mérites ou défauts, vise au-dessus des petites querelles des partis, et porte une vision pénétrante dans les problèmes pratiques les plus complexes, avait l'intention de traiter la question de ces revenus.

Mais, *bos locutus est*. Cette mystérieuse puissance indépendante qui déjoue les calculs de la politique, l'opinion publique — dont on dit tout bas, dans le cas actuel, que c'est presque la même chose que l'opinion du marchand de vin — en a décidé autrement. Les mandarins peuvent reprendre leur sieste accoutumée — pour quelque temps en tout cas.

L'esprit de changement qui agit si vigoureusement

dans le Sud, va-t-il aussi influencer les universités du nord, et s'il en est ainsi, jusqu'à quel point? La force de la fermentation ne dépend pas tant de la quantité de la levure que de la composition de la bière, et de sa richesse en matière susceptible de fermenter ; et comme préliminaire à la discussion de cette question, je me permettrai de vous rappeler les différences essentielles et fondamentales qui existent entre le type écossais et le type anglais d'universités.

Ne m'accusez de rien de pire que d'égoïsme officiel, si je dis que ces différences me paraissent symbolisées à grands-traits par ma propre existence. Il n'y a point de recteur dans une université anglaise. L'organisation des membres d'une université en Nations avec un recteur qu'ils élisent est le dernier reste de la constitution primitive des universités. Le rectorat était le poste le plus important de cette université de Paris, sur le modèle de laquelle l'université d'Aberdeen a été fondée et qui était assurément une grande et florissante institution au XIIe siècle.

Les fanatiques de l'antiquité d'un des parents reconnus de toutes les universités n'hésitent pas, en réalité, à faire remonter l'origine du « Studium Parisiense » jusqu'à cet étonnant roi des Franks et des Lombards, Karl, surnommé le Grand, que nous avons tous appelé Charlemagne et cru Français jusqu'à ce qu'un savant historien, par une bienfaisante répétition, nous en ait corrigés. On dit que Karl n'était pas un grand lettré, mais il avait la sagesse dont la connaissance n'est que la servante. Et cette sagesse lui permit de voir que l'ignorance est la racine de beaucoup de maux.

Dans le capitulaire qui ordonne la fondation des écoles des monastères et des cathédrales, il dit : « Une bonne action vaut mieux que le savoir ; mais pour faire ce qui est bien, nous devons commencer par le savoir. [1] » Vérité irréfutable, j'imagine. Se guidant là-dessus, le roi agit assez arbitrairement et établit un système vraiment considérable et efficace d'éducation primaire dans toute l'étendue de ses domaines.

Nul doute que les païens des bords de l'Elbe, dans ce qui fait maintenant partie de la Prusse, n'aient eu des objections aux mesures prises par le roi des Franks ; nul doute que les prêtres, qui n'avaient jamais hésité à sacrifier tous ceux qui refusaient de croire à leurs divinités fantastiques et à leurs futiles sorcelleries, ne chantassent plus haut que tous les vertus de la tolérance ; nul doute qu'ils n'aient dénoncé comme un cruel persécuteur l'homme qui ne voulait pas leur permettre, si sincères qu'ils pussent être, de répandre des mensonges qui abaissaient l'intelligence autant qu'ils émoussaient le sens moral et détruisaient les liens de la féauté civile ; nul doute que, s'ils avaient vécu de notre temps, ils n'eussent réussi à prouver facilement que les procédés du roi étaient entièrement contraires aux meilleurs principes libéraux. Mais on peut dire, pour justifier le chef Teuton, d'abord qu'il vivait avant le temps de ces principes et ne pouvait soupçonner que le meilleur moyen de faire de l'ordre

[1] « *Quamvis enim melius sit bene facere quam nosse, prius tamen est nosse quam facere.* » *Karoli Magni Regis Constitutio de Scholis per singula Episcopia et Monasteria instituendis*, adressée à l'abbé de Fulda. Baluzius, » *Capitularia Regum Francorum*, t. I, p. 202.

avec du désordre était de ne pas s'en mêler, et secondement que ses procédés rudes et un peu suspects réaliseraient plus ou moins le but qu'il se proposait. Car, en deux siècles, les écoles qu'il semait produisaient leur moisson d'hommes affamés de science et de culture. Les hommes gravitant autour de Paris, comme vers une lumière brillant dans les ténèbres des jours mauvais de l'Allemagne, de l'Espagne, de la Grande-Bretagne et de la Scandinavie, se réunissaient par une affinité naturelle. Ils se groupèrent, graduellement, pour former une société qui, son but étant la connaissance de toutes les choses connaissables, s'intitula : *Studium generale*, et, lorsqu'elle fut devenue une corporation reconnue, prit le nom de *Universitas studii generalis* ; ce qui, remarquez-le bien, signifie non point une « Société de connaissances utiles » mais une « Société de la connaissance des choses en général ».

Ainsi commença l'existence, du moins de ce côté des Alpes, de la première « université ». Elle n'avait primitivement qu'une faculté, celle des arts. Elle avait pour but d'être un centre de connaissance et de culture, non point d'être, en aucun sens, une école technique.

Les élèves semblent avoir étudié la grammaire, la logique et la rhétorique, l'arithmétique et la géométrie ; l'astronomie, la théologie et la musique. Ainsi, leur œuvre, quelque imparfaite et défectueuse qu'elle fût jugée par nos lumières modernes, les mettait en présence de tous les côtés principaux de l'esprit si varié faces de l'homme. Car ces études contenaient, en réalité, à tout le moins en germe — parfois, il se peut, en caricature — ce que nous appelons maintenant philosophie, mathématiques, sciences physiques et arts. Et je doute que le programme d'études d'aucune université moderne montre une intelligence plus claire et plus libérale de ce qu'on entend par culture qui le font ces vieux *Trivium* et *Quadrivium*.

Les étudiants, qui avaient passé par toutes les classes de l'université et s'étaient montrés compétents à enseigner, devenaient maîtres et professeurs de leurs plus jeunes frères. D'où vient la distinction de maîtres et régents d'une part, et d'écoliers de l'autre.

Une croissance rapide nécessita une organisation. Les maîtres et les écoliers de langues diverses et de divers pays se groupèrent en quatre nations, et ces nations, par leur propre vote d'abord, et plus tard par celui de leurs procurateurs ou représentants, élurent leur chef suprême et gouverneur, le recteur qui, dans ce temps, était le seul représentant de l'université, et un pouvoir très réel, qui pouvait défier les prévôts du dehors, ou infliger même des punitions corporelles à des membres désobéissants de l'université.

Telle fut la constitution primitive de l'université de Paris. C'est en me référant à ce curieux état de choses que j'ai parlé du rectorat et de tout ce qui le concerne, comme étant le dernier vestige de cette constitution.

Mais l'organisation primitive ne dura pas longtemps. La société d'alors, pas plus que celle d'aujourd'hui, n'était patiente pour la culture en soi. Elle dit à tout : « Sois-moi utile, ou va-t'en. » Et l'homme ignorant disait alors au lettré, comme il le dit aujourd'hui : « A quoi sert tout votre savoir si vous ne pouvez me dire ce que j'ai besoin de savoir ? Je tâtonne péniblement, à l'aveugle, me heurtant constamment à mon détriment contre trois redoutables puissances : la puissance du Dieu invisible, celle de l'homme, mon semblable, et celle de la nature brutale. Appliquez votre savoir à l'étude de ces puissances, afin que je sache comment je dois me comporter à leur égard. » En réponse à cette exigence, quelques-uns des maîtres de la faculté des arts se consacrèrent à l'étude de la théologie, quelques-uns à celle du droit, et d'autres à celle de la médecine ; et ils devinrent Docteurs — hommes instruits dans ces branches techniques de savoir, que nous appelons maintenant professionnelles. Les semblables s'attirent : les docteurs formèrent des écoles ou facultés de théologie, de droit et de médecine, qui parfois prirent des airs de supériorité envers leur mère, la faculté des arts, bien que cette dernière ait toujours assuré et maintenu sa suprématie fondamentale.

Les facultés naquirent, par un processus de différenciation naturelle, de l'université primitive. D'autres éléments, étrangers à sa nature, furent vite greffés sur elle. Un de ces éléments étrangers lui fut imposé par l'Église Romaine qui, dans ces temps-là, affirmait avec succès ce qu'elle affirme encore, mais heureusement sans succès dans nos royaumes, le droit de censure et d'autorité sur tout enseignement. L'habitation locale de l'université se trouvait, en partie, sur les terres attachées au monastère de Sainte-Geneviève, en partie sur le diocèse de l'évêque de Paris ; et celui qui voulait y enseigner devait avoir l'autorisation de l'abbé, ou de l'évêque comme représentant le plus proche du pape, et cette licence était accordée par les chanceliers de ces ecclésiastiques.

Donc, si je suis ce que les archéologues appellent une « survivance » du chef et gouverneur primitif de l'université, votre chancelier occupe la même relation avec la papauté, et, tout respect rendu à sa Seigneurie, il me semble que nous sommes tous deux terriblement diminués en comparaison de ce qu'étaient nos grands prédécesseurs.

Il n'en est pas de même d'un second élément étranger qui tomba silencieusement sur le sol des universités, comme la graine de moutarde de la parabole, et, de même que cette graine devint un arbre, sur les branches duquel toute une bande d'oiseaux vint s'abriter. Cet élément est celui de la dotation. Il différa des précédents dans son dessein primitif de servir d'appui à la jeune plante, et non d'en être le parasite. Les gens charitables et humains que favorisait la fortune furent de bonne heure pris de pitié pour la misère de l'étudiant pauvre. Les sages comprirent que la capacité intellectuelle n'est pas un don assez commun ou assez peu important pour qu'on le laissât se perdre en métiers d'artisans et en besognes de ménage. L'homme, qui était une bénédiction pour ses contemporains, mais qui a si souvent dégénéré en malédiction par l'aveugle obéissance de sa postérité à la lettre plutôt qu'à l'esprit de sa volonté — je veux dire le « pieux fondateur » — donnait de l'argent et des terres, afin que l'étudiant, riche par le cerveau mais pauvre de tout autre côté, pût être arraché à la charrue ou à l'enclume et mis à même de se consacrer au service supérieur de l'humanité et il faisait construire des collèges et des salles, dans lesquels il pût non seulement être logé et nourri, mais aussi instruit.

Les collèges étaient, très généralement, placés sous la stricte subordination de l'université par leurs fondateurs ; mais, en beaucoup de cas, leur dotation, consistant en terres, a subi un « accroissement non gagné », qui a donné à ces sociétés un poids et une importance qui ont été croissant en opposition avec l'université non dotée, ou du moins dont la dotation restait fixe. Dans le rêve de Pharaon, les sept vaches maigres dévorèrent les sept grasses. Dans la vérité historique, les collèges gras ont dévoré les universités maigres.

Même ici, à Aberdeen, bien que les causes en jeu aient été quelque peu différentes, les effets ont été semblables, et vous pouvez voir combien une entité telle que celle du très révérend Principal, analogue, si ce n'est homologue, à celle des principaux du collège du Roi, est plus substantielle que celle du recteur représentant direct des anciens monarques de l'université, bien que n'étant guère maintenant qu'un « roi de pièces et morceaux ».

N'allez point supposer qu'en retraçant ainsi, en peu de mots, le processus de la métamorphose de l'université, j'aie eu l'intention de me plaindre de ses résultats. En pratique, il me semble que les grands changements effectués en 1858 ont donné aux universités écossaises une constitution très libérale, se rapprochant de l'état de choses primitif autant que cela est désirable. Si vos vaches grasses ont dévoré les maigres, du moins ne se sont-elles pas, depuis, couchées pour ruminer. Les universités d'Écosse, comme celles d'Angleterre, ont assez largement dérogé de leur type primitif; mais je ne puis m'empêcher de penser que la forme du nord est restée plus fidèle à l'original, non seulement dans sa constitution, mais, ce qui a plus de portée, en présence de la demande de changement, dans l'application pratique des dotations qui lui sont attachées.

A Aberdeen, ces dotations sont nombreuses, mais si petites que, prises toutes ensemble, elles n'égalent point le revenu d'un seul collège anglais de troisième ordre. Ce sont des bourses d'écoliers, non des bourses d'agrégés, des aides pour travailler, non des récompenses pour l'œuvre à la portée d'un jeune homme ordinaire, ou même extraordinaire Vous ne jugez pas que passer un examen convenable soit un équivalent suffisant pour le revenu que plus d'un vétéran à cheveux blancs, ou un ministre de l'Évangile envieraient, et qui est plus considérable que la dotation de beaucoup de chaires *Régius*. Vous ne voulez point faire de votre université une école de mœurs pour les riches, ou de sport pour les athlètes, ni une serre chaude de raffinement bien nourri, et hypercritique, plus destructrice de la vigueur et de l'originalité de la pensée que ne le sont la famine et l'oppression. Non;

vos petites bourses de dix ou vingt livres [1] (je crois même de cinquante), par an, mettent à même tout garçon ayant montré de la capacité, au cours de son éducation dans ces écoles primaires remarquables qui ont donné à l'Écosse sa puissance, d'obtenir la plus haute culture que le pays puisse fournir, et quand il est ainsi armé et équipé, son *Alma Mater* Spartiate lui dit que son travail a reçu son salaire et qu'il peut partir et gagner le reste.

Quand je pense à la foule de jeunes gens de bonne famille, agréables, dociles, qui font un peu de science et beaucoup de canotage sur la Cam et l'Isis, une vision charmante se présente à mon esprit ; comme patriote, je me réjouis à la pensée que la jeunesse des classes riches et supérieures de la nation reçoit une éducation saine et virile, quelque petite que soit la part de science qu'elle recueille dans les intervalles de cette sérieuse affaire. J'admets entièrement la valeur sociale et politique de cet entraînement. Mais si je passe à la réflexion que ces jeunes gens représentent la grande masse de ce que les collèges nous donnent en comparaison avec leur énorme fortune, avec, à tout le moins, en plus, cent cinquante livres par an que chaque élève coûte à ses parents ou ses tuteurs, je suis tenté de demander si la contribution venant en aide à l'éducation des classes riches et professionnelles, ainsi prise sur les ressources de la communauté, n'est pas, après tout un peu lourde ? Et, en outre, je voudrais savoir ce qu'il est advenu des écoliers pauvres, les fils de ces masses du peuple, dont le travail quotidien

[1] Livres de 25 francs.

suffit tout juste à satisfaire les besoins quotidiens, et pour l'avantage desquels ces riches institutions ont été principalement, si ce n'est uniquement, établies? Il semble, vraiment, que le rêve de Pharaon se soit réalisé à la lettre, et que l'écolier gras ait dévoré le maigre. Si de ce tableau je me tourne vers la vision non moins réelle de plus d'un brave et économe garçon écossais passant son été en un travail manuel, afin d'avoir le privilège de prendre, en automne, le chemin de cette université, avec un sac de farine, dix livres dans sa poche, sans rien d'autre que son cœur vaillant pour le soutenir durant l'hiver du nord, non point tenté de chercher

« Une chimérique renommée à la gueule du canon. »

mais résolu à arracher les trésors de la science aux mains calleuses de la pauvreté; quand je le vois gagner, au travers de tels obstacles extérieurs, des positions d'utilité étendue et de réputation bien méritée, je ne puis me défendre de penser qu'Aberdeen s'est peu éloignée, dans les conditions essentielles, de l'intention primitive des fondateurs de l'université, et qu'il y a tant à faire pour l'esprit de réforme de l'autre côté de la frontière [1] qu'il n'aura, de longtemps, le loisir de regarder par ici.

Donc, Aberdeen, en se comparant avec d'autres universités existantes, a peut-être lieu d'être satisfaite d'elle-même. Mais ne m'accusez point d'être un rêveur brouillé avec les idées pratiques, si je vous demande de ne pas vous reposer sur vos lauriers, et

[1] Il s'agit du *Border*, de la frontière entre l'Écosse et l'Angleterre.

de vouloir bien examiner, pendant quelques instants, comment ce bien réel soutient la comparaison avec ce mieux idéal, vers lequel les hommes et les institutions doivent progresser, sous peine de rétrograder.

Dans l'université idéale, telle que je la conçois, un homme devrait pouvoir obtenir l'instruction de toutes les formes de connaissances, et la discipline pour employer toutes les méthodes qui procurent la connaissance. Dans une semblable université, la force de l'exemple vivant devrait enflammer l'étudiant de la noble ambition d'atteindre au savoir des savants et de marcher sur les traces des explorateurs de nouveaux champs de connaissance. Et l'air même qu'il respire devrait être chargé de cet enthousiasme pour la vérité, ce fanatisme de véracité, qui est une possession plus précieuse qu'un grand savoir, un don plus noble que la puissance d'accroître le savoir, d'autant plus noble et plus grande que ceux-ci que la nature morale est supérieure à la nature intellectuelle ; car la véracité est l'âme de la moralité.

Mais l'homme qui serait tout moralité et intelligence, bien que bon et souvent grand, ne serait encore que la moitié d'un homme. Il y a de la beauté dans le monde moral et dans le monde intellectuel, mais il y a aussi une beauté qui n'est ni morale ni intellectuelle, — celle du monde de l'art. Quelques hommes sont privés de la faculté de l'apercevoir, de même que quelques hommes naissent sourds et aveugles, et, pour eux, c'est une perte infinie. Chez d'autres, c'est une passion qui les subjugue ; hommes heureux, doués en naissant du génie producteur, ou, au-dessous de celui-ci, du génie appréciateur de l'artiste. Mais, dans la masse de l'humanité, la faculté esthétique, comme la puissance de raisonnement et le sens moral, a besoin d'être éveillée, dirigée, cultivée ; et je ne vois pas pourquoi le développement de ce côté de sa nature, par lequel l'homme accède à une source perpétuelle de plaisir qui ennoblit, se trouverait exclu d'un plan compréhensif d'éducation universitaire.

Toutes les universités reconnaissent la Littérature dans le sens de la vieille Rhétorique, c'est-à-dire l'art incarné dans des mots. Quelques-unes, soit dit à leur honneur, reconnaissent l'art dans son sens plus étroit jusqu'à un certain point, et confèrent des grades à ceux qui excellent dans quelqu'une de ses branches. S'il y a des docteurs de musique, pourquoi n'y en aurait-il pas de peinture, de sculpture, d'architecture ? J'aimerais à voir, dans chaque université, des professeurs de beaux-arts, et que l'instruction en quelque branche de leur œuvre fît partie du programme d'études des humanités.

Je viens d'exprimer l'opinion que, dans notre université idéale, un homme devrait pouvoir s'instruire dans toutes les formes de la connaissance. Par cette phrase de « formes de la connaissance », j'entends les grandes classes des choses connaissables, dont la première, dans l'ordre logique, mais non dans l'ordre naturel, serait la connaissance relative du but et des limites des facultés mentales de l'homme, forme de connaissance qui, sous son côté positif, répond assez bien à la logique et à une partie de la psychologie, tandis que, par son côté négatif et critique, elle correspond à la métaphysique.

Une seconde classe comprend tout le savoir relatif au bien de l'homme, en tant qu'il peut être déterminé par ses propres actes, autrement dit à sa conduite. Cette classe répond à la philosophie morale et religieuse. En pratique, c'est de toutes les formes de connaissance la plus directement précieuse; mais, spéculativement, elle est limitée et critiquée par ce qui précède et ce qui suit dans mon ordre d'énumération.

Une troisième classe embrasse la connaissance des phénomènes de l'univers, comme étant ce qui entoure l'homme individuel, et des règles qu'on a pu voir suivre à ces phénomènes dans l'ordre où ils se présentent, et que nous appelons les lois de la nature.

C'est ici ce qu'on devrait appeler science naturelle ou physiologie, bien que ces termes soient irrémédiablement détournés de cette signification, et cette science comprend toute connaissance exacte des faits naturels, mathématiques, physiques, biologiques ou sociaux.

Kant a dit que le but ultime de toute connaissance est de répondre à ces trois questions: Que puis-je faire ? Que dois-je faire? Que dois-je espérer ? Les formes de connaissance que je viens d'énumérer devraient fournir les réponses qui sont à portée de l'homme à la première et à la seconde de ces questions. Quant à la troisième, la réponse la plus sage pourrait bien être: « Faites ce que vous pouvez pour faire votre devoir et laissez de côté l'espérance et la crainte. »

Si c'est là une classification juste et complète des formes de la connaissance, on ne saurait sérieusement mettre en question leur importance relative ni la supériorité de l'une sur l'autre.

Il semble, au premier abord, absurde de demander s'il est plus important de connaître les limites de nos facultés ou les fins pour lesquelles nous devons les exercer, ou les conditions sous lesquelles elles doivent être exercées. On pourrait tout aussi bien demander quel est le terme d'une règle de trois qu'on devrait connaître pour obtenir un résultat digne de confiance: La vie pratique est un calcul de ce genre, où votre devoir, multiplié par votre capacité et divisé par les circonstances, vous donne le quatrième terme de la proportion, à savoir : ce que vous méritez, avec une complète exactitude. Tous accorderont avec moi, je pense, que les hommes doivent avoir ces trois sortes de connaissances. Le soi-disant « conflit des études » se réduit à la question de connaître la meilleure manière de les réaliser.

Les fondateurs des universités professaient la théorie que les Écritures et Aristote réunis, ce dernier étant limité par les premières, contenaient tout ce qu'il valait la peine de savoir, et que l'affaire de la philosophie était de les interpréter et de les coordonner. J'imagine qu'au XIIe siècle c'était une conclusion très légitime des faits connus. Nulle part dans le monde, à cette époque, il n'y avait une encyclopédie des connaissances de ces trois classes, pareille à celle qu'on trouve dans ces écrits. La philosophie scolastique est un admirable monument de la patience et de l'habileté ingénieuse avec lesquelles l'esprit humain s'efforça de construire une théorie logiquement conséquente de l'univers avec ces matériaux. Et cette philosophie n'est nullement morte et enterrée, ainsi que beaucoup de gens le supposent orgueilleusement. Au contraire, nombre d'hommes dont le savoir et la capacité ne sont point à dédaigner, et parfois doués d'une puissance et d'une finesse d'esprit rares, soutiennent que c'est la meilleure théorie des choses qui ait encore été exposée. Et ce qui est encore plus remarquable, c'est que des hommes parlant le langage de la philosophie moderne, gardent, néanmoins, les pensées des hommes de l'école. « La voix est la voix de Jacob, mais les mains sont les mains d'Ésaü. » Chaque jour j'entends parler de la « cause », de la « loi », de la « force », de la « vitalité », comme étant des entités. par des gens qui goûtent encore la plaisanterie de Swift sur les avantages pour le rôtissage de la viande, du tourne-broche à courant d'air[1], et qui se réconfortent avec la réflexion qu'ils ne ressemblent pas à ces hommes d'école peu éclairés.

Eh bien ! ce grand système a vécu ; il a été sapé et miné par deux influences. La première fut l'étude de la littérature classique, qui familiarisa les hommes avec les méthodes de la philosophie, avec les conceptions du bien suprême ; avec les idées de l'ordre de la Nature ; avec des notions de la critique littéraire et historique ; et, par-dessus tout, avec des visions d'art, d'une sorte qui non seulement ne s'adaptait plus au plan scolastique, mais leur montrait un monde préchrétein, et, en réalité, tout à fait non-chrétien, d'une

[1] Un tourne-broche possédant une mystérieuse « vertu rôtissoire », comme l'opium a la « vertu dormitive ».

telle grandeur et d'une telle beauté qu'ils cessèrent de penser à tout autre. Ils furent comme les hommes qui, ayant embrassé la reine des fées et erré avec elle dans la mystérieuse beauté du monde souterrain, ne voulaient plus retourner à leur foyer et à leur patrie, bien que ceux-ci fussent juste au-dessus de leur tête, à portée de leurs mains. Les cardinaux étaient plus intimes avec Virgile qu'avec Isaïe, et les papes travaillaient, avec succès, à rendre Rome au paganisme.

La seconde influence fut le lent mais sûr développement des sciences physiques. On découvrit que quelques résultats de pensées spéculatives, d'une importance pratique et théorique immense, peuvent être vérifiés par l'observation, et sont toujours vrais quelque rigoureux que soit le critérium qu'on leur applique. Ici, à tout événement, il y avait une connaissance à la certitude de laquelle aucune autorité ne pouvait ajouter ni ôter un seul iota, et pour laquelle la tradition de mille ans était aussi insignifiante que le racontar d'hier. Pour le système scolastique, l'étude de la littérature classique pouvait être incommode et étourdissante, mais on pouvait espérer le contenir dans certaines bornes. La science physique, d'autre part, était une ennemie irréconciliable qu'il fallait exclure à tout prix. Le collège des cardinaux ne s'est pas distingué en physique ou en physiologie, et aucun pape, jusqu'ici, n'a établi de laboratoires publics dans le Vatican.

On ne formule pas toujours les croyances d'après lesquelles on agit. L'instinct de la crainte et de l'antipathie est plus prompt que le processus du raisonnement, et je soupçonne qu'il y a, jointe à quelques autres causes, une aversion instinctive de ce genre au fond de la longue exclusion de toute sérieuse discipline des sciences physiques du programme d'études des universités, tandis que, d'autre part, on a fait graduellement de la littérature classique la colonne vertébrale des humanités.

J'ai honte de répéter ici ce que j'ai dit ailleurs, en saison et hors de saison, concernant la valeur de la science comme connaissance et comme discipline. Mais j'ai trouvé, l'autre jour, quelques passages d'un discours à une autre université écossaise, par un grand penseur, que nous venons de perdre, qui exprimait si complètement, et cependant avec tant de concision, la vérité sur cette question, que je ne puis m'empêcher de les citer.

« Mettre tout en question; — ne jamais se détourner d'aucune difficulté; n'accepter de doctrine, soit de nous-même, soit des autres, qu'après un examen rigide par la critique négative; ne laisser aucune erreur ou incohérence ou confusion de pensée se glisser inaperçues; surtout, insister pour comprendre clairement le sens d'un mot avant de l'employer, et celui d'une proposition avant d'y adhérer; — telles sont les leçons que nous apprenons des travailleurs de la Science. Avec tout cet emploi rigoureux de l'élément négatif, ils n'inspirent ni scepticisme sur la réalité de la vérité, ni indifférence à l'égard de sa poursuite. L'enthousiasme le plus noble, à la fois pour la recherche de la vérité pour son application aux usages les plus élevés règne chez ces écrivains. » En cultivant, par conséquent, la Science comme élément essentiel de l'éducation « nous posons un admirable fondement pour la culture éthique et philosophique[1]. »

Les passages que je viens de citer furent prononcés par John Stuart Mill ; mais les guillemets ne peuvent s'entendre, et il est juste que j'ajoute vite que j'ai pris la liberté de remplacer les « anciens dialecticiens » par les « travailleurs de la science, et « les anciennes langues comme notre meilleure éducation littéraire » par « la science comme élément essentiel de l'éducation ».

Il est de fait que Mill prononce un panégyrique splendide des études classiques. Je ne doute point qu'il ne fût juste et je ne songe pas à mettre en question sa sagesse. Mais j'ose soutenir qu'aucun juge, sage et équitable, connaissant les faits, n'hésitera à dire qu'il s'applique avec autant de force à l'éducation scientifique.

Mais, pour rendre justice aux universités écossaises, il faut dire qu'elles ont depuis longtemps compris la valeur de la science comme branche d'éducation générale. Je remarque, avec la plus grande satisfaction, que l'on exige des candidats pour le degré de maître des arts dans cette université une connaissance, non seulement de la philosophie mentale et morale, et des mathématiques et de la physique, mais encore de l'histoire naturelle, ajoutée au cours ordinaire de latin et de grec, et qu'un candidat peut obtenir des honneurs sur ces sujets et en chimie.

Je ne connais pas les exigences de vos examinateurs, mais je compte sincèrement qu'ils ne se contentaient

[1] Discours inaugural à l'Université de Saint-André, février, 1867, par J.-Stuart Mill, recteur de l'Université, p. 32-33.

pas d'une connaissance de ces matières purement acquise par les livres. Pour ma part, je ne lèverais pas un doigt, pour introduire une étude scientifique reposant sur les livres seulement dans tout programme d'études des humanités de ce pays. Que ceux qui veulent étudier les livres se consacrent à la littérature, où nous trouvons la perfection en ce genre, soit comme substance, soit comme forme. S'il m'était permis de paraphraser l'aphorisme bien connu de Hobbes, je dirais que « les livres sont la monnaie de la littérature, mais seulement les jetons de la science, » la science (dans le sens où j'emploie maintenant ce mot) étant la connaissance du fait, dont toute description verbale n'est qu'une expression incomplète et symbolique. Et tenez pour certain qu'aucun enseignement de science n'a de valeur comme discipline de l'esprit, qui n'est pas basé sur la perception directe des faits, et sur l'exercice pratique des facultés d'observation et de logique sur eux. Même lorsqu'il s'agit d'une affaire aussi simple que de comprendre une forme, demandez à l'anatomiste le plus expérimenté et le mieux renseigné quelle différence il trouve entre sa connaissance d'un organe d'après une lecture et celle qu'il a obtenue en voyant lui-même ce même organe et il vous dira que les deux choses ne peuvent se comparer — la différence est infinie. Je suis donc très porté à me ranger à l'avis de savants maîtres d'école qui disent que, d'après leur expérience, enseigner la science est du temps perdu. Je ne doute point que ce ne soit vrai, de la manière dont ils l'enseignent. Mais l'enseigner autrement demande une somme de travail personnel et un développement de moyens et d'accessoires qui doit frapper d'horreur et d'épouvante un homme accoutumé à travailler uniquement d'après les livres, et qui a pris l'habitude de professer dans une classe de cinquante élèves sans fatigue pour ses forces. Et c'est ici une des véritables difficultés qui s'opposent à l'introduction des sciences physiques dans le cours ordinaire de l'université et auxquelles j'ai fait allusion. C'est une difficulté qui ne sera surmontée que lorsque des années d'études patientes auront organisé l'enseignement scientifique aussi bien, et j'espère même mieux, que l'enseignement classique l'a été jusqu'ici.

Il y a quelque temps, je me hasardai à exprimer quelques doutes sur la perfection de quelques-unes des dispositions des anciennes universités de l'Angleterre ; mais, dans leur organisation pour donner l'instruction scientifique comme telle, sans s'occuper directement des applications pratiques qu'on en peut faire, elles ont donné un brillant exemple. Au cours des vingt dernières années, Oxford seul a dépensé plus de cent vingt mille livres à construire et aménager des laboratoires de physique, de chimie, et de physiologie, et un magnifique musée, arrangé avec une entente presque luxueuse des besoins de l'étudiant. Cambridge, moins riche, mais mieux aidée par la munificence de son chancelier, suit la même voie et, dans quelques années, ce ne sera pas faute de moyens et d'instruments d'un enseignement sérieux que la masse des étudiants des universités anglaises restera dans son état actuel d'ignorance barbare des rudiments mêmes de la culture scientifique.

Il y a encore un pas à faire, cependant, pour que la science ait pris dans les universités la place qui lui revient. C'est d'être reconnue comme faculté, ou branche d'étude demandant une connaissance et une organisation spéciales, à cause de sa portée pour les besoins de l'humanité. Les Facultés de théologie, de droit et de médecine, sont des écoles techniques destinées à équiper des hommes ayant reçu une culture générale avec les connaissances spéciales nécessaires pour qu'ils remplissent convenablement les devoirs d'ecclésiastiques, d'avocats et de médecins.

Quand le bien-être matériel du pays dépendait du pâturage et de l'agriculture et du travail minier plus dur encore, aux jours où les innombrables applications des principes des sciences physiques à des buts pratiques n'avaient pas même l'existence d'un rêve, jours dont les hommes d'aujourd'hui ont entendu parler leurs pères, tout ce qu'on croyait voir dans la science physique ayant une portée directe sur la vie humaine était du domaine de la médecine. C'est la médecine qui a été la mère nourricière de la chimie, parce qu'elle traite de la préparation des drogues et de la découverte des poisons ; de la botanique, parce que celle-ci faisait reconnaître au médecin les herbes médicinales ; de l'anatomie et de la physiologie comparées, parce que l'homme qui étudiait l'anatomie et la physiologie humaines dans des buts médicaux était amené à étendre ses études au reste du monde animal.

Autant qu'il m'en souvient, la seule manière par laquelle un étudiant pouvait obtenir une éducation dans les sciences physiques était de suivre les leçons des professeurs des sciences physiques et naturelles attachés aux écoles de médecine. Mais, au cours des trente dernières années, la mère nourricière et l'enfant ont tellement grossi qu'il est à craindre que non seulement ils ne s'écrasent l'un l'autre, mais qu'ils épuisent toute la vie du malheureux étudiant qui entrera dans la *nursery,* au grand détriment de tous les trois.

Je parle à ceux qui savent, par la pratique, ce qu'est une éducation médicale, car je puis supposer qu'une grande proportion de mes auditeurs est composée d'étudiants plus ou moins avancés dans la médecine. J'en appelle aux plus travailleurs et aux plus consciencieux parmi vous, à ceux qui sont le plus profondément pénétrés du sentiment des responsabilités si sérieuses qu'implique la profession d'un praticien, et je vous demande si, dans les quatre ans que vous consacrez à vos études, vous devriez donner même une heure à toute œuvre qui ne tend pas directement à vous préparer pour vos devoirs ?

Songez bien à ce qu'est votre œuvre. Son fondement repose sur une connaissance solide et pratique de la structure de l'organisme humain, avec les modes et les conditions de son activité en état de santé. Je dis une connaissance solide et pratique, pour prévenir la supposition que mon intention serait de suggérer que vous fussiez tous des anatomistes méticuleux et des physiologistes consommés. Les quatre années d'étude seraient entièrement consacrées à l'anatomie et la physiologie seules, et elles seraient totalement insuffisantes pour obtenir cette fin. Ce que je veux dire, c'est cette sorte de connaissance pratique, familière, du bout des doigts, qu'un horloger a d'une montre, et que vous attendez que cet artisan, s'il est honnête, possède, quand vous lui confiez une montre qui va mal. C'est là une connaissance qui ne s'acquiert ni dans la salle de conférences, ni dans la bibliothèque, mais dans l'amphithéâtre de dissection et dans le laboratoire. Vous parviendrez à l'avoir, non point en dispersant votre attention entre ce sujet et beaucoup d'autres, mais en concentrant votre esprit, une semaine après l'autre, un mois après l'autre, six ou sept heures par jour, sur toutes les complexités des organes et des fonctions, jusqu'à ce que les plus grandes vérités de l'anatomie et de la physiologie soient devenues partie organique de vos esprits, — jusqu'à ce que vous les sachiez si l'on vous réveillait et vous questionnait au milieu de la nuit, de même qu'un homme sait la géographie de son lieu de naissance et la vie quotidienne de son intérieur. Voilà l'espèce de connaissance qui, une fois acquise, dure toute la vie. D'autres occupations peuvent remplir vos pensées — et elle peut pâlir et sembler oubliée — mais elle demeure, comme l'inscription sur une monnaie usée et effacée, qui reparaît quand vous la chauffez.

Si j'avais la puissance de remanier l'éducation médicale, les deux premières années de médecine seraient consacrées uniquement à une étude complète de l'anatomie et de la physiologie, avec la chimie physiologique et la physique ; l'étudiant passerait alors un examen sérieux, pratique, sur ces sujets, et ayant franchi cette épreuve d'une façon satisfaisante, il ne s'en occuperait plus. Toute son intelligence s'appliquerait alors, avec une égale attention, à l'étude de la thérapeutique, dans son sens le plus large, de la médecine pratique et de la chirurgie, avec l'enseignement de l'hygiène et de la jurisprudence médicale, et ce n'est que sur ces sujets — il y en a, sûrement, assez — qu'on exigerait qu'il prouvât son savoir à son examen final.

Je ne prétends point avoir découvert cette théorie de ce que devrait être le programme des études, car je m'aperçois que des opinions, se rapprochant plus ou moins des miennes, sont soutenues par tous ceux qui ont considéré sérieusement la question si grave et si pressante de la réforme médicale, et quelques-uns des comités d'examen les plus éclairés les ont même, en quelque mesure. mises en pratique. Je n'ai entendu leur faire que deux sortes d'objections. La première est celle des intérêts investis, que je ne veux point traiter ici, attendu que je désire être aussi agréable que possible, et qu'aucune discussion n'est plus désagréable que celle de ce genre. Et il y a, en second lieu, l'objection bien plus respectable qui prend la forme du reproche que, en limitant ainsi le programme des études, nous cherchons à le rétrécir. On nous dit que le médecin doit être un homme bien élevé et généralement instruit, si l'on veut qu'il tienne son rang parmi les autres professions; qu'il devrait savoir la botanique, ou bien, quand il voyagera, il ne saura distinguer les fruits vénéneux de ceux qui sont comestibles ; qu'il devrait connaitre les drogues, comme un droguiste, sans quoi il ne saura distinguer le quinine et le séné des articles falsifiés ; qu'il devrait savoir la zoologie, parce que — vraiment, je n'ai jamais pu savoir pourquoi on voudrait qu'il sût la zoologie.

Il existe, en effet, une superstition populaire, d'après laquelle les docteurs sauraient tout ce qui est étrange et répugnant en général et, par suite, doivent connaître les « barbares binaires[1] » applicables aux serpents, aux escargots et aux limaces, somme de connaissances qui, d'ordinaire, satisfait complètement l'esprit du public en général.

Et il y a une superstition scientifique d'après laquelle la physiologie serait grandement aidée par l'anatomie comparée — superstition qui de même que la plupart des superstitions, avait autrefois, au fond, un grain de vérité ; mais ce grain est devenu homéopathique depuis que la physiologie a pris son développement expérimental moderne et est devenue ce qu'elle est maintenant : l'application des principes de la physique et de la chimie à l'élucidation des phénomènes de la vie.

Je tiens, aussi fermement que qui ce soit, pour essentiel qu'un médecin soit un homme d'éducation et de bonne culture générale, mais je garde aussi l'ancienne théorie de la Faculté, et j'estime qu'un homme devrait acquérir sa culture générale avant de se consacrer aux études spéciales de cette Faculté ; et je me hasarde à soutenir que si la culture générale donnée à la faculté des arts était ce qu'elle doit être, l'étudiant aurait tout autant de connaissance des principes fon-

[1] Les noms spécifiques de la nomenclature binaire, usitée en zoologie et botanique.

damentaux de la physique, de la chimie et de la biologie qu'il lui en faut, avant de commencer ses études spéciales de médecine.

En outre, je voudrais représenter qu'une étude approfondie de la physiologie humaine est, en soi, une éducation plus large et plus compréhensive que beaucoup de ce qui porte ce nom. Il n'est aucun côté de l'esprit qu'elle ne mette en jeu, aucune région de la connaissance humaine où ne s'étendent soit ses racines, soit ses branches; de même que l'Atlantique entre l'ancien monde et le nouveau, ses vagues baignent les rives des deux mondes de la matière et de l'esprit; ses rivières tributaires viennent des deux ; à travers ses flots, que n'a encore sillonnés le navire d'aucun Christophe Colomb, se trouve la route, s'il en existe une, de l'un à l'autre, bien loin de ce passage du nord-ouest — la spéculation pure — où tant d'âmes vaillantes ont été irrémédiablement perdues dans les glaces.

Mais que je sois ou non dans le vrai sur tout ceci, il reste toujours le fait patent de la limitation du temps. Ainsi que le dit la chanson :

Si l'homme était sûr
Que sa vie durera
L'espace de mille longues années.....

il ferait une foule de choses qui sont impraticables dans les conditions actuelles. Mathusalem aurait pu, sans se gêner, employer un demi-siècle à obtenir son grade de docteur, et on eût pu, sans injustice, exiger de lui qu'il passât un examen pratique sur le contenu du *British Museum*, avant de commencer à se livrer à la clientèle, comme jeune homme de grande espérance d'environ deux cents ans. Mais vous n'avez que quatre ans pour accomplir votre œuvre, puis on vous met en liberté, pour sauver ou tuer les gens, à vingt-deux ou vingt-trois ans.

Je vous demande, maintenant, si vous pensez — pour revenir aux réalités de la vie si, lorsque vous serez près d'un lit de malade, vous creusant la cervelle pour trouver les principes qui vous mettraient à même d'interpréter les symptômes et de former une théorie raisonnée de l'état de votre patient, vous serez satisfait de ne pas retrouver ces principes — bien que, pour employer l'argot des examens qui ne m'est, par malheur, que trop familier, vous puissiez aisément « énumérer les particularités principales des *Marsupiaux* », ou « énumérer les caractères principaux des *Composées* », ou « dire la classe et l'ordre de l'animal d'où l'on extrait le castoréum ».

Je ne pense vraiment pas que cet état de choses vous satisfasse ; je suis sûr qu'il ne satisfera point votre malade. Je suis moi-même, vraiment, d'un esprit si étroit que si j'avais à choisir entre deux médecins — l'un qui ne saurait pas si une baleine est un poisson ou non, et ne distinguerait pas la gentiane du gingembre, mais saurait les applications des institutes de médecine à son art, tandis que l'autre, comme le docteur de Talleyrand, « saurait tout, même un peu de médecine » — malgré tout mon amour pour la culture étendue, je consulterais assurément le premier.

Il n'est pas agréable d'encourir le soupçon d'être

enclin à déprécier des branches particulières des sciences. Mais je devrais être à l'abri du soupçon d'être poussé à cette action par autre chose que les considérations les plus graves pour l'intérêt public, puisqu'une des branches que je n'hésiterais pas à exclure du programme est celle à laquelle toute ma vie a été spécialement consacrée.

Et je voudrais, en outre, appeler votre attention sur la circonstance importante que, en proposant ainsi d'exclure l'étude de branches de connaissances telles que la zoologie et la botanique de celles qui sont obligatoires pour l'étudiant, je ne conseille pas, un seul instant, qu'elles soient exclues de l'université. Je pense qu'une instruction solide et pratique des faits élémentaires et des principes généraux de la biologie doit faire partie du programme d'étude des arts ; ici, par bonheur, ma théorie s'accorde entièrement avec votre pratique. En outre, ainsi que je l'ai déjà dit, je n'ai nul doute que, en vue du rapport des sciences physiques avec la vie pratique du temps actuel, elles aient le même droit que la théologie, le droit, et la médecine, à une faculté particulière où les étudiants seraient dressés à devenir hommes de science professionnels. Il est douteux que les universités soient des milieux convenant aux écoles techniques de l'art de l'ingénieux, ou de chimie appliquée, ou d'agriculture. Mais il est, assurément, certain que l'instruction dans les branches de science qui sont à la base de ces arts, d'un caractère bien plus avancé et plus spécial, qui ne sauraient être avec convenance comprises dans le *curriculum* des arts, devrait s'obtenir au moyen d'une faculté des sciences, dûment organisée dans chaque université.

L'établissement d'une telle faculté aurait, en outre, l'avantage de répondre, en quelque mesure, à l'un des plus grands besoins de notre temps et de notre pays. Je veux dire le soutien et l'encouragement convenable des recherches originales.

Un de mes amis, un peu exalté, m'assurait, l'autre jour, qu'en Angleterre, il vaut mieux pour les intérêts mondains d'un homme d'être un ivrogne, que d'être frappé de la divine dipsomanie de la recherche originale. J'incline à croire qu'il n'a pas tout à fait tort. Et, qu'on en prenne note, la question n'est point de savoir si un tel homme pourra tirer aussi bon parti de ses capacités que son frère aussi capable, qui se consacre au droit, à la mécanique ou au commerce ; ce n'est pas une question « de conserver un certain nombre de chevaux de selle, » ainsi que George Eliot le dit quelque part, — c'est une question de vie ou de mort.

Quand un étudiant de mes élèves montre de la puissance et de l'originalité, je n'ose lui conseiller une carrière scientifique ; car, à supposer qu'il puisse gagner sa vie jusqu'à ce qu'il ait atteint quelque distinction, je ne puis lui donner l'assurance qu'une somme quelconque d'habileté dans les sciences biologiques pourra être transformée même en le plus modeste pot-au-feu. Et je crois que, pour les autres branches de la science, la situation est tout aussi mauvaise, si ce n'est pire. A cet égard, la Grande-Bretagne, dont l'immense fortune et la prospérité sont suspendues au fil de la science appliquée, est bien en retard sur la France, et infiniment plus encore sur l'Allemagne.

Ce qu'il y a de pire, c'est qu'il est très difficile de voir jour, contre cet état de choses, à un remède immédiat qui n'aurait pas la tendance de devenir pire que la maladie.

On a proposé de vastes plans pour la dotation de recherches. On a proposé des laboratoires pour toutes les branches des sciences physiques, pourvus de tous les appareils nécessaires au chercheur, établis par l'État, et accessibles, sous des conditions et règlements convenables, à toute personne ayant qualité pour y être admise. Je ne vois aucune objection au principe de cette proposition. S'il est légitime de dépenser des sommes considérables en bibliothèques publiques et en collections publiques de peinture et de sculpture, pour aider l'homme de lettres ou l'artiste, ou dans le simple but de procurer du plaisir au public en général, j'estime qu'il ne l'est pas moins d'en faire autant pour encourager la recherche scientifique. Si l'on prend les choses au point de vue le plus vulgaire, celui du placement de l'argent, il est probable que ce dernier sera bien plus immédiatement profitable. A mon sens, la difficulté qui s'oppose à ces plans n'est point théorique, mais pratique. Étant donnés les laboratoires, avec quoi entretiendra-t-on les chercheurs ? Quelle carrière s'ouvre devant ceux qu'on aura ainsi encouragés à abandonner des occupations lucratives ? S'ils doivent être défrayés par une dotation, nous retournons au système des *fellowships* (agrégation), dont les résultats pour la littérature n'ont pas été assez brillants pour qu'on souhaite de les voir passer à la science, à moins qu'on ne puisse trouver de meilleures garanties que celles qui existent maintenant, du sérieux des travaux. Vous savez que, chez les abeilles, suivant l'espèce de cellule où l'œuf est déposé, et la quantité et la qualité de la nourriture fournie à la larve, il en sort une vive petite ouvrière ou une grosse reine paresseuse. Et dans la ruche humaine, les cellules des larves dotées tendent toujours à s'agrandir, et leur nourriture à s'améliorer, jusqu'à ce que nous ayons des reines, belles à voir, il est vrai, mais qui ne recueillent point de miel et ne font pas de rayons.

Je ne dis point que ces difficultés ne puissent être surmontées, mais il ne faut pas estimer trop légèrement leur gravité.

En attendant, il y a dans la direction d'une dotation pour les recherches un pas à faire qui ne soulève aucune objection. Il est possible de placer le chercheur scientifique dans une position où il aura le loisir et l'occasion de faire un travail original, tout en donnant l'équivalent juste et tangible de ces privilèges. L'établissement d'une faculté des sciences dans chaque université implique celle d'un nombre correspondant de chaires de professeurs, dont les occupants n'ont pas lieu d'être assez accablés par leur enseignement pour être privés d'amples loisirs à consacrer à un travail personnel. Je ne pense point qu'un investigateur trouve un empêchement sérieux à ses recherches dans la nécessité de consacrer un peu de son temps à des leçons, ou à surveiller l'instruction pratique. Je pense, au contraire, qu'il peut être et qu'il est même souvent utile d'être obligé de prendre une vue générale de son sujet, ou de mettre au point ses résultats en leur donnant, pour ainsi dire, une existence objective tangible. Le chercheur a deux péchés d'habitude : le premier consiste à écarter un sujet dont il a épuisé tous les aspects, pour passer à quelque chose qui a l'attrait de la nouveauté ; et le second est le désir d'une trop grande perfection, qui le pousse à

> Ajouter et changer bien des fois
> Jusqu'à ce que tout soit mûr et pourri;

à dépenser les forces, qui devraient être réservées pour l'action, à laver le pont et à fourbir les canons.

L'obligation de produire des résultats propres à instruire les autres me semble être un frein bien plus efficace pour ces tendances que le désir de l'utilité ou l'ambition de la renommée même.

Mais, supposons que les forces enseignantes de votre université soient organisées convenablement : il reste une question importante à considérer, quant au pouvoir enseignant. Le système des professeurs — je veux dire celui qui consiste à n'enseigner que dans la salle de conférences, et laissant l'étudiant chercher sa voie dès qu'il en est sorti — ce système répond-il aux besoins des étudiants ? Si je me limite à mon département particulier pour résoudre cette question, je réponds hardiment : pour les sciences physiques, sans aucun doute, non. Ainsi que je l'ai déjà fait pressentir, le travail pratique dans un laboratoire est indispensable, et ce travail pratique a besoin d'être dirigé et surveillé par un état-major suffisant de démonstrateurs, qui seront pour la science ce que sont les répétiteurs pour les autres branches d'études, et il faudra bon nombre de ces démonstrateurs. Je doute que le travail pratique de plus de vingt étudiants puisse être convenablement surveillé par un seul démonstrateur. Si nous mettons la journée de travail à six heures, c'est moins de vingt minutes pour chacun — ce qui n'est pas beaucoup accorder de temps pour aider un étudiant intelligent, en corriger un superficiel, ou même pour faire bien comprendre à celui qui est intelligent ce qu'il fait. Et nul doute que le fait de fournir une quantité suffisante de cet enseignement pratique ne rende difficile une instruction convenable dans les sciences physiques dans des universités dépourvues de dotations, telle que l'est celle d'Aberdeen, et qui n'ont pas de droit moral sur les fonds de corps richement dotés, comme en ont les universités anglaises.

L'examen — un examen complet, approfondi — est un accompagnement indispensable de l'enseignement; mais j'incline presque à énoncer la proposition très-hétérodoxe qu'il est un mal nécessaire. Je suis un très vieil examinateur, ayant pendant les quelques vingt dernières années, eu à m'occuper d'examens, sur une échelle considérable et dans toutes les sortes de conditions d'hommes et aussi de femmes, — depuis les garçons et les filles des écoles primaires jusqu'aux candidats pour les honneurs et les grades des universités. Je ne dirai point qu'en ce cas, comme en beaucoup d'autres, l'adage que la familarité engendre le mépris, se trouve justifié ; mais mon admiration pour le système actuel d'examen et ses produits ne s'exalte point avec l'expérience. L'examen, tout comme le feu, est un bon serviteur, mais un mauvais maître ; et je crains que nous ne courrions quelque danger qu'il ne devienne notre maître. Je ne suis nullement seul de cet avis ; quelques amis expérimentés n'hésitent point à me dire que les étudiants dont ils surveillent la carrière leur semblent se détériorer par l'effort constant de passer quelque examen, tout comme on nous dit que le cerveau des hommes est affecté par la nécessité quotidienne de ne pas manquer un train. Ils travaillent pour passer, mais non pour savoir ; la science outragée prend sa revanche. Ils passent leur examen, mais ils ne savent pas. J'ai moi-même passé divers examens dans mon temps, non sans succès, et j'avoue que je suis honteux de penser combien il y avait peu de vraie connaissance sous le torrent de paroles que je pouvais verser sur le papier. Dans le fait, ce qu'on cherche à découvrir, au cours d'un examen, c'est simplement le degré de puissance qu'a un homme de travailler sous l'influence d'un excitant, et sa capacité de produire rapidement et clairement ce qu'il a dans l'esprit. Ces facultés ne sont point à dédaigner, assurément. Elles sont d'une grande valeur dans la vie pratique, et ont fait plus d'un avocat et plus d'un soi-disant homme d'État. Mais dans la recherche de la vérité soit scientifique, soit autre, elles comptent peu, à moins qu'il ne s'y ajoute cette « intention de l'esprit », selon le mot de Newton, patiente, longuement continuée, qui fait très peu d'effet aux examens. J'imagine qu'un examinateur connaissant personnellement ses étudiants, doit souvent s'être trouvé dans la position de juger le travail de A meilleur que celui de B, bien que son propre jugement lui dise très clairement que B a la plus grande part de capacité véritable.

Il y a aussi une erreur au sujet des examinateurs. On suppose, communément, que quiconque connaît un sujet est compétent pour l'enseigner, et nul ne semble douter que quiconque connaît un sujet est compétent pour examiner. Je crois que ces deux opinions sont des erreurs sérieuses ; la dernière est peut-être la plus sérieuse des deux. En premier lieu, je ne crois pas que celui qui n'enseigne pas, ou n'a pas enseigné, soit qualifié pour examiner des étudiants avancés. Et en second lieu, l'examen est un art, et un art difficile qui doit être appris comme tous les autres.

Les débutants posent toujours des questions trop difficiles ; — en partie, parce qu'ils craignent, en en posant de faciles, d'être soupçonnés d'ignorance ; et, en partie, faute de comprendre leur affaire. Supposons que vous vouliez éprouver la force physique relative de vingt jeunes gens : vous n'allez pas mettre un poids d'un quintal devant eux et dire à chacun de le soulever à son tour. Si vous le faisiez, la moitié seraient hors d'état de le lever, et il ne s'en trouverait qu'un ou deux qui accomplirait cette tâche. Vous devrez leur donner la moitié du quintal et voir comment ils s'en tirent, si vous voulez estimer la force musculaire de chacun. De même, un examinateur expérimenté cherchera à se renseigner sur la vigueur de l'esprit et de l'éducation des candidats par la manière dont ils traiteront des questions assez faciles pour que leur raison, leur mémoire et leur méthode entrent en jeu librement.

Il n'y a aucun doute qu'on n'ait beaucoup à faire par le choix attentif des examinateurs et par l'abondante introduction de travail pratique, pour supprimer les inconvénients inséparables de l'examen; mais, les circonstances les plus favorables étant données, je crois que l'examen restera un critérium imparfait du savoir, et une épreuve encore plus imparfaite de la capacité, tandis qu'il ne révèle presque rien de la puissance d'un homme, en tant que chercheur.

Il y a beaucoup à dire en faveur de la limitation des degrés supérieurs, dans chaque faculté, à ceux qui ont fait preuve de cette puissance d'originalité, en poussant une recherche sous l'œil du professeur qui en a la spécialité, ou, en tous cas, dans des conditions qui puissent prouver d'une manière satisfaisante que l'œuvre leur appartient. Cette notion semble un peu révolutionnaire, elle est réellement très ancienne, car j'imagine qu'elle est au fond de cette présentation d'une thèse par les candidats au doctorat, qui est maintenant, trop souvent, devenue une pure affaire de forme.

Jusqu'ici, j'ai essayé de vous exposer, d'une façon trop courte et trop imparfaite, mes opinions concernant la partie enseignante — les maîtres et les régents — de l'université de l'avenir. Maintenant, passons à la partie qui apprend, — aux élèves.

Si les universités doivent être les sanctuaires de la culture supérieure du pays, ceux qui veulent pénétrer dans ce sanctuaire ne doivent pas y venir souillés.

Pour rendre sa moisson au centuple, la bonne semence ne doit pas être dispersée parmi les cailloux de l'ignorance, ou l'ivraie d'une paresse sans discipline et de libertinage. Le sol, au contraire, doit avoir été soigneusement préparé, et il faut que les opérations du bêchage, de la division des mottes, du drainage, du sarclage, et même d'une partie de la plantation aient été déjà faites par le maître d'école.

C'est précisément ce que le professeur ne trouve dans aucune université des trois royaumes que je connaisse ; — la raison de cet état de choses gît dans l'organisation extrêmement défectueuse de la plupart des écoles secondaires. Les étudiants viennent aux universités mal préparés pour les classiques et les mathématiques, et pas du tout préparés pour tout le reste ; et la moitié de leur temps se passe à apprendre ce qu'ils auraient dû savoir en arrivant.

J'entends dire quelquefois que les universités écossaises diffèrent des anglaises en ce qu'elles sont, dans une beaucoup plus grande mesure, des lieux d'éducation relativement élémentaire pour une classe plus jeune d'étudiants. Mais il semble douteux qu'il existe réellement une grande différence de ce genre, car un homme éminent, qui est à la tête d'un collège anglais, a solennellement affirmé [1] que « l'enseignement élémentaire des jeunes gens au-dessous de vingt ans est maintenant la seule fonction remplie par l'université », et que les collèges sont « des pensions

[1] *Suggestions for Academical Organization with especial Reference to Oxford*, par le recteur de Lincoln.

où l'on enseigne aux jeunes gens les éléments des langues savantes ».

Ce n'est point la première fois que je cite ces assertions étonnantes. Je voudrais qu'elles fussent gravées en vue du public, car elles n'ont pas été réfutées, et je suis persuadé que, lorsque leur portée sera clairement comprise, elles ne joueront pas un rôle secondaire, quand la question de la réorganisation de l'université viendra à être discutée, dans le but de mesures pratiques à prendre. Vous n'êtes point responsables, à cette heure, de cet état de choses anormal, mais, à mesure que vous passerez dans la vie active et que vous y acquerrez l'influence politique à laquelle votre éducation et votre position vous donneront droit, vous en deviendrez responsables, à moins que chacun de vous, dans sa sphère, ne fasse de son mieux pour le modifier, en insistant sur le perfectionnement des écoles secondaires.

Votre responsabilité actuelle est d'un genre différent bien que non moins sérieux. Les institutions ne font pas les hommes, pas plus que l'organisation ne fait la vie ; et l'université idéale dont nous venons de rêver ne sera, après tout, qu'un chef-d'œuvre de mécanique, si chaque étudiant ne s'efforce pas de réaliser l'écolier idéal. Cet idéal, ce me semble, n'a jamais été mieux incarné que dans le grand poète qui, au sein du luxe, favori d'une cour, idole de ses compatriotes, a su rester, pendant de longues années chargées d'honneurs, un écolier dans l'art, la science et la vie.

« Veux-tu te créer une noble vie ? ne jette alors,
Aucun regard en arrière vers le passé ;
Et bien qu'il y ait quelque chose de perdu et de disparu
Agis, cependant, comme si tu étais né de nouveau.
Demande pour chaque jour ce dont il a besoin,
Chaque jour se donnera la tâche qui lui convient.
Donne au travail d'autrui sa part de louange ;
N'élève pas trop haut les mérites du tien,
Garde-toi de haïr aucun de tes semblables ;
Et remets à Dieu le soin de ta destinée [1]. »

[1] Goëthe, *Zahme Xenien. Vierte Abtheilung*.

XI

L'ÉDUCATION UNIVERSITAIRE[1]

La tâche véritable de l'université fondée dans cette ville par la munificence bien comprise de Johns Hopkins commence demain ; et, de toutes les marques de confiance et de bonne volonté dont j'ai été comblé aux États-Unis, il n'en est aucune que j'estime plus haut que celle que m'ont conférée les autorités de l'université, en m'invitant à prononcer un discours à cette occasion.

Car l'événement qui nous réunit est, à beaucoup d'égards, unique dans son genre. On remet une fortune immense à un corps administratif, qui n'est lié que par les conditions suivantes : — que le capital ne sera pas employé en constructions ; que les fonds seront appropriés, en proportions égales, à la propagation des connaissances naturelles et au soulagement des misères corporelles de l'humanité, et, enfin, qu'aucun esprit de secte politique ou ecclésiastique ne

[1] Discours prononcé à l'ouverture solennelle de l'université Johns Hopkins, à Baltimore (États-Unis), le 12 septembre. La somme totale léguée par Johns Hopkins s'élève à plus de 35,000,000 de francs Une somme de 15,500,000 francs est affectée à une université, une somme égale à un hôpital, et le reste à des institutions locales d'éducation et de charité.

troublera la distribution impartiale des bienfaits du testateur.

Au cours de mon expérience personnelle de la vie, il est une vérité, ressemblant fort à un paradoxe, qui s'est souvent affirmée, à savoir, que les pires difficultés d'un homme commencent lorsqu'il peut faire ce qu'il veut. Tant qu'un homme lutte contre les obstacles, on excuse ses échecs ou ses imperfections ; mais, quand la fortune les supprime tous et lui donne le pouvoir de faire ce qu'il croit être le mieux, le temps d'épreuve commence pour lui. Il n'y a qu'un bien et les possibilités du mal sont infinies. Je ne doute point que les administrateurs de l'université de Johns Hopkins n'aient senti toute la force de cette vérité quand ils sont entrés dans l'exercice de leur administration, il y a un an et demi ; et je ne puis qu'admirer l'activité et la résolution qui les ont mis à même, aidés du président capable qu'ils ont choisi, de poser les grandes lignes de leur plan, et de les mettre à exécution jusqu'au point où nous sommes. Il est impossible d'étudier ce plan, sans s'apercevoir que beaucoup de soin, de prévoyance et de sagacité lui ont été consacrés, et qu'il mérite la considération la plus respectueuse. J'ai essayé de constater jusqu'à quel point les principes qui lui servent de base sont d'accord avec ceux qui se sont établis dans mon esprit au cours de réflexions longuement continuées sur les questions d'éducation. Permettez-moi de vous apporter le résultat de mes réflexions.

D'un côté, une université est un genre particulier d'institution enseignante, et les vues qu'on peut avoir sur la nature propre d'une université sont des corollaires de celles que nous professons concernant l'éducation en général. Je pense qu'il faut admettre que l'école doit préparer l'université, et que l'université devrait couronner l'édifice dont l'école a posé les fondements. L'éducation universitaire ne devrait pas être quelque chose de distinct de l'éducation élémentaire, mais devrait être l'accroissement naturel et le développement de cette première. J'ai une conviction très nette de ce que l'éducation élémentaire devrait être, de ce qu'elle peut réellement être, quand elle est convenablement organisée, et de ce que je pense qu'elle sera bientôt, avant que beaucoup d'années aient passé sur nos têtes, en Angleterre et en Amérique. Une telle éducation devrait permettre à un enfant, d'intelligence moyenne, de quinze ou seize ans, de lire ou d'écrire sa propre langue avec facilité et avec correction, et avec un sentiment de l'excellence littéraire puisé dans l'étude des écrivains classiques ; d'avoir une connaissance générale de l'histoire de son propre pays et des grandes lois de l'existence sociale ; d'avoir acquis les rudiments des sciences physiques et psychologiques, et une connaissance suffisante des éléments de l'arithmétique et de la géométrie.

Il devrait avoir obtenu une teinture de logique, plutôt par l'exemple que par le précepte, tandis que l'acquisition des éléments de la musique et du dessin aurait été pour lui un plaisir plutôt qu'une tâche.

Peut-être semblera-t-il étrange à beaucoup d'oreilles que je me risque à soutenir la proposition qu'un jeune homme, élevé ainsi, a reçu une éducation libérale, quoique peut-être non complète. Mais il me semble que l'éducation à laquelle je viens de faire allusion peut bien s'appeler *libérale*, dans les deux sens où le mot s'emploie, avec une parfaite justesse. En premier lieu, elle est libérale comme largeur. Elle couvre tout le terrain des choses à apprendre et des facultés à former, et elle donne une importance égale aux deux grands côtés de l'activité humaine, — l'art et la science. En second lieu, elle est libérale en ce sens que c'est une éducation faite pour des hommes libres, pour des hommes devant qui toutes les carrières sont ouvertes, et de qui leur pays peut exiger d'être prêts à remplir les devoirs de toutes les carrières. Je ne puis trop insister auprès de vous sur le fait que, avec une éducation primaire de ce genre, et sans autre chose que ce que l'on peut obtenir en suivant strictement ces lignes, un homme intelligent peut devenir un grand écrivain ou un grand orateur, un homme d'État, un avocat, un savant, un peintre, un sculpteur, un architecte ou un musicien. Le développement égal de toutes les facultés d'un homme, qui constitue, proprement, la culture, peut être effectué par une éducation pareille, et, en même temps, ouvrir la voie au renforcement indéfini des aptitudes spéciales dont il peut être doué.

Dans un pays tel que celui-ci, où la plupart des hommes ont à faire leur fortune, et à se consacrer de bonne heure aux affaires pratiques de la vie, il en est relativement peu qui puissent espérer poursuivre leurs études jusqu'à l'âge viril, et moins encore au-delà de cet âge. Mais il est d'une importance vitale pour la prospérité de la communauté que ceux qui sont soulagés de la nécessité de gagner leur vie, et encore plus ceux qui sont saisis par les divines impulsions de la soif intellectuelle ou du génie artistique soient mis en état de se consacrer au service supérieur de leurs semblables, comme centres d'intelligence, interprètes de la nature, ou créateurs de nouvelles formes de beauté. Et c'est la fonction d'une université que de fournir à de tels hommes les moyens de devenir ce qu'il est de leur devoir et de leur privilège de devenir. A cette fin, l'université n'a pas besoin d'aborder un terrain étranger à celui de l'école primaire. Dans le fait, elle ne le peut : car l'instruction élémentaire dont j'ai parlé embrasse toutes les sortes de connaissance véritable et d'activité mentale possibles à l'homme. L'université ne saurait ajouter de nouveaux départements de connaissance, ne peut offrir de nouveaux champs à l'activité mentale ; mais, ce qu'elle peut faire, c'est d'intentifier et de spécialiser l'instruction dans chaque division. Ainsi la littérature et la philologie, qui ne sont représentées que par l'anglais dans l'école primaire, s'étendront, dans l'université, aux langues anciennes et modernes. L'histoire qui, de même que charité bien ordonnée, commence chez soi, ne doit pas s'y arrêter, mais doit se ramifier en anthropologie, en archéologie, en histoire et géographie politiques, avec l'histoire du développement de l'esprit humain et de ses produits sous la forme de la philosophie, la science et l'art. Et l'université offre à l'étudiant des bibliothèques, des musées d'antiquités, des collections de médailles et autres choses semblables, qui serviront efficacement ses études. L'enseignement des éléments de l'économie sociale, partie des plus essentielles, mais jusqu'ici trop négligée, de l'éducation élémentaire, se développera, à l'université, en économie politique, en sociologie et en droit. Les sciences physiques auront leurs grandes divisions la géographie physique, la géologie et l'astronomie ; la physique, la chimie et la biologie, qui seront représentées non pas, uniquement, par des professeurs et leurs conférences, mais par des laboratoires, dans lesquels les étudiants, sous la direction de préparateurs, suivront le développement des faits par eux-mêmes et entreront avec la réalité dans ce contact direct qui constitue la distinction fondamentale de l'éducation scientifique. Les mathématiques s'élèveront jusqu'aux plus hautes régions, tandis que les sommets de la philosophie seront gravis par ceux dont l'aptitude pour les pensées abstraites aura été réveillée par les éléments de la logique. Enfin, des écoles pour les peintres, les sculpteurs, les architectes et les musiciens, offriront la discipline rigoureuse dans les principes et la pratique de l'art à ceux en qui repose la faculté rare de la représentation esthétique, ou la puissance, encore plus rare, de génie créateur.

L'école primaire et l'université sont l'alpha et l'oméga de l'éducation. C'est une pure question de convenance pratique que de savoir si l'existence d'institutions intermédiaires entre les deux (soi-disant écoles secondaires) est nécessaire. Si l'on en établit, l'important sera qu'elles soient de vrais intermédiaires entre l'école primaire et l'université, restant sur la piste large de la culture générale et ne sacrifiant aucune branche de connaissance à une autre.

Telles me semblent être les grandes lignes des rapports que l'université, considérée comme lieu d'éducation, doit avoir avec l'école, mais il y a nombre de points de détail qui demandent à être examinés, quelque brièvement que je sois obligé de les traiter.

En premier lieu, il y a l'importante question des restrictions qu'il faudrait mettre à l'entrée dans l'université, ou, des qualifications à exiger de ceux qui se proposent de profiter de l'éducation supérieure offerte par l'université. D'une part, il est évidemment désirable que le temps et les occasions de l'université ne soient pas gaspillés à conférer une instruction élémentaire qui peut s'obtenir ailleurs, tandis que, d'autre part, il n'est pas moins désirable que l'instruction supérieure de l'université soit rendue accessible à quiconque désire en profiter, bien qu'il puisse n'avoir pas été à même de suivre un cours d'éducation très étendu. Je suis, pour ma part, entièrement opposé à tout examen préliminaire absolu et défini, dont on ferait une condition essentielle d'admission à l'université. J'admettrais à l'université quiconque pourrait être supposé en état de profiter de l'instruction qui lui serait offerte, et j'inclinerais, tout compte fait, à faire l'épreuve de la capacité de l'étudiant, non pas en l'examinant avant de le laisser entrer à l'université, mais à la fin du premier trimestre des études. Si, en l'examinant sur les branches de connaissances auxquelles il se sera voué, on le trouve manquer de zèle ou de capacité, il vaudra mieux, à la fois pour l'université et pour lui-même, l'empêche, de suivre une vocation à laquelle il est évidemment impropre. Et je ne connais guère d'autre méthode que celle-ci par laquelle sa capacité ou son incapacité puisse être sûrement constatée, quoique, sans doute, on puisse, par des questions judicieuses, et non par un examen formel et banal, arriver à quelque jugement sur lui dès le début de sa carrière.

Une autre question très importante, et très difficile en pratique, est de savoir si un cours précis d'études sera imposé à ceux qui entrent à l'université, si un programme sera prescrit, ou si l'on permettra à l'étudiant de parcourir à sa volonté les sujets qui lui sont offerts. Et cette question est inséparable d'une autre, à savoir la distribution des diplômes. Il est évidemment impossible qu'aucun étudiant traverse toute la série des cours qu'offre une université. Si un diplôme est accordé comme marque d'excellence en savoir, il doit être donné parce que le candidat aura excellé dans une certaine fraction de ses études, et alors naîtra la nécessité d'assurer une équivalence de diplômes, de telle sorte que l'obtention du diplôme marque approximativement une quantité égale de travail et de talents, dans tous les cas. Mais cette équivalence peut à peine être garantie d'une autre manière qu'en prescrivant une série de lignes définies d'étude. C'est ici une matière qui demandera une sérieuse considération. Les points les plus importants seront, je pense, qu'il n'y ait pas trop de sujets dans le programme, et que le but soit d'acquérir une connaissance saine et complète de chacun d'eux.

Une moitié du legs de Johns Hopkins est consacrée à l'établissement d'un hôpital, et c'était le désir du testateur que l'université et l'hôpital coopérassent à l'encouragement de l'éducation médicale. Les administrateurs adopteront sans doute le meilleur conseil qu'on puisse avoir pour la construction et l'administration de l'hôpital. Quant au premier point, ils se souviendront sans doute qu'un hôpital peut être organisé de manière à tuer plus de gens qu'il n'en guérit, et, en ce qui concerne le second, qu'un hôpital peut propager l'esprit de paupérisme parmi des gens à leur aise, aussi bien que soulager les souffrances des nécessiteux. Il ne m'appartient pas de parler là-dessus -- je me bornerai plutôt à la matière sur laquelle mon expérience, comme étudiant en médecine et examinateur d'ancienne date, ayant pris le plus grand intérêt dans les questions de l'éducation médicale, me donne quelque droit d'être écouté, je veux dire la nature de l'éducation médicale elle-même et la coopération de l'université à son encouragement.

Quel est l'objet de l'éducation médicale? C'est de mettre le praticien à même, d'une part, d'empêcher la maladie par sa connaissance de l'hygiène, et, d'autre part, d'en deviner la nature, de la soulager ou de la guérir, par sa connaissance de la pathologie, de la thérapeutique et de la médecine pratique. C'est l'affaire de sa vie, et, s'il n'a pas une connaissance complète et pratique des conditions de la santé, des causes qui tendent à l'établissement de la maladie, de la signification des symptômes et de l'emploi des remèdes et des instruments opératoires, il est incompétent, quand bien même il serait le meilleur anatomiste, ou physiologiste, ou chimiste, qui ait jamais reçu une médaille d'or ou gagné des prix. C'est là une des grandes vérités relatives à l'éducation médicale.

Une autre vérité, c'est que toute pratique de la médecine doit être basée sur une théorie quelconque, et que, par conséquent, il est désirable d'avoir une théorie s'accordant le plus possible avec les faits. L'empirique même qui donne une drogue dans un cas parce qu'il l'a vu faire du bien dans un autre, agit d'après la théorie qu'une similitude superficielle de symptômes signifie une similitude de lésions ; ce qui, soit dit en passant, est peut-être l'hypothèse la plus folle qu'on ait pu inventer. Pour comprendre la nature de la maladie, nous devons comprendre la santé, et comprendre le corps sain signifie avoir une connaissance de sa structure et de la manière dont ses actions multiples s'accomplissent ; ce qui, en termes techniques, s'appelle *anatomie humaine* et *physiologie humaine*. Puis le physiologiste doit posséder la connaissance de la physique et de la chimie, en tant que la physiologie est, en grande partie, de la physique et de la chimie appliquées. Un degré limité de cette connaissance suffit pour des buts ordinaires, mais si l'on veut étudier les branches supérieures de la physiologie, aucune connaissance de ces branches de science ne peut être trop étendue ni trop profonde. Ensuite, ce que nous nommons *thérapeutique*, qui traite de l'action des drogues et des remèdes sur l'organisme vivant, est, à parler strictement, une branche de la physiologie expérimentale, et reçoit journellement un développement expérimental de plus en plus grand.

Le troisième grand fait à prendre en considération, quand il s'agit d'éducation médicale, c'est que les nécessités pratiques de la vie ne permettent pas, en règle générale, aux aspirants à la pratique de la médecine de donner plus de trois, ou peut-être quatre ans à leurs études. En accordant les quatre ans, réfléchissez qu'au cours de ce temps, un jeune homme, frais émoulu de l'école, doit se familiariser avec la médecine, la chirurgie, l'obstétrique, la thérapeutique, la pathologie, l'hygiène, aussi bien qu'avec l'anatomie et la physiologie du corps humain, et que sa connaissance doit être d'un caractère tel qu'on puisse s'y confier en toute occurrence et qu'elle soit toujours prête pour une application pratique. Considérez, en outre, que le médecin qui pratique peut être appelé, à tout moment, à rendre témoignage dans une cour de justice, pour un cas criminel, et qu'il est bon, par conséquent, qu'il sache quelque chose de la médecine légale, et de ce que nous appelons jurisprudence médicale. Un homme peut être arraché à son intérieur et à ses affaires, et enfermé dans un asile d'aliénés sur un simple certificat de médecin; donc, il est assurément désirable que le praticien ait quelques conceptions rationnelles et claires quant à la nature et aux symptômes des maladies mentales. Si vous songez à toutes ces exigences d'une éducation médicale, vous admettrez que le fardeau du jeune aspirant à la profession médicale est passablement lourd, et qu'il faut prendre quelque soin d'empêcher qu'il ne se casse les reins, intellectuellement parlant.

Ceux qui connaissent les systèmes actuels d'éducation médicale observeront que, si long que soit le catalogue des études que j'ai énumérées, j'ai omis d'en mentionner plusieurs qui entrent dans le programme médical ordinaire de nos jours. Je n'ai pas dit un mot de la zoologie, de l'anatomie comparée, de la botanique, ou de la matière médicale. Ce n'est assurément pas faute d'estimer la valeur et l'importance de ces études en elles-mêmes.

On peut m'accorder que je serais la dernière personne du monde à repousser l'enseignement de la zoologie ou de l'anatomie comparée, en elles-mêmes; mais je suis profondément convaincu que, vu le nombre et la gravité des études par lesquelles un médecin doit passer, s'il est compétent pour remplir les sérieux devoirs qui lui incombent, des sujets qui sont aussi éloignés que ceux-ci de ses occupations pratiques doivent être rigoureusement exclus. Le jeune homme, qui a bien assez à faire pour acquérir cette familiarité avec l'anatomie du corps humain qui lui permet de pratiquer les opérations de la chirurgie, ne devrait pas, à mon sens, s'occuper de recherches sur l'anatomie des Crabes et des Astéries.

Nul doute que le médecin ne doive connaître les plantes vénéneuses de son propre pays, quand il les voit; mais cette connaissance peut être obtenue par quelques heures passées à examiner des échantillons de ces plantes, et le fait que cette connaissance est désirable n'autorise aucunement, à mon sens, qu'on passe trois mois à l'étude systématique de la botanique.

Ensuite, la matière médicale, en tant qu'elle est la

connaissance des drogues, est l'affaire du droguiste. Dans toutes les autres vocations, la nécessité de la division du travail est pleinement reconnue, et il est absurde d'exiger du médecin qu'il ne profite pas des connaissances spéciales de ceux dont l'affaire est de s'occuper des drogues qu'il emploie. Il est très bon sans doute que le médecin sache que l'huile de ricin vient d'une plante, et le castoréum d'un animal, et comment ils doivent être préparés ; mais, pour tous les buts pratiques de sa profession, cette connaissance n'a pas un iota de valeur ou d'à-propos de plus que la connaissance de la manière dont l'acier de son scalpel est fait.

Tout savoir est bon en soi. Il est impossible de dire si un fragment quelconque de connaissance, si insignifiant qu'il soit, ou éloigné des occupations ordinaires, ne sera point utile un jour ou l'autre. Mais, dans l'éducation médicale, il faut, par-dessus tout, se rappeler que pour savoir bien quelques choses il faut se résigner à en ignorer beaucoup.

Qu'on n'aille point supposer que je veux rétrécir l'éducation médicale, ou, ainsi qu'en court le bruit, abaisser l'idéal de la profession. Tenez pour certain qu'il n'y a qu'une façon d'ennoblir réellement une vocation quelconque, et qu'elle consiste à assurer la maîtrise de ceux qui l'ont adoptée, d'en faire des hommes réellement capables de faire ce qu'ils professent pouvoir faire, et ce que le public croit qu'ils peuvent faire. Il n'y a pas de position plus ignoble que celle du soi-disant « praticien à éducation libérale » qui, ainsi que le disait Talleyrand de son médecin, « sait tout, même un peu de médecine », qui peut lire Galien dans l'original, qui connaît toutes les plantes, depuis le Cèdre du Liban jusqu'à la Gratiole officinale, mais qui se trouve, avec les résultats de vie ou de mort entre les mains, ignorant, maladroit, effaré, parce qu'il ne connaît pas les vérités essentielles et fondamentales sur lesquelles doit être basée la pratique. En outre, je me permettrai de dire que tout homme ayant étudié sérieusement toutes les branches de la science médicale, qui est suffisamment familier avec les éléments de la physique, qui s'est trouvé par la jurisprudence médicale en contact avec le droit, à qui l'étude de l'aliénation mentale a ouvert le champ de la psychologie, a, *ipso facto,* reçu une éducation libérale.

Maintenant que nous avons allégé le *curriculum* médical par l'élimination de tout ce qui n'est pas essentiel, nous pouvons examiner si l'on ne peut faire quelque chose pour aider l'étudiant en médecine à acquérir une vraie connaissance, par la modification du système des examens. En Angleterre, autant qu'il m'en souvient, il était d'usage d'exiger la présence de l'étudiant en médecine aux leçons sur les sujets les plus divers pendant trois ans ; de telle sorte qu'il arrivait souvent qu'il avait à écouter, en une journée, de quatre à cinq leçons sur des sujets absolument différents, outre les heures données à la dissection et à l'hôpital, et il lui fallait garder toutes les connaissances qu'il pouvait acquérir, par ce procédé insensé, au point requis pour l'examen, jusqu'à ce que, au bout de trois ans, on le fit s'asseoir à une table pour être questionné, pêle-mêle, sur toutes les matières différentes qu'il avait essayé d'assimiler. L'ingéniosité humaine ne pouvait guère inventer un système mieux calculé pour entraver l'acquisition d'une saine connaissance, et faire le jeu du « préparateur » et du « four »[1]. Il y a eu de grandes réformes, pendant les dernières années. Les examens ont été divisés de façon à diminuer le nombre des sujets entre lesquels l'attention doit être distribuée. L'examen pratique a été établi, dans une grande mesure; mais il reste encore, même avec le système actuel, beaucoup trop de l'ancien inconvénient inséparable de la poursuite simultanée d'une quantité d'études diverses.

On a proposé, récemment, de se débarrasser entièrement des examens généraux — et de permettre à l'étudiant d'être examiné sur chaque sujet, à sa sortie du cours correspondant; et, dans le cas où le résultat est satisfaisant, de lui permettre d'en avoir fini; je puis dire que cette méthode a été suivie, pendant beaucoup d'années, à l'École royale des Mines, à Londres, et qu'on a été content de ses résultats. Elle permet à l'étudiant de concentrer son esprit sur ce qu'il fait au moment, et ensuite de s'en affranchir. Ceux qui s'occupent de travail intellectuel s'accorderont avec moi, je pense, pour dire que l'important n'est pas tant de savoir une chose que de l'avoir sue, et sue à fond. Quand vous avez su une chose, il vous est facile de renouveler votre connaissance, si vous l'avez oubliée, et quand vous reprenez ainsi un sujet, il glisse dans ses anciennes coulisses avec une grande facilité.

[1] Allusion aux établissements qui se chargent de « préparer » les élèves à n'importe quel examen.

En dernier lieu se présente la question de savoir comment l'université peut coopérer à l'avancement de l'éducation médicale. Une école de médecine est strictement une école technique — une école où l'on enseigne une profession pratique — tandis qu'une université doit être un lieu où la science est donnée sans référence directe à des fins professionnelles. Il est évident, par conséquent, qu'une université, et son antécédent, l'école, coopéreront le mieux avec l'école de médecine, en pourvoyant à l'étude des branches de connaissance qui se trouvent aux fondements de la médecine.

Les jeunes gens, de nos jours, arrivent aux écoles de médecine sans avoir la conception même des éléments des sciences physiques; ils y apprennent, pour la première fois, l'existence de la physique, de la chimie et de la physiologie, et l'anatomie est pour eux une connaissance toute nouvelle. On peut dire, en toute sécurité, qu'une grande proportion d'étudiants en médecine perd la moitié de la première année en apprenant à apprendre, — à se familiariser avec les conceptions entièrement étrangères, et à réveiller leurs puissances latentes et entièrement inexercées d'observation et de manipulation. Il est difficile d'estimer trop haut la grandeur des obstacles qui sont élevés sur la route du dressage scientifique par le système actuel d'éducation des écoles. Non seulement les hommes sont dressés à un travail pédantesque, dans l'ignorance de ce qu'est l'observation, mais l'habitude d'apprendre par les livres seuls engendre chez eux le dégoût de l'observation. L'étudiant savant par les livres aura plus de confiance en ce qu'il trouve dans ses livres que dans le témoignage de ses propres yeux.

Il n'y a aucune raison pour qu'il en soit ainsi, et, en réalité, quand l'éducation primaire deviendra ce que j'ai soutenu qu'elle devait être, cet état de choses n'existera plus. Il n'y a pas la moindre difficulté à ce qu'on donne, dans les écoles ordinaires, une saine instruction des éléments de la physique, de la chimie et de la physiologie humaine. En d'autres termes, rien n'empêche que l'étudiant n'arrive à l'école de médecine pourvu d'autant de connaissance de ces sciences diverses qu'il en recueille d'ordinaire, au cours de sa première année d'études à l'école de médecine.

Je ne dis pas ceci sans pouvoir justifier pleinement et pratiquement mon assertion. Dans les dix-huit dernières années, nous avons eu en Angleterre un système d'enseignement de science élémentaire sous les auspices du département des Sciences et Arts, grâce auquel l'instruction élémentaire scientifique est rendue accessible aux élèves des écoles primaires du pays. Commençant par d'humbles débuts, soigneusement développé et perfectionné, ce système amène maintenant à l'examen sept mille écoliers, pour le seul sujet de la physiologie humaine. Je puis assurer qu'il y a dans ce nombre une grande proportion ayant acquis une juste quantité de connaissances substantielles, et qu'un tant pour cent d'entre eux, qui n'est pas une quantité négligeable, montre une aussi bonne connaissance de la physiologie humaine que celle de la moyenne des candidats pour les diplômes médicaux à l'université de Londres, quand j'y étais examinateur, il y a vingt ans ; et tout à fait autant de connaissances qu'en possède l'étudiant en médecine ordinaire de nos jours. Je suis autorisé, par conséquent, à prévoir le temps où l'étudiant qui se propose de se vouer à la médecine arrivera, non plus absolument novice et inexpérimenté comme il l'est maintenant, mais dans un certain état de préparation à des études ultérieures ; et je compte sur l'université pour le pousser plus avant encore dans cette étape préparatoire, par l'organisation de son département biologique. Ici l'étudiant trouvera les moyens de se renseigner sur les phénomènes de la vie dans leur acception la plus large. Il n'étudiera pas la botanique ni la zoologie, qui, ainsi que je l'ai dit, l'éloigneraient trop de son but ultime, mais par une instruction bien arrangée, combinée avec le travail de laboratoire sur les types principaux de la vie animale et végétale, il posera les fondements larges et solides d'une connaissance biologique ; il arrivera à ses études médicales avec la compréhension des grandes vérités de l'anatomie et de la physiologie, avec les mains dressées à la dissection, et les yeux formés à voir. Je n'hésite point à dire qu'une préparation de ce genre vaut toute une année ajoutée au *curriculum* médical. En d'autres termes, elle permettra de reporter tout ce temps et de le consacrer aux études qui ont une portée directe sur les devoirs les plus graves et les plus sérieux de l'étudiant comme praticien.

Jusqu'ici je n'ai considéré que le côté enseignant de votre grande fondation, cette fonction de l'université en vertu de laquelle elle joue le rôle d'un réservoir de vérité bien reconnue, en tant que nos symboles peuvent jamais interpréter la nature. Tous peuvent apprendre ; tous peuvent se désaltérer à ce lac. Il n'est donné qu'à quelques-uns d'ajouter à la somme de connaissances, d'ouvrir des voies nouvelles à la pensée, ou de créer de nouvelles formes de beauté. Mais tout comme il est certain que les hommes ne vivent pas de pain seulement, mais aussi d'idées, il est certain que l'avenir du monde repose entre les mains de ceux qui pourront — si peu que ce soit — porter l'interprétation de la nature plus loin que leurs prédécesseurs, et il est certain que la fonction la plus élevée d'une université est de chercher ces hommes, de les protéger et de donner à leur faculté de servir leurs semblables libre carrière.

Je vois avec joie que l'encouragement des recherches occupe une place aussi prépondérante dans vos documents officiels, et dans le sage et libéral discours d'inauguration de votre président. Ce sujet de l'encouragement, ou, ainsi qu'on l'appelle parfois, de la dotation des recherches, a, au cours des dernières années, beaucoup préoccupé les hommes, en Angleterre. C'était un des principaux sujets de discussion des membres de la Commission Royale dont j'ai fait partie, et qui a publié, il n'y a pas longtemps, un rapport après cinq ans de travaux. Beaucoup de gens semblent croire que la question est surtout financière, qu'on peut aller sur le marché, demander des recherches, et que la demande sera suivie de l'approvisionnement, ainsi que cela se passe ordinairement dans le commerce. Cette opinion ne se recommande point à mon esprit. Je ne connais pas de problème plus difficile à résoudre en pratique que la découverte d'un moyen d'encourager et d'entretenir le chercheur original sans ouvrir la porte au népotisme et aux tripotages. Ma conviction personnelle se résume admirablement dans le passage suivant du discours de votre président, que « les meilleurs chercheurs sont d'ordinaire ceux qui ont aussi les responsabilités de l'instruction, ayant ainsi le stimulant des collègues, l'encouragement des élèves et l'attention du public ».

Au commencement de ce discours, je me suis hasardé à supposer que je pourrais, si je le jugeais bon, critiquer les arrangements qui ont été faits par le conseil d'administration, mais j'avoue que je ne vois guère autre chose à faire qu'à y applaudir. La détermination de ne pas construire pour le moment me semble très sage et judicieuse. Ma destinée a été de voir de grands fonds d'éducation devenir de purs fossiles de briques et de mortier, pétrifiés par l'architecture, ne gardant rien pour faire marcher l'institution qu'ils devaient soutenir. On a dit d'un grand guerrier qu'ayant fait le désert il appelait cela la paix. Les administrateurs des fonds d'éducation ont quelquefois fait un palais et l'ont appelé une université. Si j'osais me risquer à donner un conseil, dans une question qui n'est pas de ma compétence, je dirais que, quand vous bâtirez, il serait bon d'avoir un honnête maçon, et de lui faire construire le nombre de chambres qui vous est nécessaire, en laissant un ample espace pour s'étendre au besoin. Et, dans un siècle d'ici, quand les actions de Baltimore et de l'Ohio feront mille dollars de prime, que vous aurez doté tous les professeurs et construit tous les laboratoires dont vous aurez besoin, et que vous aurez le plus beau muséum et la plus belle bibliothèque qu'on puisse imaginer, alors, si vous avez quelques centaines de mille dollars dont vous ne sachiez que faire, envoyez chercher un architecte et dites-lui de vous construire une façade. Si les choses d'Amérique ressemblent à celles d'Angleterre, toute autre marche vous mènera, probablement, à avoir quelque édifice imposant, avantageux pour la réputation de votre architecte, mais n'étant pas du tout ce qu'il vous faut.

Il me semble que ce que j'ai pris la liberté d'exposer comme étant les principes qui doivent régir les rapports d'une université avec l'éducation en général s'accorde entièrement avec les mesures que vous avez adoptées. Vous n'avez mis aucune restriction à l'accès de l'instruction que vous vous proposez de donner ; vous avez pourvu à ce que cette instruction, qu'elle soit donnée par l'université ou par des institutions qui lui sont associées, occupe tout le champ de l'activité intellectuelle humaine. Vous avez reconnu l'importance d'encourager les recherches. Vous vous proposez de faciliter aux jeunes gens qui peuvent être pleins de zèle pour une carrière littéraire ou scientifique, mais peuvent aussi avoir pris leurs aspirations pour des inspirations, l'épreuve de leurs capacités, et de donner une chance d'essai loyal à leurs facultés. Si l'un de ceux-ci vient à échouer, sa dotation cesse et il n'y a aucun mal de fait. S'il réussit, vous pouvez donner l'essor au génie d'un Davy ou d'un Faraday, d'un Carlyle ou d'un Locke, dont l'influence sur l'avenir de ses semblables est absolument incalculable.

Vous avez énoncé le principe que « la gloire de l'université devrait dépendre du caractère des professeurs et des élèves, et non de leur nombre ou des constructions élevées à leur usage ». Et je considère comme un point essentiel et des plus importants de votre plan que le revenu des professeurs et des maîtres soit indépendant du nombre d'étudiants qu'ils peuvent attirer. De cette façon, vous éviterez le danger, qui est partout ailleurs, de trouver des essais de perfectionnement entravés par des intérêts isolés et, dans le département de l'éducation médicale, en particulier, vous serez affranchis de la tentation d'envoyer dans le monde des hommes entièrement incompétents pour remplir les devoirs sérieux de leur profession.

Il est fort délicat pour un étranger, ignorant, comme moi, l'organisation pratique de vos institutions, de prétendre donner son opinion quant à l'organisation de votre pouvoir gouvernant. Je ne puis concevoir rien de mieux que ce qui existe, si vous pouvez vous assurer une succession d'hommes sages, libéraux, honnêtes et consciencieux pour remplir les vides qui se présentent parmi vous. Je ne crois pas beaucoup à l'efficacité d'aucune espèce de mécanisme pour assurer un semblable résultat, mais je me permettrai de dire que l'adoption exclusive de la méthode de coaptation pour remplir les vides qui doivent se produire dans votre corps me paraît être, quelque peu, ce qu'on appelle « tenter la Providence ».

Nul doute qu'il n'y ait de graves objections pratiques à nommer des personnes en dehors de votre corps et qui ne seraient pas directement intéressées à la prospérité de l'université ; mais ne serait-il pas bien qu'il fût entendu que votre état-major académique fût représenté officiellement au conseil, et peut-être même les chefs de un ou deux corps savants indépendants, de façon à ce que l'opinion académique et les idées du monde extérieur pussent avoir une certaine influence dans cette affaire de la plus grande importance, la nomination de vos professeurs ? Je vous offre ces suggestions, ainsi que je l'ai déjà dit, malgré mon ignorance des difficultés pratiques qui peuvent s'opposer à leur réalisation, d'après le principe général que les influences personnelles et locales sont très subtiles et souvent inconscientes, tandis que la grandeur et l'efficacité futures de la noble institution qui commence aujourd'hui son œuvre doit dépendre, dans une grande mesure, de la liberté d'action qui saura s'en défendre.

J'entends constamment des Américains parler du charme qu'a pour eux notre vieille mère patrie, du plaisir avec lequel ils errent à travers les rues d'anciennes villes, ou montent aux créneaux de places fortes du moyen âge dont les noms sont associés indissolublement avec les grandes époques de cette noble littérature qui est notre héritage commun, ou avec les étapes sanglantes de cette marche séculaire par laquelle les descendants des sauvages Bretons et des pirates de la mer du Nord ont été convertis en guerriers de l'ordre et en champions d'une liberté pacifique, épuisant ce qui leur reste du vieil esprit des ancêtres, en subjuguant la nature et faisant du désert un jardin. Mais l'espérance n'a pas moins de charme que le regard jeté en arrière, et pour un Anglais débarquant sur vos rivages pour la première fois, voyageant pendant des centaines de milles à travers des chapelets de cités grandes et bien bâties, voyant votre énorme richesse actuelle et potentielle en toutes sortes de denrées et en énergie et habileté pour les utiliser, il y a quelque chose de sublime dans la perspective de l'avenir. Ne pensez pas que je veuille flatter ce qui s'appelle d'ordinaire l'orgueil national. Je ne puis pas dire que je sois le moins du monde impressionné par votre étendue de pays ou vos ressources matérielles. La dimension ne fait pas la vraie grandeur, ni le territoire une nation. La grande question, d'une véritable sublimité, et sur laquelle une destinée incertaine suspend sa menace, est de savoir ce que vous allez faire de toutes ces choses? Quelle sera la fin dont elles seront les moyens? Vous faites en politique une expérience nouvelle sur la plus grande échelle que le monde ait encore vue. Vous êtes quarante millions, à votre premier centenaire; on peut s'attendre, raisonnablement, à ce qu'au second, les États-Unis seront occupés par deux cents millions d'hommes parlant l'anglais, répandus sur un territoire aussi grand que celui de l'Europe, et avec des climats et des intérêts aussi divers que ceux de l'Espagne et de la Scandinavie, de l'Angleterre et de la Russie. Vous aurez, vous et vos descendants, à constater si cette grande masse pourra se maintenir sous la forme d'une république et sous la réalité despotique du suffrage universel ; si les droits des États tiendront, sans séparation, contre ceux de la centralisation ; si la centralisation aura le dessus, sans une monarchie réelle ou déguisée ; si une corruption temporaire vaut mieux qu'une bureaucratie permanente et si à mesure que la population augmente dans vos grandes villes et que la pression du besoin se fera sentir, le spectre hâve du paupérisme se glissera parmi vous et le communisme et le socialisme demanderont à être écoutés. En vérité, l'Amérique a un grand avenir devant elle : grand par les travaux, par les soucis, par la responsabilité ; grand par la vraie gloire, si elle est guidée par la sagesse et la justice ; grand par la honte, si elle échoue. Je ne comprends pas que d'autres nations vous portent envie, ou qu'elles soient assez aveugles pour ne pas comprendre qu'il est de l'intérêt le plus élevé de l'humanité que vous réussissiez ; mais la condition unique du succès, votre seule sauvegarde, c'est la valeur morale et la clarté intellectuelle de chaque citoyen individuel. L'éducation ne donne point ces choses, mais elle peut les protéger et les faire avancer, à quelque échelon de la société qu'elles se trouvent ; et les universités doivent et peuvent être les places fortes de la vie supérieure de la nation.

XII

L'ÉDUCATION TECHNIQUE [1]

Tout observateur sincère des phénomènes de la société moderne admettra que les fâcheux doivent être classés parmi les ennemis de la race humaine ; et un peu de réflexion le conduira probablement à avouer, en outre, qu'aucune espèce de ce genre nombreux de créatures nuisibles n'est plus à éviter que le fâcheux pédagogue. Convaincu comme je le suis de la vérité de cette généralisation sociale, ce n'est pas sans une certaine émotion que je me risque à vous parler d'éducation, car, au cours des dix dernières années, pour ne pas remonter plus loin, je n'ose dire combien de fois je me suis hasardé à traiter ce sujet, depuis l'éducation donnée aux écoles primaires jusqu'à celle qu'on trouve dans les universités et les écoles de médecine ; dans le fait, la seule partie de cette vaste région que je n'aie point parcourue est celle que je me propose d'envahir aujourd'hui.

Je ne puis donc me dissimuler que je suis en grand danger de devenir la chose que tout homme redoute et fuit. Mais c'est avec préméditation que j'encours ce risque. Car, au moment où vous m'avez fait l'hon-

[1] Discours au *Working Men's Club and Institut.*, 1er décembre 1877.

neur de m'inviter à vous parler, une circonstance inattendue m'avait amené à m'occuper sérieusement de l'éducation technique, et j'ai acquis la conviction qu'il y a peu de sujets sur lesquels il soit plus important que toutes les classes de la communauté aient des idées claires et justes; tandis que, certainement, il n'en est point qui mérite davantage l'attention de cette assemblée.

Il ne m'appartient pas d'affirmer que les considérations que je vais vous soumettre se trouvent justifiées, ou non, par l'expérience ; mais je ferai de mon mieux pour qu'elles soient claires. Parmi les nombreuses bonnes choses qu'on trouve dans les œuvres de lord Bacon, aucune ne renferme plus de sagesse que l'axiome que « la vérité sort plus facilement de l'erreur que de la confusion ». Une pensée erronée suivie avec clarté est ce qu'il y a de mieux après la pensée juste ; de façon que, si je réussis à éclaircir quelque peu vos idées sur ce sujet, je n'aurai perdu ni votre temps ni le mien.

L'éducation technique, dans le sens où le terme est d'ordinaire employé, et où je l'emploie maintenant, signifie la sorte d'éducation qui s'adapte spécialement aux besoins de l'homme dont l'affaire en ce monde est d'exercer un métier quelconque ; c'est, en réalité, un bel équivalent gréco-latin pour ce qu'en bon français natal nous appellerions l'enseignement des professions manuelles. Et probablement, à cette étape de notre course, il peut arriver à plus d'un parmi vous de songer à l'histoire du savetier et de sa forme, et de vous dire tout bas, parce que vous êtes trop polis pour me poser la question ouvertement : que sait donc l'orateur, pratiquement, sur cette matière ? Quel est son métier ? Je trouve la question très naturelle, et si je n'étais préparé à y répondre, d'une façon satisfaisante, je l'espère, j'aurais choisi un autre thème.

Le fait est que je suis et que j'ai été, pendant les trente dernières années, un homme travaillant de ses mains, — un artisan. Je ne dis point cela dans le sens très métaphysique dans lequel de beaux messieurs, avec toute la délicatesse d'Agag, montent légèrement à l'estrade, les jours d'élection, et protestent qu'eux aussi sont des ouvriers. Je désire que mes mots soient pris dans leur sens direct, littéral et loyal. En réalité, si l'horloger aux doigts les plus habiles, parmi vous, veut venir à mon atelier, il peut me donner à monter les pièces d'une montre, tandis que je le mettrai à disséquer les nerfs d'une Blatte des cuisines. Je ne veux pas me vanter, mais j'incline à croire que je m'acquitterai de son travail à sa satisfaction plus vite qu'il ne fera celui que je lui aurai donné, à la mienne.

En réalité, l'anatomie, qui est mon métier, est une des espèces les plus difficiles du travail manuel, impliquant, ainsi qu'elle le fait, non seulement la légèreté et la dextérité de la main, mais des yeux perçants et une patience inépuisable. Et vous ne devez pas supposer que ma branche particulière de science se distingue spécialement par son exigence en fait d'adresse à manipuler. On en demande autant à tous les étudiants de sciences physiques. L'astronome, l'électricien, le chimiste, le minéralogiste, le botaniste, sont constamment appelés à faire des opérations d'une délicatesse excessive. Le progrès de toutes les branches des sciences physiques dépend de l'observation, ou de cette observation artificielle qu'on nomme *expériences*, d'une sorte quelconque ; et plus nous avançons, plus les difficultés pratiques accompagnent l'investigation des conditions des problèmes qui nous sont offerts, de telle sorte que des mains flexibles et pourtant fermes, guidées par de bons yeux, sont de plus en plus requises dans les ateliers de la science.

En vérité, j'ai été frappé de l'idée que c'était là un des motifs de la sympathie qui unit les artisans et les hommes de science de ce pays, sympathie dont j'ai eu si souvent la bonne fortune de profiter.

Vous voulez et nous sentons, nous qu'on appelle les gens savants, que seuls nous sommes en contact avec les faits tangibles comme vous l'êtes vous-mêmes. Vous savez du reste que c'est une chose d'écrire l'histoire des chaises en général, ou d'adresser un poème à un trône, ou de spéculer sur les pouvoirs occultes de la chaise de saint Pierre, et une toute autre chose de faire de vos propres mains une vraie chaise, qui se tiendra d'aplomb, carrément, et donnera le repos et la sécurité à un corps sensible et solide.

Il en est de même pour nous quand, de nos métiers scientifiques — nous regardons ce que font nos frères savants, dont l'ouvrage n'est encombré par rien de « bas » et de « mécanique », ainsi qu'on avait coutume d'appeler les métiers lorsque le monde était plus jeune et, à quelques égards, moins sage qu'aujourd'hui. Nous prenons le plus grand intérêt à leurs occupations, nous sommes édifiés par leurs histoires, et charmés par leurs poèmes qui sont parfois des exemples remarquables de la puissance de l'imagination humaine, quelques-uns d'entre nous admirent leurs excursions hautement philosophiques et essaient même humblement de les suivre, bien que nous sachions le danger que nous courons d'être repoussés par la demande si des disséqueurs de singes et de blattes peuvent espérer entrer dans le royaume céleste de la spéculation. Nous sentons toutefois que notre affaire n'est pas la même que la leur; que plus humble, si vous voulez, son amoindrissement de dignité est peut-être compensé par l'augmentation de réalité; et que, comme vous, nous avons à accomplir notre tâche dans une région où rien ne sert s'il manque la faculté de traiter les faits pratiques tangibles. Vous savez que de belles phrases sur l'ébénisterie ne feraient pas une chaise, et je sais qu'ils n'ont guère plus de valeur pour les sciences physiques. La mère Nature fait la sourde oreille aux paroles mielleuses ; ceux-là seuls qui comprennent le fond des choses, et qui les traitent silencieusement et efficacement, obtiendront d'elle quelque avantage.

Ayant maintenant, je l'espère du moins, justifié mon droit à prendre place parmi les artisans, et aussi ma qualité, par mes connaissances pratiques, pour parler d'éducation technique, je vais exposer devant vous les résultats de mon expérience comme, docteur ès arts manuels, et vous dire quelle éducation je jugerais la mieux choisie pour un garçon dont on voudrait faire un anatomiste professionnel.

Je dirais, en premier lieu, de lui donner une bonne éducation élémentaire. Je ne demande point qu'il soit capable de passer telles ou telles épreuves — ce peut être ou n'être pas une expression équivalente — mais que l'éducation qu'il a reçue lui donne le maniement des instruments communs d'instruction et ait créé en lui un goût pour les choses de l'intelligence

En outre, j'aimerais qu'il sût les éléments des sciences physiques, et surtout de la physique et de la chimie, et je prendrais soin que cette connaissance élémentaire fût réelle. J'aimerais que mon aspirant pût lire un traité scientifique en latin, en français ou en allemand, parce que ces langues renferment une quantité énorme de connaissances anatomiques. Et, en particulier, j'exigerais qu'il dessinât bien — je ne veux point dire d'une manière artistique, car cela est un don, qui peut se cultiver mais ne saurait s'apprendre — mais dessiner avec assez d'exactitude. Je ne dirai pas que tout le monde puisse apprendre même cela, car le développement négatif de la faculté de dessiner chez quelques personnes est chose qui tient presque du miracle. Pourtant, tout le monde, ou presque tout le monde, peut apprendre à écrire, et l'écriture étant une espèce de dessin, je suppose que la plupart des gens qui assurent ne pouvoir dessiner, et donnent des preuves évidentes de l'exactitude de leur assertion, pourraient dessiner « de quelque sorte », s'ils essayaient de le faire. Et ce « de quelque sorte » vaudrait mieux que rien, pour le but que je me propose.

Par-dessus tout, que mon élève imaginaire conserve la fraicheur et la vigueur de la jeunesse dans son esprit comme dans son corps. L'abomination de la désolation dans l'éducation d'aujourd'hui est l'habitude de faire travailler les jeunes gens à haute pression par des concours incessants. Un sage (qui probablement ne se levait pas matin) a dit des gens matineux en général qu'ils sont vains toute la matinée et stupides tout l'après-midi. Je ne prétends point décider si cela est vrai de ceux qui se lèvent matin dans l'acception commune du mot, où non, mais c'est trop souvent vrai des malheureux enfants que l'on force à se lever trop tôt pour les classes. Ils sont pleins de vanité au matin de leur vie, et stupides l'après-midi. La vigueur et la fraîcheur, qui auraient dû être emmagasinées pour la lutte pour l'existence de la vie pratique, ont été flétries chez eux par une sorte de débauche mentale précoce, — par la gloutonnerie des livres et l'excès des leçons. Leurs facultés ont été usées par l'effort imposé à leurs cerveaux de poussins, et ils sont démoralisés par des triomphes enfantins sans valeur, avant que le vrai travail de la vie n'ait commencé. Je n'ai aucune indulgence pour la paresse, mais la jeunesse a un plus grand besoin de repos intellectuel que la vieillesse ; et la gaieté, la tenacité d'intention, la puissance de travail, qui ont fait le succès de plus d'un homme qui a réussi, doivent souvent être placées au compte, non de ses heures de travail, mais à celui de ses heures d'oisiveté, durant l'adolescence. Le plus infatigable travailleur de nous tous, s'il a affaire à quelque chose de plus que de simples détails, fera bien, de temps à autre, de laisser son cerveau en jachère. La moisson de pensée qui succédera aura certainement des épis plus pleins, et moins de mauvaises herbes.

Voilà quelle sorte d'éducation je voudrais donner à qui se consacrerait à mon métier. Quant à savoir quelque chose de l'anatomie en soi, tout compte fait, j'aimerais qu'il la laissât de côté jusqu'au moment où il s'y mettrait sérieusement dans mon laboratoire. Il est assez dur d'enseigner, et je ne voudrais pas surajouter à ce travail la possibilité d'avoir à faire désapprendre.

Mais, direz-vous, ceci est Hamlet, avec le prince de Danemark en moins ; votre « éducation technique » est tout simplement une bonne éducation, avec plus de soin pour les sciences physiques, le dessin et les langues vivantes qu'il n'est ordinaire d'en donner, et elle n'a rien de spécialement technique.

Exactement ; cette remarque nous ramène droit à ce que je veux dire, qui est : qu'à mon avis l'éducation préparatoire de l'artisan ne doit rien avoir de ce qu'on comprend d'ordinaire sous le nom de « technique ».

L'atelier est la seule véritable école de l'artisan. L'éducation qui précède celle de l'atelier devrait être entièrement consacrée à fortifier le corps, à élever les facultés morales, à cultiver l'intelligence, et, en particulier, à pénétrer l'esprit d'une notion large et claire des lois de ce monde naturel avec les éléments duquel l'artisan aura affaire. Et plus l'artisan doit entrer de bonne heure dans la vie, dans la pratique réelle de son métier, plus il est important qu'il consacre les précieuses heures de l'éducation préliminaire à des choses de l'esprit qui n'ont aucun rapport direct ou immédiat avec sa branche d'industrie, bien qu'elles soient le fondement de toutes les réalités.

Laissez-moi maintenant appliquer à votre métier les leçons que j'ai apprises dans le mien. Si quelqu'un de vous avait à prendre un apprenti, je suppose que vous aimeriez à choisir un bon garçon en bonne santé, prompt et dispos à apprendre, adroit, et n'ayant pas des doigts qui fussent tous des pouces, ainsi que l'on dit vulgairement. Vous aimeriez qu'il pût bien lire, écrire et compter ; et si vous étiez un maître intelligent, et que votre métier comprît l'application des principes scientifiques, ainsi que cela est pour beaucoup de métiers, vous aimeriez qu'il sût assez des principes élémentaires de la science pour comprendre ce qui se passe. Je suppose que dans neuf métiers sur dix, il serait utile qu'il dessinât ; et beaucoup d'entre vous se sont plaints de leur incapacité à découvrir par eux-mêmes ce que les étrangers font ou ont fait. De sorte qu'une connaissance du français et de l'allemand pourrait, en beaucoup de cas, être très désirable.

Il me paraît que vous avez besoin, à peu près, de tout ce dont j'ai besoin, et la question pratique se pose ainsi : Comment obtiendrez-vous ce qu'il vous faut, sous les limitations et conditions de vie actuelles des artisans de ce pays ?

Je pense que j'ai l'assentiment tout à la fois de celui qui emploie et de celui qui est employé quant à une de ces restrictions, c'est qu'aucun plan d'éducation technique ne saurait être sérieusement élaboré s'il devait retarder l'entrée des garçons dans la vie active, ou les empêcher de contribuer à défrayer leur entretien aussi tôt qu'ils le font actuellement. Non seulement je crois que l'on ne pourrait réaliser un plan semblable, mais je doute qu'il fût désirable de le faire quand même ce serait praticable.

La période entre l'enfance et la virilité est pleine de difficultés et de dangers, dans les circonstances les plus favorables, et même chez les gens à leur aise, qui ont les moyens d'entourer leurs enfants des conditions les plus heureuses, il n'y a que trop d'exemples de carrières ruinées avant d'avoir réellement commencé. En outre, ceux qui doivent vivre du travail doivent être, de bonne heure, façonnés au travail. Le poulain laissé trop longtemps au vert ne fera qu'un triste cheval de trait, quoique son genre de vie ne le mette pas à portée de tentations artificielles. Il se peut que le résultat le plus précieux de l'éducation soit de vous faire faire la chose que vous avez à faire, quand elle doit être faite, que vous le vouliez ou non ; c'est la première leçon qui doit être apprise, et si tôt que commence l'éducation d'un homme il est probable que c'est la dernière leçon qu'il apprenne à fond.

Il existe une autre raison, à laquelle j'ai déjà fait allusion, et que je veux répéter, pour que l'extension du temps consacré à l'œuvre scolaire ne soit pas désirable. Dans notre zèle nouvellement éveillé pour l'éducation, nous courons risque d'oublier la vérité que tandis qu'un minimum d'instruction est une mauvaise chose, un excès d'instruction peut en être une pire.

Le succès en une vie pratique quelconque ne dépend pas uniquement, ni même principalement, du savoir. Dans les professions savantes elles-même, le savoir isolé a moins d'importance qu'on n'a l'habitude de le supposer. Et quand une grande dépense d'énergie corporelle est impliquée dans le travail quotidien, le pur savoir a encore moins d'importance quand on le met en regard du coût probable de son acquisition. Pour faire, de ses mains, une bonne journée de travail, un homme a besoin, par-dessus toutes choses, de santé, de force, et de la patience et de la gaité qui, si elles n'accompagnent pas toujours ces bénédictions, peuvent à peine, dans la nature des choses, exister sans elles ; et nous y ajouterons la sincérité des intentions et l'orgueil de bien faire ce qu'on fait.

Un bon artisan peut se tirer très bien d'affaire sans génie, mais il réussira mal sans une part raisonnable de ce qui est une possession bien plus utile pour la vie de tous les jours, savoir : l'esprit naturel, il gagnera beaucoup en acquérant une connaissance vraie, si limitée qu'elle soit, des lois ordinaires de la nature, en particulier de celles qui intéressent son travail spécial.

Une instruction portée assez loin pour que l'écolier mette à profit sa provision d'esprit naturel, acquière une quantité suffisante de saines connaissances élémentaires et se serve de ses mains et de ses yeux, tandis qu'elle le laisse frais, vigoureux, avec le sentiment de la dignité de son état, quel qu'il soit, à condition d'être honnêtement exercé, ne peut manquer de rendre d'inappréciables services à tous ceux qui subiront son influence.

Mais si, d'autre part, l'instruction scolaire est poussée assez loin pour encourager le pédantisme, si l'ambition de l'écolier est dirigée non sur l'acquisition du savoir, mais sur les examens à passer avec succès, surtout si l'on flatte la malfaisante illusion que le travail du cerveau est — en soi, et à part sa qualité — chose plus noble et plus respectable que le travail des mains, — une telle éducation peut être un dommage mortel pour l'ouvrier et tendre rapidement à ruiner les industries qu'elle serait supposée servir.

Je sais que j'exprime l'opinion de quelques uns des patrons les plus considérables aussi bien que les plus éclairés, quand je dis qu'il y a un vrai danger que nous courions d'un extrême à l'autre, de l'absence d'éducation à l'excès d'éducation, pour les artisans. Et j'estime que ce qui est vrai pour l'ouvrier ordinaire l'est aussi pour le chef d'atelier. L'activité, la probité, la connaissance des hommes, un esprit naturel prompt, accompagné d'une bonne connaissance des principes généraux de son affaire, sont les éléments d'un bon chef d'atelier. S'il possède ces qualités, aucun degré de science ne le préparera mieux à sa position, tandis que le genre de vie et l'habitude d'esprit requis pour atteindre à cette science peuvent, de diverses manières directes ou indirectes, le rendre impropre à bien remplir sa tâche.

Tenant donc présent à l'esprit que les deux choses à éviter sont le retard de l'entrée des garçons dans la vie pratique, et la substitution de dévoreurs de livres anémiés à des hommes sagaces, adroits, dans nos usines et nos fabriques, considérons ce que l'on peut sagement et prudemment essayer pour améliorer l'éducation de l'artisan.

D'abord, je vois les écoles qui sont maintenant heureusement établies par tout le pays. Je ne veux point les critiquer, ni leur trouver de défauts ; bien au contraire, leur établissement me semble être le résultat le plus important et le plus bienfaisant de l'action coopérative du peuple de nos jours. On parle beaucoup, en ce moment, des intérêts de la Grande-Bretagne mais croyez bien qu'aucune question d'Orient ne réclame notre intervention, comme nation, aussi sérieusement que l'écrasement des Bashi-Bouzouks de l'ignorance et des Cosaques de l'esprit sectaire chez nous. On a déjà accompli de grandes choses, dans cette direction ; il faut avoir vécu quelque temps pour en apprécier la grandeur. Tout enfant du pays peut maintenant obtenir une éducation, supérieure dans ses procédés, meilleure dans sa substance, que n'en pouvaient avoir la grande majorité des Anglais à leur aise, il y a un quart de siècle. Qu'un homme de mon âge entre dans une école primaire ordinaire, et, à moins qu'il n'ait eu un bonheur exceptionnel dans sa jeunesse, il nous dira que la méthode d'éducation, l'intelligence, la patience et la bonne humeur du côté du maître, qui sont maintenant au service des dernières épaves de la société, sont des choses qui étaient inconnues dans ces coûteuses écoles de la classe moyenne, qui étaient combinées si ingénieusement qu'elles réunissaient tous les inconvénients et les imperfections des grandes écoles publiques sans avoir aucun de leurs avantages. Plus d'un homme, dont la soi-disant éducation a coûté beaucoup d'argent et rempli bien des années de temps précieux, sort de l'inspection d'une de ces écoles élémentaires si bien ordonnées, en souhaitant ardemment que dans sa jeunesse il eût pu avoir la chance de recevoir un aussi bon enseignement que ces garçons et ces filles.

Mais, tout en obéissant volontiers à l'impulsion naturelle de la reconnaissance à la vue de ce progrès dans l'éducation générale, je ne veux pas m'y arrêter. Je veux voir incorporer plus complètement l'instruction des éléments de la science et de l'art dans le système de l'éducation. Actuellement, cette instruction se donne à dose homéopathique comme si elle était une drogue énergique : « quelques gouttes à prendre, de temps en temps, dans une cuiller à café ». Je remarque chaque année que notre ami commun, si sérieux et si zélé, sir John Lubbock, interpelle le Gouvernement du jour dans la Chambre des communes, à ce sujet, et aussi que, chaque année, lui et les quelques membres de la Chambre des communes, tels que M. Playfair, qui sont en sympathie avec lui, reçoivent pour réponse les plus chaudes expressions d'admiration pour la science en général, et de vagues raisons pour ne rien faire en particulier. Mais, maintenant que M. Forster, à qui l'éducation de ce pays doit tant, a annoncé qu'il est converti à la vraie foi, je commence à croire que, tôt ou tard, les choses s'arrangeront.

Je pense avoir donné une bonne raison pour justifier l'assertion que garder à l'école les garçons destinés à être artisans, au-delà de l'âge de treize ou quatorze ans n'est ni pratique ni désirable, et comme il est tout à fait certain que, pour être juste envers d'autres branches non moins importantes d'éducation, on ne peut introduire rien de plus que les rudiments de l'enseignement de la science et de l'art dans les écoles primaires, nous devons chercher ailleurs un enseignement supplémentaire pour ces sujets et, s'il le faut, pour les langues étrangères, enseignement qui continuerait après le commencement de la vie de l'ouvrier.

Les moyens d'acquérir la partie scientifique et artistique de ce dressage existent déjà, en ordre régulier, d'abord, dans les classes du département de la Science et de l'Art, qui se tiennent pour la plupart le soir, de façon à être accessibles à tous ceux qui veulent en profiter après leurs heures de travail. Le grand avantage de ces cours consiste à mettre les moyens d'instruction à la portée des fabriques et des ateliers; ce ne sont point des créations artificielles, mais, par leur existence même, ils prouvent le désir du peuple pour en profiter et, enfin, ils admettent un développement infini, dans la proportion où on en aura besoin. J'ai souvent exprimé cette opinion, et je répète ici que, pendant les dix-huit ans de leur existence, ils ont fait un bien incalculable, et je puis dire, en connaissance de cause, que le département n'épargne aucune peine pour essayer d'augmenter leur utilité et garantir leur bon fonctionnement.

Personne ne sait mieux que mon ami, le colonel Donnelly, aux vues précises et aux grandes capacités administratives duquel on est redevable d'une grande partie du succès des cours scientifiques, qu'il y a encore beaucoup à faire pour que le système soit complètement satisfaisant. Il faut que l'instruction donnée soit plus systématique et surtout plus pratique; les professeurs sont d'une valeur très inégale, et il en est plus d'un qui aurait besoin d'instruction pour lui-même, non seulement pour les sujets qu'il enseigne, mais pour les fins de leur enseignement. J'ose dire que vous avez dû entendre parler d'un certain procédé, réprouvé par les vrais chasseurs, qui s'appelle « tirer pour la marmite ». Eh bien ! il y a une chose qu'on peut appeler « enseigner pour la marmite » — c'est-à-dire enseigner, non pour que votre élève sache, mais pour qu'il puisse compter, financièrement — parmi ceux qui passent l'examen, et il y a quelques maîtres, pas beaucoup, heureusement, qui ont encore à apprendre que les examinateurs ministériels les considèrent comme des braconniers de la pire espèce.

Sans vouloir, en aucune façon, parler au nom du ministère, je crois pouvoir dire, parce que le fait est venu à portée de mon observation, qu'il fait tout ce qu'il peut pour surmonter ces difficultés. Il encourage systématiquement l'instruction pratique dans les classes ; il aplanit les difficultés aux maîtres qui désirent apprendre leur affaire en conscience, et il est toujours prêt à aider à supprimer l'enseignement « pour la marmite ».

Tout ceci, comme vous pouvez l'imaginer, est très satisfaisant pour moi. Je vois cette diffusion d'éducation scientifique, à propos de laquelle j'ai si souvent pris la liberté d'ennuyer le public, devenir, au point de vue pratique, un fait accompli. Reconnaissant, comme, je le suis, pour tout ce qui se fait, dans la même direction, pour nos écoles supérieures et nos universités, j'ai cessé de m'inquiéter au sujet des classes plus riches. Les connaissances scientifiques se répandent par ce que les alchimistes appellent une *distillatio per ascensum*, et rien ne saurait maintenant les empêcher de continuer à distiller, et de pénétrer la société anglaise jusqu'à ce que, dans un avenir lointain, il n'y ait plus un membre de la législature qui ne sache autant de science qu'un garçon de l'école primaire, et que les chefs mêmes de nos vénérables institutions d'éducation reconnaissent que les sciences naturelles ne sont pas simplement une porte de derrière de l'université, par où les élèves inférieurs parviennent à gagner leurs grades. Cette vision apocalyptique est peut-être un peu folle, et je sens que je dois demander pardon pour une explosion d'enthousiasme, qui, je vous assure, n'est pas chose commune chez moi.

J'ai dit que le Gouvernement fait déjà beaucoup pour favoriser la sorte d'éducation technique pour les artisans qui, selon moi, vaut seule la peine d'être recherchée. Peut-être fait-il tout ce qu'il peut faire, même dans cette direction. Il y a une autre sorte d'aide du caractère le plus important, que nous devons chercher ailleurs qu'auprès du Gouvernement. La grande masse de l'humanité n'a ni le goût ni l'aptitude pour les occupations littéraires, scientifiques ou artistiques, ni, au fond, pour la perfection sous aucune forme. Son ambition est de traverser la vie, sans fatigue et avec une bonne part d'aisance, faisant des choses communes d'une manière commune. Et c'est une grande bénédiction que la plupart des hommes soient de cet avis, car la plupart des choses à faire sont communes, et sont assez bien faites d'une manière commune. Le grand but de la vie n'est point la connaissance, mais l'action. Ce qu'il faut aux hommes c'est juste autant de connaissance qu'ils en peuvent assimiler et organiser en base pour leurs actions; si vous leur en donnez davantage, elle leur devient nuisible. On connait des gens qui sont aussi lourds et stupides d'un savoir mal digéré que d'autres le sont d'un excès de viande et de boisson. Mais un petit tant pour cent de la population nait avec cette qualité, la meilleure de toutes, le désir d'exceller, ou avec des aptitudes spéciales d'une espèce quelconque. M. Galton nous apprend qu'il n'y a pas plus d'un homme sur quatre mille qui puisse s'attendre à être distingué, et pas plus d'un sur un million qui ait quelque peu de cette intensité d'aptitude instinctive, de cette soif ardente d'exceller qui se nomme *génie*.

L'objet le plus important de tout plan d'éducation est de saisir ces gens exceptionnels et d'en profiter pour l'avantage de la société. Personne ne saurait dire où ils apparaîtront ; comme leurs contraires, les sots et les scélérats, ils surgissent parfois au palais, et parfois dans une chaumière; mais le grand but auquel il faut viser, j'allais presque dire la fin la plus importante de toute l'organisation sociale, c'est d'empêcher ces glorieux *sports* de la nature d'être corrompus par le luxe ou affamés par la pauvreté, et de les placer dans une position où ils puissent remplir la tâche à laquelle ils sont spécialement adaptés.

Ainsi, si un garçon d'une école primaire montrait

des signes d'une capacité spéciale, j'essaierais de lui fournir les moyens de continuer son éducation après que sa vie active aurait commencé ; si, aux classes du soir, il développait des capacités spéciales dans la direction de la science ou du dessin, j'essaierais de lui assurer un apprentissage à quelque métier où ses facultés recevraient leur application. Ou s'il voulait devenir professeur, il aurait la chance de le faire. Finalement, pour le garçon de génie, celui qui est unique dans un million, je lui rendrais accessible l'éducation la plus élevée et la plus complète que le pays pourrait donner. Quelque prix que cela pût coûter, croyez bien que cette spéculation serait bonne. Je pèse chacune de mes paroles quand je vous dis que si la nation pouvait acheter un Watt, ou un Davy, ou un Faraday, potentiels, au prix de cent mille livres comptant, ce serait pour rien. C'est devenu une banalité, et une parole qui court les rues, mais l'œuvre de ces trois hommes a produit des millions incalculables de fortune, au sens le plus étroitement économique du mot.

Donc, en somme totale et pour couronner l'œuvre de l'éducation technique, je voudrais voir établir un mécanisme qui servirait à dégager les capacités et à leur donner carrière.

Quand je faisais partie du Comité des écoles de Londres, je dis, au cours d'une discussion, que notre tâche était de poser une échelle, conduisant du ruisseau de la rue à l'université, le long de laquelle tout enfant des trois royaumes aurait la chance de monter aussi haut qu'il le mériterait. Cette phrase a été tellement colportée, dans le temps, qu'à dire le vrai j'en suis un peu fatigué ; mais je n'en connais pas d'autre qui exprime aussi complètement mon opinion, non seulement sur l'éducation en général, mais sur l'éducation technique en particulier.

On aura, je crois, jeté les fondations essentielles de toute l'organisation requise pour encourager l'éducation chez les artisans, dans ce pays, quand chaque jeune ouvrier sentira que la société aura fait tout ce qui est en son pouvoir pour écarter tout obstacle inutile ou artificiel de son chemin ; qu'il n'y a aucune barrière, sauf celles qui existent dans la nature des choses, entre lui et la place quelconque de l'organisation sociale qu'il est propre à remplir ; et bien plus encore que, s'il est capable et travailleur, une main lui est tendue pour l'aider dans la voie qu'il aura choisie sagement et honnêtement.

J'ai essayé de vous montrer qu'il existe déjà beaucoup de cette organisation, et je suis heureux de pouvoir ajouter qu'il y a une espérance bien fondée que ce qui manque encore sera complété bientôt.

Ces riches et puissantes sociétés, les corps de métiers de la ville de Londres, se souvenant qu'elles sont héritières et représentantes des corporations du moyen-âge s'intéressent à cette question. Depuis 1852, la Société des Arts a organisé un système d'instruction pour la technologie des arts et manufactures, pour les personnes occupées dans les fabriques et les ateliers, qui désireraient perfectionner leur connaissance de la théorie et de la pratique de leurs occupations[1] ; et

[1] Voir le « Programme » pour 1878, publié par la Société des Arts, p. 14.

un subside considérable, pour aider aux efforts de la Société, a été libéralement octroyé par la Compagnie des drapiers. Nous avons là le commencement, plein d'avenir, d'une organisation rationnelle pour l'encouragement de l'excellence parmi les artisans. Tout récemment, d'autres corps de métiers ont décidé de donner leur aide puissante, presque illimitée, au perfectionnement de l'enseignement de métiers. Elles ont été jusqu'à nommer un Comité qui doit agir pour elles, et je ne trahis aucune confidence en ajoutant que, il y a quelque temps, le Comité voulut recevoir l'avis et l'aide de plusieurs personnes, et, entre autres, de moi-même.

Je ne puis, naturellement, vous dire quel pourra être le résultat des délibérations du Comité, mais nous pouvons tous, avec raison, espérer qu'avant peu les Corps de métiers de Londres auront pris des mesures qui auront une influence sérieuse et durable sur la croissance et la diffusion d'une éducation saine et complète parmi les artisans de ce pays [1].

Cette espérance a été pleinement réalisée par l'établissement des écoles de Cowper Street et de l'Institution Centrale de la Cité et des Corporations de Londres. (Septembre 1880.)

[1] Il peut être utile de remarquer que l'importante question de l'éducation professionnelle des directeurs d'usines industrielles n'a pas été traitée dans les observations qui précèdent.

XIII

SCIENCE ET CULTURE [1]

Il y a six ans, ainsi que peuvent se le rappeler quelques-uns de mes auditeurs, j'eus le privilège de parler à une grande réunion d'habitants de cette ville, rassemblés pour honorer la mémoire de leur concitoyen fameux Joseph Priestley [1], et, s'il est vrai que quelque satisfaction soit attachée à une gloire posthume, nous pouvons espérer que les mânes du savant incendié ont été finalement apaisés.

Toutefois aucun homme doué d'une juste part de bon sens, et n'ayant pas plus d'une juste part de vanité, ne peut mettre la gloire, qu'elle soit contemporaine ou posthume, au même rang que le plus grand bien, et la vie de Priestley prouve que lui, en tout cas, attachait un prix bien plus grand au progrès de la connaissance et à l'avancement de cette liberté de pensée, qui est en même temps la cause et la conséquence du progrès intellectuel.

D'où il suit que j'incline à croire que, si Priestley pouvait être parmi nous aujourd'hui, l'occasion de notre réunion lui ferait un plus grand plaisir encore que la célébration du centenaire de sa découverte

[1] Discours prononcé à l'ouverture du collège des Sciences de Sir Josiah Mason, à Birmingham, 1er octobre 1880.

principale. Son cœur affectueux serait ému, son sens élevé des devoirs sociaux serait satisfait par le spectacle d'une richesse honorablement gagnée, qui n'est ni gaspillée en luxe vulgaire ou en vaine ostentation, ni dissipée en charités insouciantes qui ne profitent ni à celui qui donne ni à celui qui reçoit, mais dépensée à exécuter un plan sagement mûri, pour aider les générations présentes et futures de ceux qui ont la volonté de s'aider eux-mêmes.

Nous serons tous du même avis là-dessus. Mais il faut avoir partagé le vif intérêt de Priestley pour les sciences physiques, et avoir appris, comme il l'avait appris, la valeur d'une éducation scientifique dans des champs de recherche très éloignés, en apparence, de la science physique naturelle, pour apprécier, comme il aurait apprécié, la valeur du don généreux que sir Josiah Mason vient de faire aux habitants du district de Midland.

Pour nous autres, enfants du XIXe siècle, toutefois, l'établissement d'un collège, dans les conditions de la fondation de sir Josiah Mason, a une signification tout autre que celle qu'elle aurait eue, il y a cent ans. On pourrait voir là une indication que nous atteignons la crise de la bataille, ou plutôt de la longue série de batailles qui ont été livrées à propos de l'éducation, dans une campagne commencée longtemps avant Priestley et qui n'est probablement pas encore près de finir.

Au dernier siècle, les combattants étaient, d'un côté, les champions de la littérature ancienne, et ceux de la littérature moderne, de l'autre ; mais, il y a trente ans environ [1], la lutte se compliqua par l'apparition d'une troisième armée, qui se rangeait autour de la bannière des sciences physiques.

Je ne sache pas que personne ait autorité, pour parler du combat, au nom de ce nouveau corps, car il faut convenir que c'est un peu une troupe de guerilla, composée en grande partie d'irréguliers, dont chacun se bat à peu près pour son compte. Mais les impressions d'un simple soldat, qui a eu pas mal de service dans les rangs, sur l'état actuel des affaires et les conditions d'une paix permanente, peuvent présenter quelque intérêt; et je ne sais trop comment je pourrais mieux employer l'occasion qui s'offre qu'en venant vous les exposer.

Depuis le temps où l'on suggéra, timidement, d'introduire les sciences physiques dans l'éducation ordinaire jusqu'à ce moment, les avocats de l'éducation scientifique ont rencontré deux sortes d'opposition. D'une part, ils ont été tournés en ridicule par les hommes d'affaires qui se piquent de représenter ce qui est pratique, tandis que, de l'autre, ils ont été excommuniés par les lettres classiques, dans leurs fonctions de lévites, préposés à la garde de l'arche de la culture intellectuelle et monopolisant l'éducation libérale.

Les hommes pratiques croyaient que l'idole qu'ils adorent — la loi des faits — a été la source de la pros-

[1] George Combe et d'autres commencèrent beaucoup plus tôt à prêcher l'introduction des sciences physiques dans l'éducation générale, mais le mouvement avait à peine acquis une force pratique avant le moment que j'indique.

périté passée et suffira au bien futur des arts et des manufactures. Ils pensaient que la science est un fatras théorique ; que la théorie et la pratique n'ont rien de commun, et que l'état d'esprit scientifique est un obstacle plutôt qu'un aide, dans la conduite des affaires ordinaires.

Je me suis servi de temps passés en parlant des hommes pratiques, — car bien qu'ils fussent très redoutables, il y a trente ans, je crois bien que l'espèce pure a disparu. Dans le fait, ils ont été exposés à un tel *feu d'enfer* que c'est un miracle qu'il en soit réchappé quelqu'un. Mais j'ai remarqué que l'homme pratique type a une ressemblance inattendue avec un des anges de Milton. Ses blessures spirituelles, comme les armes logiques en savent infliger, peuvent être aussi profondes qu'un puits et aussi larges que la porte d'une église, mais il ne s'en trouve pas plus mal, sauf qu'il verse quelques gouttes de sérum céleste ou autre. Donc, s'il survit encore quelques-uns de ces opposants, je ne perdrai pas de temps en une vaine répétition de la preuve démonstrative de la valeur pratique de la science; mais, sachant qu'une parabole se fait jour parfois, là où les syllogismes ne sont pas reçus, je vais leur soumettre une histoire.

Il y avait une fois un garçon qui, ne pouvant compter que sur sa propre nature vigoureuse, fut jeté au beau milieu de la lutte pour l'existence dans une grande population manufacturière. Le combat dut être dur pour lui, car à l'âge de trente ans, le total de ses fonds disponibles ne dépassait pas vingt.

livres. Néanmoins, l'âge mûr le trouva donnant la preuve qu'il avait compris les problèmes pratiques qu'il avait été appelé à résoudre, par une carrière de prospérité remarquable.

Enfin, ayant atteint la vieillesse avec son entourage bien mérité « d'honneurs et de troupes d'amis », le héros de mon histoire se préoccupa de ceux qui débutaient comme il l'avait fait, dans la vie, et de la manière dont il pourrait leur tendre une main secourable.

Après de longues et mûres réflexions cet homme d'affaires pratiques triomphant ne trouva rien de mieux que de leur donner les moyens d'obtenir des « connaissances saines, étendues et pratiquement scientifiques », et il consacra une grande partie de sa fortune, et cinq ans de labeur incessant à ce but.

Il est inutile que j'indique la moralité d'un conte qui, ainsi qu'en témoigne l'édifice solide et spacieux de ce Collège, n'est point une fable, et rien de ce que je pourrais dire n'ajouterait à la force de cette réponse pratique à des objections pratiques.

Nous pouvons donc tenir pour accordé que, dans l'opinion de ceux qui sont le plus compétents pour en juger, la diffusion d'une éducation complètement scientifique est une condition essentielle de progrès industriel, et que le collège que nous inaugurons aujourd'hui confère un don inestimable à ceux qui doivent gagner leur subsistance par la pratique des arts et des manufactures de ce district.

La seule question qui mérite d'être discutée est de savoir si les conditions par lesquelles ce collège fera son œuvre sont de nature à donner la meilleure chance possible de réussir d'une façon permanente.

Sir Josiah Mason, avec une sagesse qu'on ne saurait mettre en doute, a laissé une grande liberté d'action aux administrateurs, auxquels il compte finalement confier toute l'administration du collège, de telle sorte qu'ils puissent ajuster son organisation aux conditions changeantes de l'avenir. Mais, en ce qui regarde ces trois points, il a imposé les injonctions les plus explicites aux professeurs comme aux administrateurs.

La politique est proscrite de l'esprit des uns et des autres, pour ce qui regarde la direction du collège ; la théologie est tout aussi rigoureusement bannie de son enceinte ; et, finalement, on a déclaré expressément que le collège ne pourvoira pas à « une instruction et une éducation purement littéraires ».

Il ne m'appartient pas, aujourd'hui, de m'arrêter aux deux premières injonctions plus longtemps qu'il ne faut pour dire que je suis pleinement convaincu de leur sagesse. Mais la troisième prohibition nous met face à face avec ces autres adversaires de l'éducation scientifique, qui ne sont aucunement, dans l'état moribond de l'homme pratique, mais sont vivants, actifs et formidables.

Il n'est pas impossible que nous entendions critiquer âprement cette exclusion expresse de « l'instruction et éducation littéraires » d'un collège qui prétend, néanmoins, à donner une éducation élevée et efficace. Il y a eu un temps où, certainement, les lévites de la culture intellectuelle n'auraient pas manqué de sonner leurs trompettes sous les murs de cette Jéricho de l'éducation.

Combien de fois ne nous a-t-on pas dit que l'étude des sciences physiques ne peut donner la culture ; qu'elle ne touche à aucun des problèmes les plus élevés de la vie ; et, ce qui est pis, que la consécration absolue aux sciences physiques tend à créer une croyance étroite et fanatique en la possibilité d'appliquer les méthodes scientifiques à la recherche de toute espèce de vérité. Que de fois n'a-t-on pas lieu d'observer qu'aucune réponse à un raisonnement embarrassant ne réussit aussi bien que d'appeler l'auteur « un spécialiste purement scientifique » ? Et, comme j'ai peur qu'il ne nous soit pas permis de parler, au passé, de cette forme d'opposition à l'éducation scientifique, ne devons-nous pas nous attendre à ce qu'on nous dise que cette prohibition, car ce n'est pas seulement une omission, de « l'éducation et de l'instruction littéraires », est un exemple patent de l'étroitesse de l'esprit scientifique.

Je ne connais point les raisons de Sir Josiah Mason pour la décision qu'il a prise ; mais, si, ainsi que je le présume, il fait allusion à la marche classique ordinaire de nos écoles et de nos universités par ce nom « d'instruction et éducation purement littéraires », je m'aventure à présenter quelques arguments personnels à l'appui de ces raisons.

Car j'ai deux convictions bien arrêtées : — la première est que ni la discipline ni la matière du sujet de l'éducation classique ne sont assez directement utiles à celui qui étudie les sciences physiques pour qu'il ait raison d'y dépenser un temps précieux; et la seconde est que, pour parvenir à une culture véritable, l'éducation scientifique exclusive est au moins aussi efficace qu'une éducation exclusivement littéraire.

Je n'ai pas besoin de vous indiquer que ces opinions, la dernière surtout, sont diamétralement opposées à celles de la grande majorité des Anglais des classes instruites, influencés comme ils le sont par des traditions d'écoles et d'universités. A les en croire, la culture ne s'obtiendrait qu'au prix d'une éducation libérale; et cette éducation libérale est synonyme pour eux, non seulement de l'éducation et de l'instruction littéraires mais encore d'une forme particulière de littérature, savoir, celle de l'antiquité grecque et romaine. Ils tiennent pour cultivé l'homme qui a appris, si peu que ce soit, le latin et le grec; tandis que celui qui s'est voué aux autres branches de connaissances, si loin qu'il en ait poussé l'étude, n'est qu'un spécialiste plus ou moins respectable, que la caste cultivée ne saurait admettre parmi les siens. Le diplôme universitaire, cette étiquette de l'homme cultivé ne lui est pas destinée.

Je connais trop bien le généreux esprit, la vraie sympathie pour la pensée scientifique dont sont empreints les écrits de notre grand apôtre de la culture pour établir une solidarité entre ces opinions et les siennes, et pourtant, il se pourrait qu'on trouvât, dans l'une ou l'autre de ses épîtres aux Philistins, qui font les délices de ceux qui n'en sont pas, des phrases qui sembleraient quelque peu soutenir ces vues.

M. Arnold nous dit que la culture est de « connaître ce qui a été pensé et dit de mieux dans le monde ». C'est la critique de la vie contenue dans la littérature. Cette critique considère

« l'Europe comme étant, dans des buts intellectuels et spirituels, une grande confédération unie par une action commune et travaillant à un résultat commun; et dont les membres ont, comme équipement commun, une connaissance de l'antiquité grecque, romaine et orientale, et les uns des autres. Mettant à part tout avantage local, spécial et temporaire, la nation moderne qui réalisera le plus complètement ce programme sera celle qui progressera le plus dans la sphère de l'intelligence et de l'esprit. Et cela ne revient-il point à dire que nous aussi, tous tant que nous sommes, comme individus, ferons d'autant plus de progrès que nous le réaliserons plus complètement[1]. »

Nous avons ici affaire à deux propositions distinctes. La première c'est que la critique de la vie est l'essence de la culture ; la seconde, c'est que la littérature contient les matériaux suffisants pour construire cette critique.

Nous devons tous, je pense, souscrire à la première de ces propositions. Car la culture signifie certainement quelque chose de tout différent de la science, ou de l'habileté technique. Elle implique la possession d'un idéal, et l'habitude d'une estimation critique des choses par la comparaison avec un type théorique. Une culture parfaite devrait fournir une théorie complète de la vie, basée sur une connaissance précise des possibilités et des restrictions de celle-ci.

[1] *Essays in Criticism*, p. 37.

Mais nous pouvons nous entendre sur tout ceci, et cependant différer fortement quant à l'affirmation que la littérature seule est en état de fournir cette connaissance. Après avoir appris tout ce que les antiquités grecque, romaine ou orientale ont pensé et dit et tout ce que les littératures modernes ont à nous dire, il n'est aucunement prouvé que nous ayons jeté une base assez large et assez profonde de cette critique de la vie qui constitue la culture.

En réalité, rien n'est moins évident pour quiconque connaît l'espace parcouru par les sciences physiques. Même en considérant le progrès uniquement dans la « sphère intellectuelle et spirituelle », je me trouve dans l'impossibilité d'admettre que les nations ou les individus puissent réellement progresser, si leur équipement commun n'emprunte rien aux approvisionnements des sciences physiques. J'oserai dire qu'une armée, privée d'armes de précision et n'ayant pas une base définie d'opérations, entamera avec plus de chances de succès une campagne sur le Rhin qu'un homme, privé de la connaissance de ce que les sciences physiques ont été dans ce dernier siècle n'entamera une critique de la vie.

Lorsqu'un biologiste se trouve en présence d'une anomalie, il s'applique instinctivement à l'étude du développement pour l'interpréter. L'analyse raisonnée des opinions contradictoires peut, avec une égale certitude, être cherchée dans l'histoire.

Ce n'est heureusement pas chose nouvelle que de voir des Anglais employer leur fortune à construire et doter des institutions destinées à l'éducation. Mais il y a cinq ou six cents ans les actes de fondation exprimaient ou impliquaient des conditions aussi contraires que possible à celles que sir Josiah Mason a jugées utiles. C'est-à-dire que la science physique était pratiquement ignorée, tandis qu'une certaine culture littéraire était exigée comme moyen d'acquérir une culture qui était, essentiellement, théologique.

Il est facile de découvrir la raison de cette contradiction singulière entre les actions d'hommes également animés d'un désir vif et désintéressés d'accroître le bien-être de leurs semblables.

Il est de fait qu'en ce temps-là, tout homme désirant un savoir dépassant celui que lui donneraient ses observations ou la conversation commune était, tout d'abord, obligé d'apprendre le latin, puisque toute la connaissance supérieure du monde occidental était contenue dans des œuvres écrites en cette langue. D'où il suit que la grammaire latine, ainsi que la logique et la rhétorique étudiées en latin, formaient les fondements de l'éducation. Les Ecritures juives et chrétiennes, telles que les interprétait et augmentait l'Église romaine, étaient la substance du savoir reçu par ce canal, et on estimait qu'elles renfermaient un véritable corps de renseignements complets et infaillibles.

Les préceptes théologiques étaient, pour les penseurs de ces temps, ce que sont les axiomes et les propositions d'Euclide pour les géomètres du nôtre. L'affaire des philosophes du moyen âge consistait à déduire, des données que fournissaient les théologiens, des conclusions s'accordant avec les décrets ecclesiastiques. On leur octroyait le grand privilège de démontrer logiquement comment et pourquoi ce que disait l'Église était vrai, devait être vrai. Et si leurs démonstrations n'atteignaient pas cette limite, ou la dépassaient, l'Église maternelle se tenait prête à réprimer leurs aberrations, au besoin avec l'aide du bras séculier.

Nos ancêtres se trouvaient donc pourvus par les uns et les autres d'une critique serrée et complète de la vie. On leur disait comment le monde avait commencé et comment il finirait ; ils apprenaient que toute existence matérielle n'est qu'une tache vile et insignifiante sur la face pure du monde spirituel, et que la nature, à tous égards, est la cour de récréation du diable ; ils apprenaient que la terre est le centre de l'univers visible et que l'homme est le centre des choses terrestres ; il leur était surtout inculqué que le cours de la nature n'a rien de fixe, mais qu'il peut être, qu'il est constamment troublé par l'action d'innombrables êtres spirituels, bons et mauvais, suivant que les actes et les prières des hommes parviennent à les émouvoir. La somme et la substance de toute cette doctrine produisaient la conviction que la seule chose qui méritât d'être sue en ce monde était le moyen de s'assurer une place dans un monde meilleur que l'Église promettait sous certaines conditions.

Nos ancêtres avaient une foi vive dans cette théorie de l'existence et agissaient d'après cette foi, dans leurs rapports avec l'éducation, comme en toute autre circonstance. La culture, pour eux, c'était la sainteté telle que la comprenaient les saints de ce temps-là ;

l'éducation qui les y menait était nécessairement théologique, et c'est par le latin qu'on arrivait à la théologie.

Les hommes formés à cet apprentissage étaient bien loin de penser que l'étude de la nature, sauf ce qu'il en fallait pour la satisfaction des besoins quotidiens, dût avoir aucun rapport avec la vie humaine. Au fond, la nature se trouvant maudite à cause de l'homme, il était presque inévitable de conclure que ceux qui s'occupaient d'elle risquaient d'entrer en contact assez intime avec Satan. Et si quelque chercheur obstiné suivait ses instincts, il pouvait compter à coup sûr gagner la réputation de sorcier et, probablement, en subir la destinée.

Si le monde occidental eût été abandonné à lui-même, comme la Chine l'a été, il est difficile de calculer combien cet état de choses eût pu se prolonger, mais, par bonheur, il ne fut pas livré à lui-même. Avant même le XIIIe siècle, le développement de la civilisation mauresque en Espagne et le grand mouvement des Croisades avaient introduit le levain qui, de ce temps jusqu'au nôtre, n'a cessé de lever. D'abord par l'intermédiaire de traductions arabes, ensuite par l'étude des originaux, les nations occidentales de l'Europe firent connaissance avec les écrits des anciens philosophes et poètes et, dans la suite des temps, avec toute la vaste littérature de l'antiquité.

Tout ce qu'il y avait en Italie, en France, en Allemagne et en Angleterre, d'aspirations intellectuelles ou de capacités dominantes se dépensa, pendant des siècles, à prendre possession du riche héritage légué par les civilisations étroites de la Grèce et de Rome. La science classique, merveilleusement aidée par la découverte de l'imprimerie, se propagea et prospéra; ceux qui la possédaient se vantaient d'avoir atteint le plus haut point de culture accessible alors à l'humanité.

Et c'était justice car, excepté Dante sur son piédestal solitaire, il n'y avait aucune figure dans la littérature moderne, au moment de la renaissance, qui pût entrer en comparaison avec les hommes de l'antiquité ; il n'y avait d'autre science physique que celle que la Grèce avait créée. Par-dessus tout, il n'y avait pas d'autre exemple de parfaite liberté intellectuelle, — d'acceptation entière et unique de la raison comme seul guide vers la vérité et arbitre suprême de la conduite. Les nouvelles connaissances exercèrent, nécessairement, bientôt, une profonde influence sur l'éducation. La langue des moines et des clercs ne paraissait guère être qu'un charabia pour des lettrés familiarisés avec Virgile et Cicéron, et l'étude du latin fut placée sur de nouvelles bases. En outre, le latin lui-même cessa de donner l'unique clé du savoir. L'étudiant qui cherchait la pensée la plus élevée de l'antiquité, n'en trouvant qu'une réflexion incidente dans la littérature romaine, se tourna vers la pleine lumière des Grecs. Et, après une lutte qui ne fut pas très différente de celle qui se livre à cette heure pour l'enseignement des sciences physiques, l'étude du grec fut reconnue comme élément essentiel de toute éducation supérieure.

Ainsi les humanistes, comme on les nomme, gagnèrent la bataille, et la grande réforme qu'ils effectuèrent fut d'une utilité incalculable pour l'humanité. Mais la Némésis qui frappe tout réformateur est la finalité ; les réformateurs de l'éducation, comme ceux de la religion, tombèrent dans l'erreur profonde mais commune de prendre le commencement de l'œuvre réformatrice pour sa fin.

Les représentants des humanistes, au XIXe siècle, prennent position sur l'éducation classique comme étant la seule route menant à la culture, avec autant de fermeté que si nous étions encore au siècle de la Renaissance. Il est pourtant sûr que les relations intellectuelles présentes des mondes anciens et modernes diffèrent profondément de celles qui existèrent il y a trois siècles. Laissant de côté l'existence d'une littérature moderne grande et caractéristique, de la peinture moderne et, en particulier, de la musique moderne, il y a un trait du monde civilisé actuel qui le sépare plus largement encore de la renaissance que cette dernière n'était séparée du moyen âge.

Le caractère distinctif de notre temps consiste dans le rôle étendu et toujours croissant qu'y joue la science naturelle. Non seulement notre vie quotidienne a été formée d'après elle et la prospérité de millions d'hommes en dépend, mais toute notre théorie de l'existence a, depuis longtemps, subi l'influence, consciemment ou inconsciemment, des conceptions générales de l'univers que la science physique nous a imposées.

Il est de fait que la connaissance la plus élémentaire des résultats de l'investigation scientifique nous montre qu'ils sont en contradiction ouverte et frappante avec les opinions accréditées et enseignées si implicitement au moyen âge.

Il n'est plus possible de croire aux notions qu'avaient nos aïeux sur le commencement et la fin du monde. Il est très certain que la terre n'est plus le corps principal de l'univers matériel, et que le monde n'est plus subordonné à l'utilité de l'homme. Il est encore plus certain que la nature est l'expression d'un ordre défini que rien ne dérange et que la principale affaire de l'humanité doit être de se régler et de se gouverner en conséquence. En outre, cette « critique de la vie » scientifique se présente à nous avec des lettres de créance différentes de toutes les autres. Elle n'en appelle point à l'autorité ou à ce que n'importe qui peut avoir dit ou pensé. Elle admet que toutes nos interprétations des faits naturels sont plus ou moins imparfaites et symboliques et renvoie celui qui veut apprendre la vérité la chercher dans les choses et non parmi les mots. Elle nous avertit que l'assertion qui dépasse la preuve n'est pas seulement une bévue, mais un crime.

L'éducation purement classique prônée par les représentants des humanistes de nos jours ne donne aucun soupçon de tout ceci. Un homme peut être un lettré supérieur à Erasme et ne pas savoir plus qu'Erasme les causes principales de la présente fermentation intellectuelle. Des personnes lettrées et pieuses, dignes de tous les respects, nous font des allocutions sur la tristesse que leur cause l'antagonisme de la science avec leur manière moyen âge de penser, allocutions qui trahissent une ignorance des premiers principes de l'investigation scientifique, une incapacité de comprendre ce qu'un homme de science entend par véracité, et une inconscience du poids qu'ont les vérités scientifiques établies, qui sont presques comiques.

L'argument *tu quoque* n'a pas beaucoup de force; sans quoi les avocats de l'éducation scientifique pourraient assez justement répliquer aux humanistes modernes qu'ils peuvent être de savants spécialistes, mais qu'ils ne possèdent pas le fondement sûr d'une critique de la vie qui mérite le nom de *culture*. Et, vraiment, si nous étions méchants, nous pourrions plaider que les humanistes se sont exposés à ce reproche, non parce qu'ils sont trop pleins de l'esprit de l'ancienne Grèce, mais parce qu'ils en manquent.

On a communément appelé la période de la renaissance « le réveil des lettres », comme si l'influence apportée à l'esprit de l'Europe occidentale se fût entièrement épuisée dans le champ de la littérature. Je crois que l'on oublie très communément que la renaissance de la science, effectuée par la même cause, bien que moins apparente, ne fut pas moins importante.

De fait, les quelques rares étudiants épars de la nature, à cette époque, ramassèrent le fil conducteur de ses secrets, tel qu'il était tombé des mains des Grecs mille ans auparavant. Les fondements des mathématiques avaient été si bien jetés par eux que nos enfants apprennent leur géométrie dans un livre écrit pour les écoles d'Alexandrie, il y a deux mille ans. L'astronomie moderne est la continuation, le développement naturel des travaux d'Hipparqué et de Ptolémée; la physique moderne, celui des travaux de Démocrite et d'Archimède; la science biologique moderne a mis longtemps à dépasser la science que nous avaient léguée Aristote, Théophraste et Galien.

Nous ne pouvons connaître tout ce que les Grecs ont pensé et dit de mieux, à moins de savoir ce qu'ils pensaient des phénomènes naturels. Nous ne pouvons apprécier pleinement leur critique de la vie à moins de comprendre jusqu'à quel point cette critique était influencée par des conceptions scientifiques. Nous prétendons à tort hériter de leur culture si nous ne sommes pénétrés, ainsi que l'étaient leurs meilleurs esprits, d'une foi inébranlable dans l'emploi libre de la raison, d'accord avec une méthode scientifique, comme unique méthode d'arriver à la vérité.

J'ose donc dire que les prétentions de nos humanistes modernes à la possession du monopole de la culture et à l'héritage exclusif de l'esprit de l'antiquité doivent être réduites, si ce n'est abandonnées. Mais je serais désolé que ce que j'ai dit fût pris comme impliquant de ma part le désir de déprécier la valeur de l'éducation classique, telle qu'elle pourrait être, et telle qu'elle est parfois. Les capacités naturelles de l'humanité ne varient pas moins que ses occasions, et bien que la culture soit une, la route qui y mène peut différer grandement chez l'une de celle qui convient le mieux à l'autre. Et puis, tandis que l'éducation scientifique est encore incertaine et dans les limbes, l'éducation classique est parfaitement bien organisée d'après l'expérience pratique de nombreuses générations de professeurs. De façon qu'étant donné un temps assez long pour l'étude et la préparation à la vie ordinaire, ou pour une carrière littéraire, je ne pense pas qu'un jeune Anglais à la recherche de la culture puisse mieux faire qu'en suivant la marche qui lui est habituellement tracée, en y ajoutant ses propres efforts pour suppléer à ses imperfections.

Mais pour ceux qui veulent faire de la science une occupation sérieuse, ou qui suivront la profession médicale, ou qui ont à entrer de bonne heure dans le sérieux de la vie, pour tous ceux-là, à mon sens, l'éducation classique est une erreur ; et c'est pour cela que je me réjouis de voir bannir « les pures éducation et instruction littéraires » du programme des études du collège de sir Josiah Mason, vu que leur admission ne mènerait probablement qu'à introduire la connaissance superficielle ordinaire du grec et du latin.

Néanmoins, je serais le dernier à mettre en question l'importance d'une éducation vraiment littéraire, ou à supposer que la culture intellectuelle peut être complète sans elle. Un entraînement exclusivement scientifique amènera une déviation intellectuelle aussi sûrement que l'éducation exclusivement littéraire. La valeur du chargement ne saurait compenser la faute d'orientation d'un navire, et je serais inconsolable de penser que le Collège Scientifique pût ne former que des esprits déviés.

Il n'est pas nécessaire du reste, que cette catastrophe se produise. On a favorisé l enseignement de l'anglais, du français et de l'allemand, et ainsi l'étudiant aura accès aux trois plus grandes littératures du monde moderne.

Le français et l'allemand, cette dernière langue surtout, sont absolument indispensables à quiconque désire connaître pleinement un département quelconque de la science. Mais, en supposant même que la connaissance acquise de ces langues ne soit pas plus que suffisante pour les buts purement scientifiques, chaque Anglais a, dans sa langue maternelle, un instrument presque parfait d'expression littéraire ; et dans sa propre littérature, des modèles de tous les genres d'excellence littéraire. Si un Anglais ne tire point une culture littéraire de sa Bible, de son Shakespeare et de son Milton, je suis persuadé que l'étude la plus approfondie d'Homère, de Sophocle, de Virgile et d'Horace ne la lui donnera pas davantage.

Donc, puisque la constitution du Collège pourvoit suffisamment à l'éducation littéraire comme à l'éducation scientifique et qu'on a le projet d'y ajouter l'enseignement artistique, il me semble qu'une culture assez complète se trouve à la portée de tous ceux qui en voudront profiter.

Mais je ne suis pas bien sûr qu'à ce point-là, l'homme « pratique », écorché, mais non mort, ne me demandera pas ce que ce bavardage à propos de culture peut avoir à démêler avec une institution, dont l'objet a été défini comme devant « avancer la prospérité des manufactures et de l'industrie du pays ». Il peut dire que ce qu'il faut dans ce cas n'est pas la culture, ni même une discipline purement scientifique mais simplement une connaissance des applications de la science.

Je souhaite souvent que cette phrase « application

de la science » n'eût jamais été inventée, car elle fait croire qu'il y a une sorte de connaissance scientifique d'un usage directement pratique qu'on peut étudier en dehors d'une autre sorte de connaissance scientifique, laquelle n'est d'aucune utilité pratique et s'appelle « science pure ». Mais il n'est pas d'erreur plus complète. Ce qu'on appelle sciences appliquées n'est que l'application de la science pure à des classes particulières de problèmes. Elle consiste en déductions de ces principes généraux, établis par le raisonnement et l'observation, qui constituent la science pure. Nul ne peut faire, avec sûreté, cette déduction s'il n'a bien saisi les principes, et cette possession ne s'obtient que par l'expérience personnelle des processus d'observation et de raisonnement sur lesquelles ils sont fondés.

Presque tous les procédés employés dans les arts et les manufactures rentrent dans la classe soit de la physique, soit de la chimie. Pour les perfectionner, il faut les comprendre à fond ; et nul n'a de chances de les comprendre, s'il n'a obtenu cette maîtrise des principes et cette habitude de s'occuper des faits, qui n'est acquise que par un dressage purement scientifique longuement continué et bien dirigé dans les laboratoires de physique et de chimie. De sorte qu'il n'est nullement question de la nécessité d'une discipline purement scientifique, quand même l'œuvre du collège serait limitée par l'interprétation la plus étroite de ses buts avoués.

Et, en ce qui regarde le besoin d'une culture plus étendue que n'en offre la science seule, il faut se souvenir que le perfectionnement des procédés de fabrication n'est qu'une des conditions qui contribuent à la prospérité de l'industrie. L'industrie est un moyen et non une fin, et l'humanité ne travaille que pour obtenir ce qui lui manque. Ce quelque chose dépend en partie, d'un désir inné, et en partie d'un désir acquis.

Si la richesse résultant d'une industrie prospère doit être dépensée à satisfaire d'ignobles désirs, si la perfection croissante des procédés de fabrication doit être accompagnée de l'avilissement croissant de ceux qui les exercent, je ne vois pas l'avantage de l'industrie et de la prospérité.

Il est parfaitement vrai que les notions de l'homme sur ce qui est désirable dépendent de son caractère, et que les penchants innés auxquels nous donnons ce nom ne sont atteints par aucun degré d'instruction. Mais il ne suit pas de là que même une éducation purement intellectuelle ne puisse, à un point indéfini, modifier la manifestation pratique des caractères des hommes dans leurs actions, en leur fournissant des motifs inconnus des ignorants. Un caractère aimant le plaisir en exigera un d'une sorte quelconque ; mais, si vous lui donnez le choix, il peut préférer les plaisirs qui ne dégradent pas à ceux qui dégradent. Et ce choix est offert à tout homme qui possède dans la culture littéraire ou artistique une source inépuisable de plaisirs que l'âge ne flétrit point, que l'habitude ne dépouille pas de leur charme et dont le souvenir n'est jamais empoisonné par le remords.

Si l'Institution que nous venons d'ouvrir remplit l'intention de son fondateur, les intelligences de choix parmi toutes les classes de la population de ce district la traverseront. Aucun enfant né à Birmingham, désormais, s'il a la capacité de profiter des occasions qui lui seront offertes, d'abord dans les écoles primaires et autres, et ensuite au Collège Scientifique, ne pourra manquer d'obtenir, non seulement l'instruction mais la culture la plus appropriée aux conditions de sa vie.

Dans cette enceinte, le futur patron et le futur ouvrier peuvent demeurer ensemble quelque temps et en emporter, pour toute leur vie, l'empreinte des influences qu'ils y auront subies. Il n'est peut-être pas superflu de vous faire remarquer ici que la prospérité de l'industrie ne dépend pas seulement du perfectionnement des procédés de fabrication, et de l'élévation du caractère individuel, mais aussi d'une troisième condition, savoir: une entente complète des conditions de la vie sociale de la part du capitaliste et de l'ouvrier, et de leur accord sur les principes communs de l'action sociale. Ils doivent apprendre que les phénomènes sociaux sont tout autant l'expression de lois naturelles que tous les autres; qu'aucun arrangement social ne peut être permanent, s'il n'est en harmonie avec les exigences de la statique et de la dynamique sociales; et que la nature des choses est un arbitre qui exécute ses propres décrets.

Mais cette connaissance ne s'obtient que par l'application des méthodes d'investigation adoptées dans les recherches physiques à l'investigation des phénomènes sociaux. J'avoue, par suite, que je verrais volontiers ajouter à l'excellent plan d'éducation proposé pour le

Collège, un enseignement de la sociologie. Car, bien que nous soyons tous d'accord pour ne laisser aucune place à la politique dans l'instruction donnée au Collège, cependant, dans ce pays gouverné comme il l'est, dans la pratique, par le suffrage universel, chaque homme remplissant ses devoirs doit exercer des fonctions politiques. Et si les maux inséparables du bien de la liberté politique doivent être neutralisés, si l'oscillation perpétuelle des nations entre l'anarchie et le despotisme doit être remplacée par la marche régulière d'une liberté se maîtrisant elle-même, cela ne sera que parce que les hommes s'habitueront peu à peu à traiter les questions politiques comme ils traitent maintenant les questions scientifiques, à avoir honte d'une hâte inconvenante et d'un préjugé de partisan dans un cas comme dans l'autre, et qu'ils croiront que le mécanisme de la société est au moins aussi délicat que celui d'un métier à filer et a tout aussi peu de chances d'être perfectionné par l'intervention de ceux qui ne se sont pas donné la peine de comprendre les principes de son action.

En terminant, je suis persuadé que je suis l'interprète de tous, en présentant au vénérable fondateur de l'Institution qui commence aujourd'hui sa bienfaisante carrière nos félicitations sur l'achèvement de son œuvre, et en exprimant la conviction que la postérité la plus éloignée le citera comme exemple typique de la sagesse qu'une piété naturelle porte les hommes à attribuer à leurs ancêtres.

Tours, imprimerie Deslis Frères, rue Gambetta, 6.

Tours, imp. Deslis Frères.

www.ingramcontent.com/pod-product-compliance
Ingram Content Group UK Ltd.
Pitfield, Milton Keynes, MK11 3LW, UK
UKHW020302230726
13925UKWH00001B/187